U0682126

权威·前沿·原创

皮书系列为
"十二五""十三五"国家重点图书出版规划项目

广州蓝皮书

BLUE BOOK OF GUANGZHOU

广州市社会科学院／编

广州社会保障发展报告 (2017)

ANNUAL REPORT ON SOCIAL SECURITY
OF GUANGZHOU (2017)

就业保障

主　编／张跃国
执行主编／黄　玉

社会科学文献出版社
SOCIAL SCIENCES ACADEMIC PRESS (CHINA)

图书在版编目（CIP）数据

广州社会保障发展报告. 2017. 就业保障／张跃国
主编. -- 北京：社会科学文献出版社，2017.8
（广州蓝皮书）
ISBN 978 - 7 - 5201 - 1107 - 2

Ⅰ.①广… Ⅱ.①张… Ⅲ.①社会保障 - 研究报告 -
广州 - 2017 ②劳动就业 - 社会保障 - 研究报告 - 广州 -
2017 Ⅳ.①D632.1 ②D669.2

中国版本图书馆 CIP 数据核字（2017）第 168864 号

广州蓝皮书
广州社会保障发展报告（2017）
——就业保障

主　　编／张跃国
执行主编／黄　玉

出 版 人／谢寿光
项目统筹／丁　凡
责任编辑／丁　凡

出　　版／社会科学文献出版社·区域与发展出版中心（010）59367143
　　　　　　地址：北京市北三环中路甲29号院华龙大厦　邮编：100029
　　　　　　网址：www.ssap.com.cn
发　　行／市场营销中心（010）59367081　59367018
印　　装／北京季蜂印刷有限公司

规　　格／开本：787mm×1092mm　1/16
　　　　　　印 张：20.75　字 数：311千字
版　　次／2017年8月第1版　2017年8月第1次印刷
书　　号／ISBN 978 - 7 - 5201 - 1107 - 2
定　　价／79.00元

皮书序列号／PSN B - 2014 - 425 - 14/14

本书如有印装质量问题，请与读者服务中心（010 - 59367028）联系

▲ 版权所有 翻印必究

广州社会保障蓝皮书编辑委员会

主　　编　张跃国

执行主编　黄　玉

编　　委（按姓氏笔画排序）

付　舒　朱泯静　杜家元　张　强　陈　杰

苗兴壮　范璐璐　童晓频　曾俊良

主要编撰者简介

　　张跃国　广州市社会科学院党组书记，文学学士，法律硕士，广州大学客座教授。研究方向为城市发展战略、创新发展、传统文化。主持或参与中共广州市委九届四次会议以来历届全会和党代会报告起草、广州市"十三五"规划研究编制、广州经济形势分析与预测研究、广州城市发展战略研究、广州南沙新区发展战略研究和规划编制，以及市委、市政府多项重大政策文件制定起草。

　　黄　玉　广州市社会科学院社会学与社会政策研究所所长，社会学副研究员。研究领域为经济社会学、组织社会学、社会政策。曾在《开放时代》《中国残疾人》《中国工人》《广州金融白皮书》《中国广州农村发展报告》等发表多篇论文。现任广州市社会学人类学学会副会长兼任秘书长、广州市劳动保障学会第七届常务理事。

摘　要

《广州社会保障发展报告（2017）：就业保障》是由广州市社会科学院主持编写的"广州蓝皮书"系列之一。就业保障是社会保障体系中一项基础性的制度安排，是民生之本、安国之策、社会和谐之基础。2017 年广州社会保障发展报告将关注点聚焦于广州就业保障体系的发展，从广州就业的结构分析入手，进而从就业服务、就业保护、创业就业三个领域分析广州就业保障体系的现状以及其面临的问题与挑战，提出了具有针对性的建议。全书共包括 6 个部分的内容。

第一部分为总报告。总报告梳理了广州就业保障体系的发展脉络，对广州的就业状况、就业服务、就业保护、创业就业等就业保障体系的主要内容进行全方位的分析，指出广州就业的基本情况、就业保障建设的具体特点和发展现状，并对就业保障面临的困难和挑战进行研究，提出进一步完善广州就业保障体系的建议。

第二部分为就业形势篇。本篇利用广州人力资源市场供求数据、2016年广州社会状况综合调查数据以及人力资源和社会保障部 2016 年广州人力资源和社会保障基本情况调查数据，从人力资源市场供求情况、行业用工情况、劳动者就业情况等不同维度分析研判广州市 2016 年基本就业状况，并从职业和就业安全、技能发展、健康与福利等方面对新常态下广州居民就业特点进行总结，提出广州就业目前存在的问题与挑战及未来发展的建议。本篇还就高职物流类人才以及中职学生的就业状况做了专门的分析，提出提升就业质量的对策与建议。

第三部分为就业服务篇。通过公共就业服务，促进公平就业、充分就业是政府的重要职责。本篇梳理了广州就业服务体系中就业扶持、就业培训和人力资源市场服务的政策及相关文献，分析总结了广州就业服务的现状与特点，找出其中存在的问题。并对广州女性就业、残疾人就业服务、城市流浪乞讨人员就业帮扶等专题进行了研究，提出了就业服务调整方向与建议。

第四部分为就业保护篇。本篇梳理了广州失业保险的发展历程及其在促进就业方面的作用，结合失业保险就业保护功能的国际、国内经验，提出了增强失业保险制度就业保障功能的建议。通过构建失业保险基金的精算模型，对2017~2026年广州失业保险基金的收入、支出及结余进行了测算，指出未来10年广州市失业保险基金收大于支的问题。同时，针对智能制造对工人就业带来的影响，提出了加大技能培训的投入、加强对工人权益的保护、对新的企业管理方式进行规范等建议。

第五部分为创业就业篇。本篇内容包括广州大学生创业现状、创业意愿的调查结果，指出广州创业优惠政策多样化、创业支持主体多元化、创业服务系统化等特点，并从进一步完善创业政策、提升创业服务成效、加强创业教育及政策宣传、加大扶持力度、简化行政审批程序、理顺政策体系等方面提出对策与建议。

第六部分是大事记。该部分摘录了2016年广州社会保障的主要政策和重要事件。

关键词： 广州　就业保障　就业形势　就业服务　就业保护　创业就业

目　录

Ⅳ 就业保护篇

Ⅴ 创业就业篇

Ⅵ 大事记

皮书数据库阅读 **使用指南**

总 报 告

General Report

B.1

广州就业保障发展报告

广州市社会科学院课题组*

摘　要： 本报告对广州的就业状况、就业服务、失业保险、创业就业
等就业保障体系的主要内容进行全方位的分析,指出广州就
业发展的基本态势、就业保障体系建设的具体特点和发展现
状,并从优化就业结构,扩大创业带动就业效应,完善就业
培训体系,提升就业服务效能,拓宽失业保险制度覆盖面等
方面提出进一步完善广州就业保障体系的建议。

关键词： 广州　就业状况　就业服务　就业保障

* 课题组成员：黄玉,广州市社会科学院社会学与社会政策研究所所长、副研究员;陈杰,广
州市社会科学院社会学与社会政策研究所副所长、副研究员;朱泯静,广州市社会科学院社
会学与社会政策研究所助理研究员;范璐璐,广州市社会科学院社会学与社会政策研究所助
理研究员;付舒,广州市社会科学院博士后。

就业保障应对的是失业问题，实现充分就业，保证社会经济的稳定和持续发展，是就业保障制度的重要目标和功能。随着 2007 年《就业促进法》《劳动合同法》等法律的颁布，我国的就业保障制度从中央到地方正式步入法制化轨道。就业政策成为政府在民生领域施政的一个重点，秉承就业是民生之本的原则，采取各种政策措施创造就业机会，满足劳动者的就业需求，推动实现更高质量的就业。

本报告从广州就业的结构分析入手，进而从就业服务、失业保险、创业就业三个领域分析广州就业保障体系的现状以及其面临的挑战，提出进一步完善广州就业保障体系的建议。

一 广州就业状况分析

（一）广州人力资源市场供给需求的结构性问题依然存在

从广州市人力资源市场登记数据来看，2006～2016 年广州市登记招聘量均大于登记求职量，2010 年之后，登记招聘量呈现下降的走势，同时，登记求职量大致也呈现下行的状况，但在 2016 年，登记招聘数量和登记求职数量都比 2015 年出现回升。求人倍率是劳动力市场需求人数与求职人数之比，体现劳动力市场每个岗位需求所对应的求职人数，是考察人力资源市场供求情况的一项重要参考值。2006～2016 年广州市求人倍率也呈现震荡上升的态势，其中，2014 年广州市求人倍率出现这些年来的一个最大值 1.49，2015 年为 1.48，2016 年广州市求人倍率继续下行，下降至 1.24，说明广州人力资源市场供给趋紧的态势有所缓和（见图 1）。

在人力资源市场中，一方面劳动力的供给不能满足总体需求；另一方面，社会群体就业难的问题依然存在，例如，白领人才的就业竞争强度大，就业存在困难。智联招聘全站在线数据显示，2016 年秋季，广州的人才供需竞争指数① 位列全国第八，达 36.9，即平均每个职位有 36.9 人竞争。此

---

① 供需竞争指数 = 收到的简历投递量/发布的职位数量。

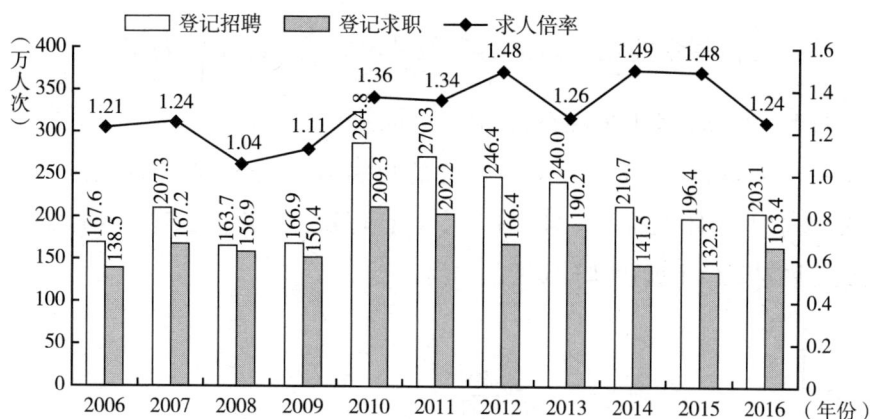

图1　2006～2016年广州市人力资源市场供需总量

资料来源：广州市《人力资源服务业情况统计表》概况（本统计数据不含人才机构数据）。

外，北京、上海、深圳分别以78.5、42.3、48.7排在全国第一位、第五位、第四位，白领人才的就业压力和就业难度在超大城市同时存在。

表1　2016年秋季求职期供需竞争指数城市排名

排名	城　市	竞争指数	排名	城　市	竞争指数
1	北　京	78.5	18	武　汉	24.9
2	成　都	52.8	19	郑　州	23.8
3	沈　阳	50.9	20	无　锡	23.6
4	深　圳	48.7	21	青　岛	23.1
5	上　海	42.3	22	贵　阳	22.9
6	大　连	40.5	23	石家庄	21.9
7	天　津	37.9	24	杭　州	21.0
8	广　州	36.9	25	合　肥	19.3
9	西　安	35.2	26	济　南	19.0
10	苏　州	32.0	27	烟　台	16.1
11	哈尔滨	31.1	28	福　州	14.7
12	长　春	30.1	29	南　宁	14.2
13	南　京	29.3	30	东　莞	14.1
14	重　庆	29.1	31	厦　门	13.9
15	太　原	28.5	32	南　昌	13.4
16	长　沙	27.8	33	佛　山	12.6
17	昆　明	27.3	34	宁　波	11.6

资料来源：智联招聘《2016年秋季中国雇主需求与白领人才供给报告》。

（二）私营企业和个体工商户仍是吸纳就业的重要力量

根据"广州社会状况综合调查"（Guang Zhou Social Survey，简称 GZSS）的数据，在被访者当中，从业人员的单位性质主要集中于私营企业（29.8%）与个体工商户（24.8%）①。由此可知，私营企业和个体工商户的健康发展对于稳定就业具有重要的作用。

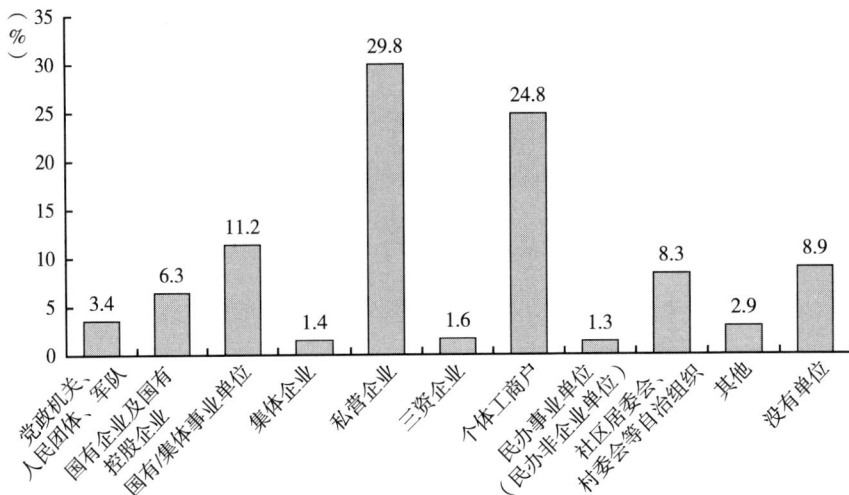

图 2　就业人员工作单位分布（N = 556）

（三）就业人口多集中在第三产业，呈现不断高端化趋势

从就业人口在产业结构中的分布来看，2006 年以来，传统的农林牧渔业所吸纳的劳动力持续下降，制造业保持相对的稳定（见表 2）。2015 年，广州全社会从业人员为 811.0 万，其中，第一产业从业人员为 62.9 万，占

---

① "广州社会状况综合调查"是广州市社会科学院开展的一项全市范围内的大型抽样调查项目，于 2016 年 1~5 月实施完成入户抽样调查。调查采取的是等概率分层抽样的方式，调查样本覆盖广州市 8 个区的 50 个街镇、50 个社区，每个社区设计样本量不少于 20 个，最后实际有效回收问卷为 1001 份。课题组对调查样本与广州常住人口的分布情况进行对比，认为此次调查样本的人口统计学特征基本符合广州市总体情况，具有可信度。

比7.8%；第二产业从业人员为286.9万，占比35.4%；第三产业从业人员为461.2万，占比56.8%。第三产业是广州市就业结构的重头也是最重要的组成部分。

表2 2006~2015年广州市各行业从业人员分布

单位：%

行业 \ 年份	2006	2009	2012	2015
农、林、牧、渔业	13.87	10.80	8.62	7.76
采矿业	0.03	0.02	0.01	0.00
制造业	33.22	34.50	33.35	31.87
电力、热力、燃气及水的生产和供应业	0.50	0.35	0.55	0.44
建筑业	5.21	5.38	3.59	3.14
批发和零售业	15.17	4.79	20.51	19.56
交通运输、仓储和邮政业	4.72	1.91	5.32	5.58
住宿和餐饮业	4.01	16.62	6.01	5.90
信息传输、软件和信息技术服务业	1.94	4.69	1.99	2.41
金融业	1.04	1.11	1.68	1.44
房地产业	1.74	1.72	2.57	3.13
租赁和商务服务业	3.49	3.53	2.07	3.44
科学研究和技术服务业	0.90	2.33	1.32	2.16
水利、环境和公共设施管理业	0.45	0.47	0.59	0.75
居民服务、修理和其他服务业	5.59	4.12	3.27	3.55
教育	3.44	3.26	3.48	3.55
卫生和社会工作	1.72	1.67	1.86	1.62
文化、体育和娱乐业	0.88	0.69	0.75	0.82
公共管理、社会保障与社会组织	2.07	2.04	2.46	2.12

资料来源：广州统计信息网，http：//data.gzstats.gov.cn/gzStat1/chaxun/njsj.jsp。

从第三产业行业分类来看（见表3），从业人员排名前三位的分别是批发零售业，住宿和餐饮业，交通运输、仓储和邮政业，属于传统服务业领域，但是同时也可以看到，如科学研究和技术服务业，信息传输、软件和信息技术服务业，金融业等高端服务业领域从业人数占比在提升。此外，随着广州经济宏观调控政策向集约经营方向倾斜，经济发展动力进一步从一般要素驱动向高端要素驱动转换，科技创新激活新兴行业，就业也在朝向高端化推进，新一代信息技术、生物科技、人工智能等高科技产业将形成就业的新高地。

表3　广州第三产业按行业分类的从业人员分布

单位：人，%

行业	从业人员	在第三产业中占比
批发零售业	1586399	34.45
交通运输、仓储和邮政业	452275	9.82
住宿和餐饮业	478421	10.39
信息传输、软件和信息技术服务业	195578	4.25
金融业	116913	2.54
房地产业	253883	5.51
租赁和商务服务业	278731	6.05
科学研究和技术服务业	174941	3.80
水利、环境和公共设施管理业	61020	1.32
居民服务、修理和其他服务业	350160	7.60
教育	287570	6.24
卫生和社会工作	131092	2.85
文化、体育和娱乐业	66271	1.44
公共管理、社会保障与社会组织	172240	3.74
合　计	4605494	100.00

资料来源：《广州统计年鉴2016》。

（四）人力资源市场灵活性增强，非正规就业成为一种值得关注的就业渠道

从非正规就业的多种定义中可知[①]，可以将签订劳动合同的状况作为非

---

① 非正规就业（Informal Employment）是由国际劳工组织（ILO）提出的，是指雇员处于缺乏劳动合同、社会保险和带薪假期的雇佣状态（ILO，2003），非正规就业包括兼职、临时、自雇、外包、家庭工人、季节工等雇佣形式。在统计分析非正规就业规模时，鉴于我国统计数据采集系统的不完善，不能完全按照国际劳工组织关于非正规就业的概念框架来统计。因此国内学者借鉴国际劳工组织的定义，结合中国的实际国情，形成了不同的非正规就业的统计界定。如胡鞍钢、赵篱（2006）将城镇私营企业从业人员、个体经济从业人员和没有纳入国家就业统计的从业人员，定义为非正规就业人员。吴要武、蔡昉（2006）在研究中，将没有签订劳动合同的受雇者、劳务派遣工、社区管理和公益服务劳动者、雇用七人以下的个体工商户定义为非正规就业人员。现有文献大致使用四种方法来判别是否为非正规就业：第一是否有劳动合同；第二是否拥有社会保障；第三劳动者所在部门是否在工商部门注册；第四是向税务机关纳税。在实际的统计中，各种判别标准有优有劣。根据ILO（2003）关于非正规就业的定义及数据可得性，本报告选用是否具有劳动合同作为非正规就业的判别指标。

正规就业的一个判别指标。在 GZSS 调查中，询问被访者是否与工作单位或雇主签订书面劳动合同，共包括六个选项，分别为：一是签订了固定期限劳动合同；二是签订了无固定期限劳动合同；三是签订了试用期劳动合同；四是签订了其他劳动合同；五是没有签订劳动合同；六是不需要签订劳动合同（如公务员或国家机关、事业单位编内人员）。在这六种劳动关系中，"没有签订劳动合同"的人被认为是非正规就业人员，共有 110 人未签订劳动合同，占比为 27.6%，在一定程度上说明非正规就业已成为当前一种值得关注的就业渠道（见图 3）。

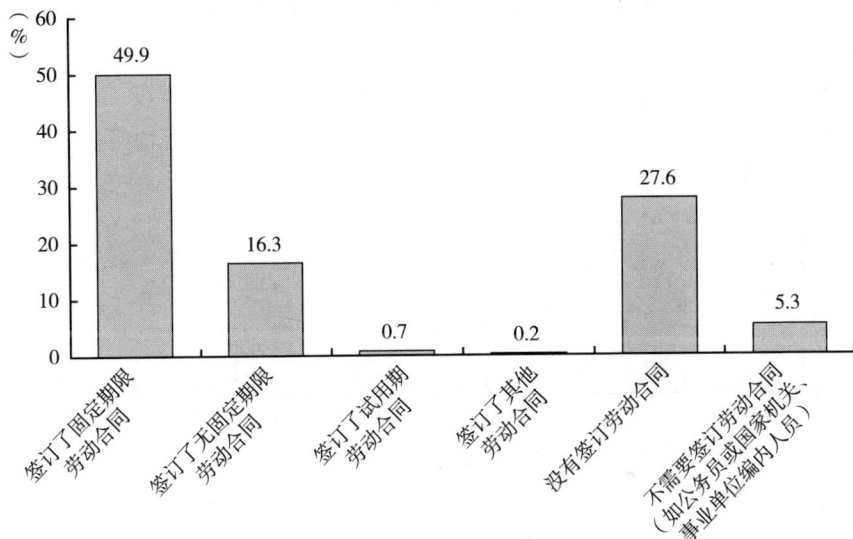

图 3　就业人员签订劳动合同的情况（N=399）

一般而言，由于非正规就业具有容易进入、主要依赖本地资源、家庭所有制或自我雇用、经营规模较小、采用劳动密集型的实用性技术、较少管制或竞争较充分等特点，集中于非正规就业的人员其技能水平、教育水平等总体而言都相对较低。此次调查的数据结果也呈现相似的情形，调查样本中非正规就业人员以低学历的农业户籍中年人为主，即五成以上的非正规就业人员集中于 35～54 岁，五成以上的非正规就业人员为小学、初中学历，4 成非正规就业人员是农业户口（见图 4、图 5、图 6）。

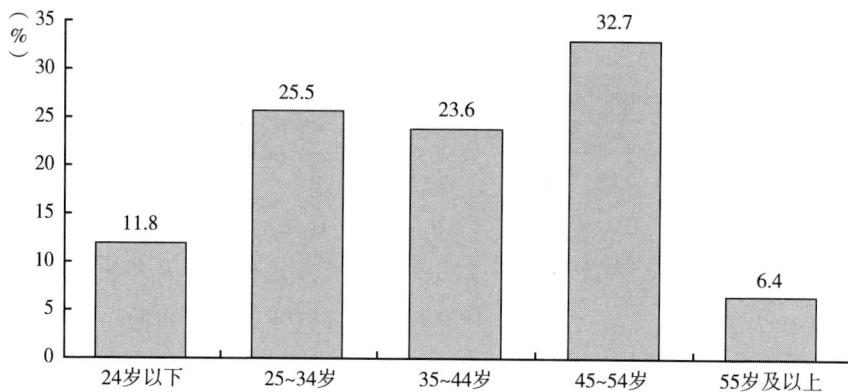

图 4　非正规就业人员年龄结构（N = 110）

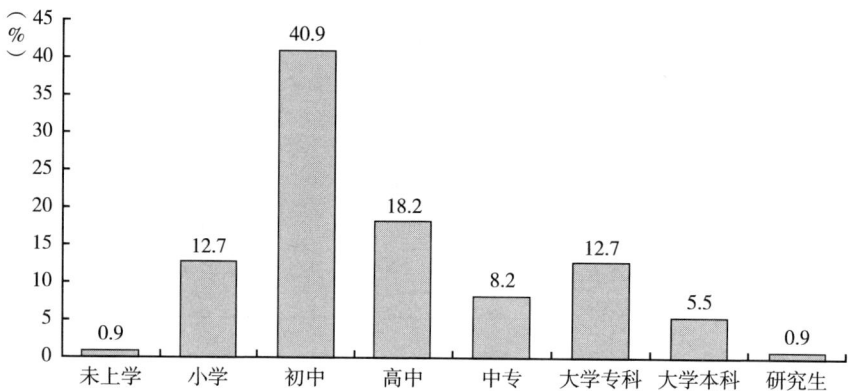

图 5　非正规就业人员教育水平状况（N = 110）

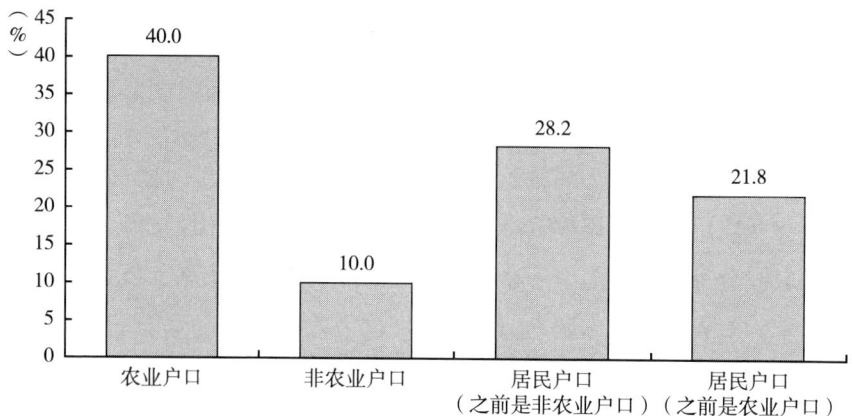

图 6　非正规就业人员户口性质（N = 110）

从社会保障情况来看，非正规就业提供了大量就业机会，缓解了社会就业压力，但是非正规就业群体缺乏必要的制度性保护，非正规就业者劳动权益保障值得高度关注。除了缺乏劳动合同保障外，非正规就业群体与正规就业群体在享有社会保障情况方面也存在差异。在 GZSS 调查中，对比分析了非正规就业人员与正规就业人员的社会保障覆盖面，两者存在显著差异。从养老保险、医疗保险、失业保险、工伤保险、生育保险、城乡最低生活保障六个方面的覆盖面来看，非正规就业人员都显著低于正规就业人员（见表4）。

表4　正规就业人员与非正规就业人员社会保障覆盖面比较

单位：人，%

类　别	正规就业人员 （N = 289）		非正规就业人员 （N = 110）	
	频数	百分比	频数	百分比
养老保险	261	90.3	61	55.5
医疗保险	276	95.5	93	84.5
失业保险	224	77.5	19	17.3
工伤保险	227	78.5	20	18.2
生育保险	207	71.6	15	13.6
城乡最低生活保障	9	3.1	3	2.7

（五）企业与从业者对技能培训认可度与需求度均较高

技能发展是就业质量的重要保障。GZSS 的调查结果显示：一是越是工作需要较高的技能，单位越会组织技能方面的培训。随着技能的不断更新换代，在需要高技能工作的单位中，就业者更会参加单位提供的技能方面的培训，以提高其技能水平适应工作新的需要。在此次调查中，认为自身工作需要很高专业技能就业者参与单位提供的培训的比例较高，在需要很高、较高的专业技能的工作中，分别有72.7%、59.6%的就业者参与单位提供的培训。而认为自身工作需要一些专业技能、不需要专业技能的就业者参与单位提供的培训的比例仅为48.3%、35.6%（见图7）。因此，从事技能需求高的工作的就业者更积极参与培训，提升技能。

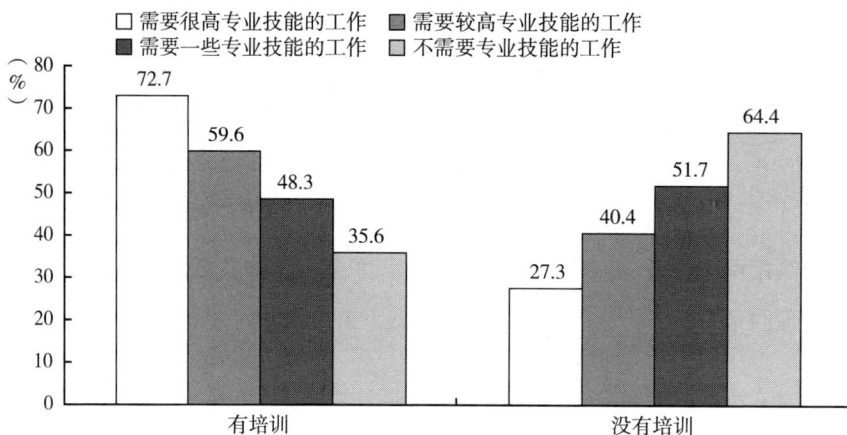

图7 技能需求程度与培训相关性（N=402）

二是就业者对单位提供的培训认可度高，参与培训的主要目的是增加自身的技能。为了提高员工的技能水平，单位会组织员工参加技能方面的培训。在此次调查中，接近半数的员工参加单位提供的提高技能方面培训的原因在于提高自己的技能（见图8）。一般而言，为了自己的利益进行培训，员

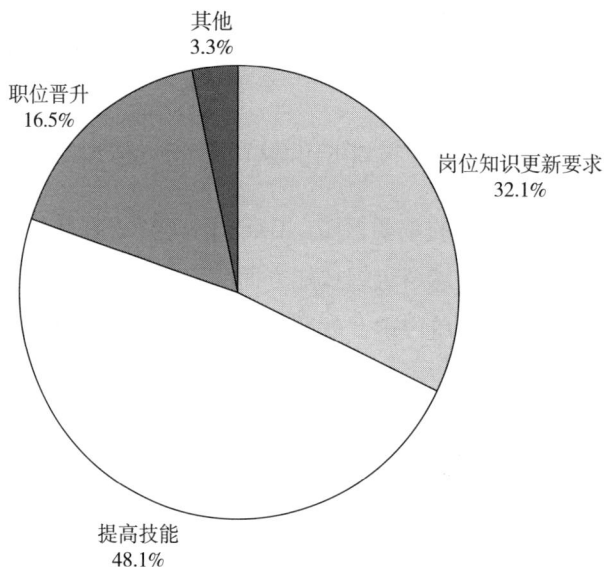

图8 参加单位提供的培训的原因（多选）

工的积极性和主动性会比较高，培训效果较优。另外，对于单位而言，员工通过培训获得高技能能够更好地适应工作岗位需要，有利于企业的发展。由于员工能够从培训中提升自我的技能，因此，其对单位提供的提高技能方面的培训认可度较高。在此次调查中，九成以上的参加过单位提供的培训的员工认为培训对于工作是有帮助的，员工对单位组织的培训认可度较高（见图9）。

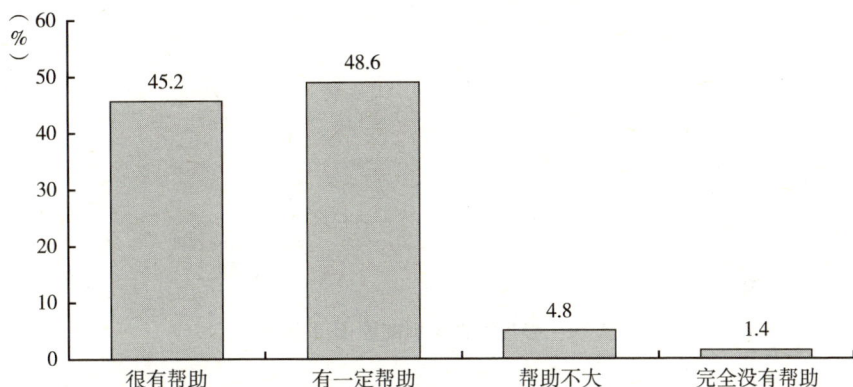

图9 对单位提供的培训的认可度（N＝208）

三是就业者较少参加其他培训，但对培训认可度较高。在此次调查中发现，仅有17.9%的就业者会参加除单位提供的培训之外的其他培训。虽然参与的比例较小，但是，参与者对其他培训的认可度较高，九成以上的参与培训者认为培训对工作有帮助。参与除单位提供的培训之外的其他培训的原因，61.4%的参与培训者认为是增加自己的技能（见图10）。

（六）失业群体以低学历中年人群为主

根据GZSS数据结果：在1001位18～69岁的广州居民样本中，失业者①共有64人。这部分失业者当中以低学历中年人群为主，五成以上失业者为初中、高中学历，呈现低学历特征；此外，五成以上的失业者年龄处于

---

① 失业者是过去一周内没有从事超过一小时的有酬劳动、在过去四周内有找工作行为、如有工作后能够在两周内到岗的人员。

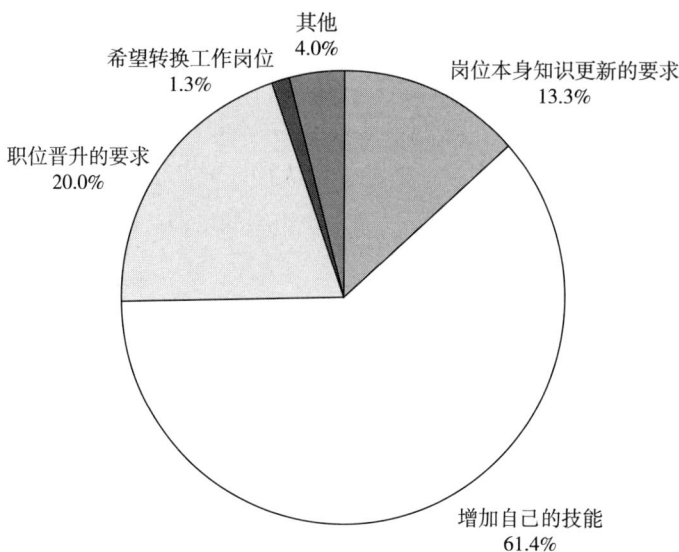

图10 参加其他培训的原因（多选）

35～54岁。多数失业人口并非长期失业，再就业难度也不大。从失业年数来看，不足一年的占比32.8%，失业一年的占比18.8%，两年的占比10.9%，3年的占比3.1%，4年的占比4.7%，5年及以上的占比29.7%。表明51.6%的失业者失业时间为一年及以内，属于非长期失业人口，再就业难度不大（见图11、图12）。

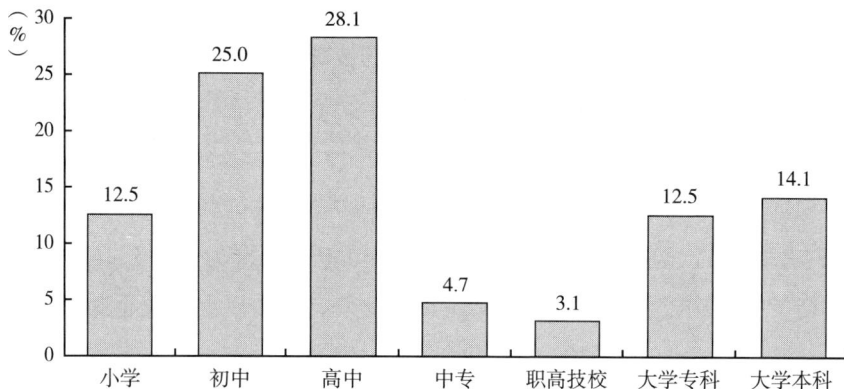

图11 失业者受教育程度分布（N=64）

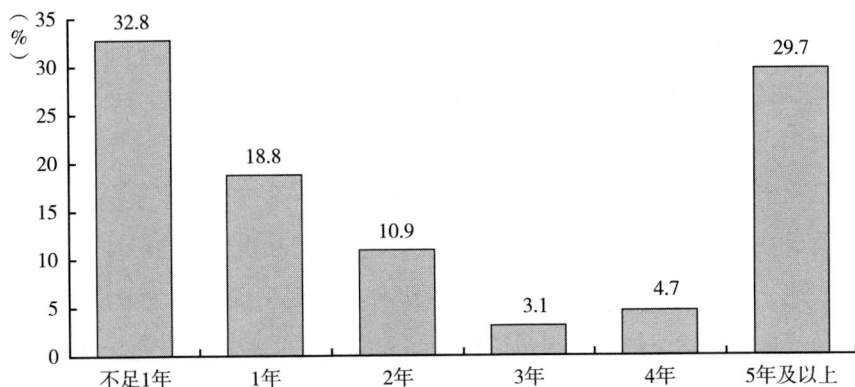

图 12　失业者失业时间长度（N = 64）

二　广州就业服务政策内容与实施现状

在公共服务领域，就业服务包括为劳动者和用人单位双方提供的有助于规范和提升就业的服务，根据《就业促进法》的规定，六项主要的基本就业服务包括：就业政策法规咨询、职业供求信息、市场工资指导价位信息与职业培训信息发布、职业指导和职业介绍、对就业困难人员实施就业援助、办理就业登记与失业登记等事务。广州为实现更高质量的就业，在就业援助和扶持、就业培训、就业信息服务以及就业服务平台建设上持续强化，健全就业促进功能和发挥改善就业的作用。

（一）针对就业困难与重点群体的就业扶持政策不断完善

广州市就业扶持主要面向就业困难群体，除了针对"4050"人员、零就业家庭等城镇就业困难人群之外，近年来随着就业市场的结构性矛盾日益突出，就业扶持政策强化了对高校毕业生以及农村转移劳动力的扶持，对不同群体开展的具体性针对性的扶持工作也在逐渐完善，目前面向残障人士、城镇就业困难者、高校毕业生和农村劳动力等群体的就业扶持都在形成体系且不断完善。高校毕业生就业扶持着重于创业培训和见习补贴,"农转居"等城镇就业扶持着重于就业补贴和再就业培训,返乡劳动力的就业扶持着重于创业扶持,残障人士就业扶持则着重于安置和就业心理辅导方面,不同的就业援助群体都可申请得到与之相适应的就业扶持。

广州市残疾人就业扶持和服务走在全国前列,全市建立了全覆盖的残疾人就业服务网络,创办了不同类型的残疾人就业福利机构,建设了残疾人的就业基地,提供就业培训、创业支持等服务,构成了残疾人就业服务系统。对于孤残青年的就业扶持,广州市社会福利院建立了专门的青年公寓提供给孤残青年居住,完善规章制度,进行规范管理,专门设置了"生活指导员"的岗位进行专门管理,福利院对孤残青年进行心理辅导,志愿者对孤残青年进行一对一帮扶,教授专门的就业技能以及进行就业指导,促使孤残青年走向社会。

随着新型城镇化的推进,广州市就业扶持开始打破户籍限制,向外来务工人员进行覆盖,除了向异地务工人员提供就业帮扶、就业培训等服务之外,对有返乡创业愿望的外来务工人员,广州为其提供创业扶持和培训补贴,鼓励外来务工人员返乡创业。

(二)就业培训重心从再就业培训转向劳动技能晋升培训

广州就业培训帮扶的重点群体是高校毕业生、农业劳动力、失业人员等就业困难人员,包括下岗工人的再就业培训、创业培训建设等。为了克服人力资源市场中劳动力技能短板的问题,广州就业培训重心转向提升劳动力的技能水平:一方面是着力建设高技能人才队伍,加大投入,支持高校毕业生就业创业培训;另一方面,为缓解普通技工紧缺趋势和提高劳动力质量,实施劳动力技能晋升培训计划。就业培训项目都配套了就业培训补贴,给予就业困难者帮助,为不同群体提供同等的就业培训机会。

(三)建设覆盖面更广、延伸基层的就业服务平台

广州提出就业服务的城乡一体化,实现就业服务城乡统筹,建成了区、镇(街)、村(居)三级经办服务体系,扩大了广州市就业服务的覆盖面,

就业服务惠及更多的人。从"十二五"时期至今，广州市的公共就业服务业务已经逐步下沉至街（镇）平台，就业服务融合了窗口服务、网上服务、预约服务等多种方式，大大缩短就业服务距离，并且为城市就业困难人员提供就地就近服务，提高就业帮扶的及时性和有效性。加强社区基础设施建设，实现充分就业。安装使用统一门户系统，实现社区公共就业服务信息网络全覆盖。设置专门窗口，并由专人提供就业服务，强化社区就业服务功能，努力建设充分就业社区。

（四）人力资源市场服务平台更加便捷

人力资源市场的就业服务包括很多方面，有就业咨询、就业指导、职业介绍、就业委托、就业信息登记、市场工资指导价位信息发布、就业管理服务和就业信息服务等。2016 年全年，广州市纳入原职业介绍机构统计口径范畴的人力资源服务机构共有 433 家，供需登记总量为 366.5 万人次①。近年来，广州人力资源市场的就业服务平台不断升级完善，就业服务管理、就业信息管理和市场信息管理更加便捷。

在就业服务管理方面，广州从 2005 年开始以就业体系制度化、就业服务社会化、服务专业化信息化的"新三化"标准建设公共就业服务管理体系，到 2008 年又提出加快推进人力资源市场建设，提高信息服务能力，为城乡劳动力提供优质的公共就业服务。在就业信息管理方面，广州不断完善就业信息管理，城乡劳动力就业市场并重，将农村转移劳动力和就业困难人群等信息都纳入人力资源市场管理，完善劳动力市场信息系统，使就业服务的提供更加方便，并提高对就业信息的分析研究水平。在市场信息管理方面，广州不断提升公共就业服务功能和市场信息公开、监测预测能力，开设了多样化的就业服务和信息平台，定期对市场职业需求进行调查和预测，动态监控，及时公开到网络上。2016 年，广州率先推出了事业单位校园招聘"优才计划"的品牌标识和微信公众号，创新了市场的就业信息服务模式。

---

① 资料来源：《2016 年全年人力资源服务业情况统计表》。

三 广州失业保险实施现状

失业保险是国家通过立法形式强制实行的社会保险制度。失业保险的目的是使法定范围内的劳动者在失业时具有基本的生活保障，并为失业者提供包括职业介绍和就业培训在内的再就业服务，以满足劳动力再生产和社会稳定的需要。广州市失业保险覆盖范围持续扩大，失业保险待遇稳步提升，失业保险政策便利化不断改善，有效地保障了参保人员失业后的基本生存和发展所需。

（一）失业保险覆盖范围持续扩大

近十年来，广州市失业保险的参保人数呈现持续上升的趋势，2006 年，年末参保人数为 241.82 万，到 2016 年，参保人数达 502.14 万，增长 108%，年均增长率 10.7%。2006～2016 年领取失业保险金的人数处于波动的状态，其中 2008 年，受世界金融危机影响，领取失业保险金的人数出现峰值，比 2007 年猛增 357.1%，达 12.25 万人，2009～2011 年领取失业保

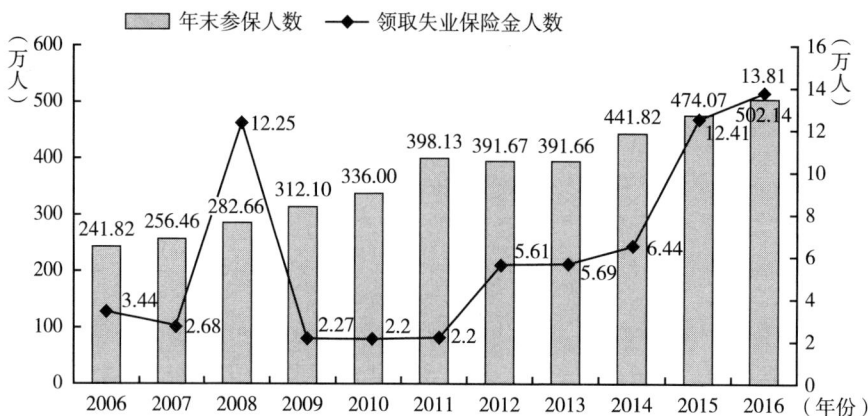

图 13   2006～2016 年广州失业保险参保人数、待遇享受人数

资料来源：《广州市国民经济和社会发展统计公报》（2006～2016 年）。

险金的人数又大致回落到 2008 年之前的水平，此后，分别在 2012 年、2015 年又出现另外两个峰值，人数跃升为 5.61 万和 12.41 万，失业保险对经济发展状况和就业状况呈现较高的敏感度。

（二）失业保险待遇稳步提升

失业保险金标准通常介于当地城市居民最低生活保障标准与最低工资标准之间。随着广州市最低工资标准的升高，广州市的失业保险金发放标准也在稳步提升。2005 年，广州失业保险金的水平为 548 元/月，到 2015 年，增长为 1516 元/月。

表5　2005～2015 年广州市失业保险金水平调整情况

单位：元/月

年份	2005	2006	2007	2008	2009	2011	2013	2015
金额	548	624	702	774*	791	1040	1240	1516

* 其中失业保险金 688 元，医疗补助金 86 元。

资料来源：《广州年鉴》（2006～2016 年）。

广州市失业保险同时兼顾了失业人员医疗保险、养老保险等需求。从 2009 年开始，失业保险金也适用于困难失业人员的养老及医疗保险费补贴，资助困难失业人员办理因病提前退休劳动能力诊断及鉴定费。从 2011 年 7 月 1 日起，广州市将领取失业保险金期间的失业人员全部纳入基本医疗保险覆盖范围，失业人员应当缴纳的基本医疗保险费从失业保险基金中支付，个人不再需要缴纳基本医疗保险费。

（三）失业保险实现市级统筹和跨区域转移

根据 2009 年 6 月 3 日广州市劳动和社会保障局、广州市财政局印发的《广州市社会养老、失业和工伤保险市级统筹的实施意见》的规定，自 2009 年 7 月 1 日起，广州市实施失业保险市级统筹，花都、番禺、从化、增城实现了和广州中心城区同等水平的失业保险给付标准。此外，自 2011 年 1 月起，广佛两地实现了失业保险关系无障碍转移，大大简化了务工人员在广佛两地转移失业保险待遇的程序。

（四）失业保险发挥促进就业的作用

第一，失业保险通过补贴培训费用提升失业人员职业技能。2009年，广州市阶段性扩大失业保险基金支出范围，将失业保险基金使用范围扩大到本市所有曾经参加过失业保险的登记失业人员和正在参加失业保险的在职职工的技能提升培训和转岗培训补贴。2010年，广州市发布《进一步扩大失业保险基金支出范围试点实施方案的通知》，对本市职业（创业）培训补贴等9个项目允许使用失业保险基金。第二，发放求职补贴，以鼓励创业促进就业。2013年，广州市进一步扩大失业保险基金支出范围，并将新增小额贷款担保基金支出项目纳入。2014年，广州市贯彻落实新修订的《广东省失业保险条例》，为失业人员发放求职补贴，发放提前就业和创业鼓励资金，将农民工纳入参保范围并同等享受失业保险待遇，保障失业人员的基本生活，促进就业，预防失业。第三，减轻企业负担，援企稳岗。2010年，广州落实中央和省援企稳岗政策，贯彻执行"五缓四降三补贴"政策，广州市失业保险综合缴费比例从3%下降到0.3%。2013年，广州市下调和实施用人单位失业保险浮动费率，进一步减轻企业缴费负担。为了支持企业稳定岗位，不裁员、少裁员，广州市在2016年发放了2014年度、2015年度失业保险稳定岗位补贴。

四 广州创业带动就业的实践

促进就业需要运用多种就业政策，提供需求面和供给面的保障，以实现充分就业。推进大众创业、万众创新，既是经济发展的转型之路、动力之源，也是促进社会纵向流动的公平之计、富民之道。创业可以产生更多市场主体，创业企业通过提供新技术、新产品和更多元的服务促进经济发展，创业是就业重要的增长动能。广州在2009年就已入选首批国家级创业型城市，在持续的探索实践中，逐渐在政策支持、创业培训、创业服务方面搭建成创业带动就业的系统。

（一）广州市创业政策类型及其特征

通常而言，创业者的创业意愿是非常强烈的，但是他们一般缺乏相关创业经验，尤其是对于青年创业者而言。为了更好地鼓励和帮扶在穗创业者创业，广东省、广州市出台了一系列鼓励支持创业的政策措施，而且正深度研究出台进一步的支持政策。2015年，广州市政府第14届第184次常务会议审议决定从当年起到2019年，5年内新增投入11亿元扶持创业。并连续出台了《关于印发广州市创业带动就业补贴办法的通知》等多个有关创业方面的文件。就目前出台的关于鼓励创业的政策措施而言，内容涵盖经费支持、基地建设、场地提供以及培训补贴等，具体可归纳为如下几种创业政策类型。

1. 创业资金扶持类

针对创业项目对资金用途的不同需求，广州市对创业者采用多层次的资金服务政策。

一是创业补贴政策。广州市针对创业者及创办企业投放4项创业补贴，包括：一次性创业资助5000元、租金补贴每户每年4000元（累计不超过3年）、创业带动就业补贴（按用工人数算，每户企业最高3万元）、创业企业社会保险补贴。对创客在众创空间开展的创业项目，还可依托众创空间申报市科技计划项目等优秀创业项目资助，立项后可获得20万~300万元不等的经费支持。在广州注册的科技型企业还可申请科技型中小企业创新资金、企业研发经费投入后补助等。加大了创业融资扶持，增加了创业贷款担保基金，将个人创业担保贷款最高额度由原来的10万元提高到20万元，目前担保基金总规模已达到2亿元。在改善创业环境的同时，为鼓励在穗创业，广州不断拓宽扶持人群范围。2015年，创业带动就业补贴资助范围扩大，扩展至非本市户籍高校毕业生，并明确台港澳人员可以享受创业培训补贴、一次性创业资助等。

二是撬动社会资金支持创业。广州市重视运用各类创业大赛吸引社会资本的注意,运用风投机构等社会资本跟进创业投资。比如,获得"赢在广州"创业大赛三等奖以上奖次或优胜奖,并于获奖之日起两年内在广州市领取工商营业执照或其他法定注册登记手续的优秀创业项目,将获得优秀创业项目5万~20万元不等的资助和创业项目征集补贴。又如,由团市委牵头主办的广州青年创业大赛设立规模1亿元的广州青年创业基金,吸引国内外青年来穗创业、落地孵化,凡获奖项目由组委会提供后续的配套服务,具体包括进驻孵化基地、专项扶持基金、政策对接、风投对接、1对1导师辅导、企业代办服务等14项优惠扶持。

2. 创业项目扶持类

除了创业补贴和融资支持之外,广州对优秀创业项目,尤其是科技创新类项目给予了大力扶持。市财政每年设立了2亿元的高层次人才专项扶持资金,重点扶持高层次人才在广州创新创业。从2016年起的5年内,每年拿出7亿元专门用于聚集产业领军人才资助、奖励及配套服务。此外,广州市科创委每年发布"科技计划项目申报指南",经评审后符合条件的科技项目可获广州市财政专项资金支持。从2016年起,该指南增设了"创客创新创业项目",支持创客在"众创空间"开展的创新创业项目发展。

表6 创业扶持类政策

项目	额度	文件	对象
创客创新创业项目资助	20万元科技经费支持	《广州市支持众创空间建设发展的若干办法》《2016~2017年科技创新企业发展专项(科技型中小企业创新专题)申报指南》	创业者
创客项目引入社会资本	对孵化期、初创期科技企业和科技项目完成引入创业投资机构投资的或通过互联网股权众筹平台完成融资的,按照企业单轮融资引入投资金融(未退出部分)的10%、最高不超过100万元给予一次性补助	《广州市支持众创空间建设发展的若干办法》	创业者

续表

项目	额度	文件	对象
羊城创新创业领军人才经费资助	300 万元	《羊城创新创业领军人才支持计划实施办法》	创业者
羊城创新创业领军团队项目经费资助	最高 3000 万元	《羊城创新创业领军人才支持计划实施办法》	企业
市级科技型中小企业技术创新资金初创期经费支持	50 万元	《广州市人民政府办公厅关于促进科技金融与产业融合发展的实施意见》	企业
市级科技型中小企业技术创新资金成长期经费支持	100 万元	《广州市人民政府办公厅关于促进科技金融与产业融合发展的实施意见》	企业
市级科学技术市长奖	10 万~30 万元	《广州市科学技术奖励办法》	企业
市级专利技术产业化示范项目经费支持	40 万元	《广州市专利工作专项资金管理办法》	企业
广州市创新型企业奖励	最高 500 万元	《广州市人民政府关于加快先进制造业创新发展的实施意见》	企业
企业完成股份改造	补贴 20 万元	《市级关于促进科技金融产业融合发展的实施意见》	企业
企业签约券商	50 万元补贴	《市级关于促进科技金融产业融合发展的实施意见》	企业
进入全国中小企业股份转让系统挂牌交易	100 万元	《关于支持广州区域金融中心建设的若干规定》	企业
进入广州股权交易中心挂牌交易股份制企业	30 万元	《关于支持广州区域金融中心建设的若干规定》	企业

3. 创业载体建设类

创业载体是为创业提供场地设施、经验交流、提高创业效率的综合场所，能够解决创业者创业意愿强，但由于缺乏实践经验和创业资源而创业成功率不高的问题。因此，创业载体建设类政策也是广州市最主要的创业抓手之一。

一是扶持创业带动就业孵化基地。从 2012 年起广州市通过推动创业带动就业孵化基地建设落实创业帮扶工作。广州市专门制定了《创业带动就业（孵化）基地认定管理办法》，规范管理和扶持创业带动就业孵化基地发展。截至 2015 年底，广州市人社部门共扶持建设各级创业带动就业孵化基地 238 个，累计进驻企业数达 1.87 万家、带动就业人数 14.41 万。同时，广州市科技创新委员会出台"1 + 9"① 系列政策扶持科技企业孵化器。2015年，广州市科技企业孵化器总数为 119 家，科技企业孵化器面积为 650 万平方米，科技企业孵化器在孵企业数为 5494 家。

表 7　广州市创业载体建设类政策

项目	额度	来源
市级示范性创业孵化基地	累计 30 万元	广州市人力资源和社会保障局 广州市财政局
创业孵化补贴	按实际孵化成功（在本市领取工商营业执照或其他法定注册登记手续）户数，以每户 3000 元计	
示范性创业孵化基地补贴	最高 20 万元	
创业项目对接及跟踪服务补贴	1000 元/个	
孵化器的补助	每年每家不超过 30 万元	广州市科技创新委员会

二是扶持各类园区、科技企业孵化器、众创空间。科技部门落实《国务院办公厅关于发展众创空间推进大众创新创业的指导意见》，积极调整业务范围，将对科技企业创业载体的扶持范围从科技企业孵化器扩展到众创空间。在广州市科技创新委员会牵头下，《广州市支持众创空间建设发展若干办法》于 2015 年出台，将众创空间纳入扶持范围。截至 2016 年 5 月，广州

---

① "1"指主体文件：《中共广州市委、广州市人民政府关于加快实施创新驱动发展战略的决定》；"9"指配套政策文件：《广州市人民政府关于加快科技创新若干政策意见》《广州市人民政府办公厅关于促进科技、金融与产业融合发展的实施意见》《广州市人民政府办公厅关于促进新型研发机构建设发展的意见》《广州市人民政府办公厅关于促进科技企业孵化器发展的实施意见》《广州市国资委、科技创新委、财政局、统计局关于对市属企业增加研发经费投入进行补助的实施办法》《广州市企业研发经费投入后补助实施方案》《广州市关于落实创新驱动重点工作责任的实施方案》《广州市促进科技成果转化实施办法》《广州市"羊城高层次创新创业人才支持计划"实施办法》。

市已有科技企业孵化器 154 家，其中国家级孵化器 18 家；众创空间 50 多家，其中 23 家获批纳入国家级孵化器管理支持体系。

表 8　广州市创业载体类政策

项目	额度	文件	来源
纳入示范建设的特色众创空间	最高 500 万元	《广州市支持众创空间建设发展若干办法》	广州市科技创新委员会
支持大学生创新创业补贴	最高 150 万元	《广州市支持众创空间建设发展若干办法》	广州市科技创新委员会
众创空间绩效奖励	20 万元	《广州市支持众创空间建设发展若干办法》	广州市科技创新委员会
创客项目考核奖励	20 万元	《广州开发区创客空间认定和扶持办法》	广州经济技术开发区管委会办公室
运营区级科技企业孵化器经费支持	最高 200 万元	《广州番禺区科技企业孵化器和众创空间管理办法》	广州市番禺区科技工业商务和信息化局

三是团市委扶持青年创业孵化基地。广州市团市委鼓励青年就业创业，制定了《关于大力建设青年就业创业孵化基地，促进广州青年就业创业工作方案》，整合优质资源，建立常态化、系统化的青年创业扶持链条和对接机制。截至 2015 年，广州市团市委共与社会机构授牌共建 13 个青年创业孵化基地。

4. 创业培训类

创业素质和能力培养是提升创业者创业成功率的根本，广州市组织多样化的创业教育培训，确保创业者能够享受到适合自身的培训，有效实现能力提升。

一是形成具有广州特色的创业培训（实训）工作模式。广州市制定了《广州市创业培训管理办法》，由广州市职业能力培训指导中心对全市创业培训定点机构、创业培训师资、创业培训考评员和考务员、创业指导专家以及创业学院进行管理。

二是创建各类创业导师团。广州市通过政策导向调动各类创业载体为创业者提供多样化的创业指导和培训。广州市级创业带动就业孵化基地协助相关部门落实孵化企业的创业扶助资金和各项优惠政策，免费提供创业指导、政策咨询和创业信息等服务。广州孵化器专项资金专门辟出资金鼓励孵化器聘任创业导师。比如，《广州市支持众创空间建设发展若干办法》规定：开展创新创业交流及培训活动补贴的最高额度为300万元，创业导师工作补贴最高为30万元；《广州市科技企业孵化器专项资金管理办法》规定：聘任创业导师按每年每人3万元的标准给予孵化器运营机构补贴。

三是以投放创业培训补贴的方式调动社会创业辅导资源。创业者可以自行选择有资质的机构参加创业培训并获得补贴。到广州市人社部门认定的创业培训定点机构参加SIYB创业培训和创业模拟实训，并获得合格证书的，给予SIYB创业培训补贴1000元和创业模拟实训补贴800元。

四是以创业大赛选拔优秀项目。鼓励各类创业大赛充分发挥创业项目培育功能。例如团市委牵头主办的广州青年创业大赛系列活动，专门设置创业训练营，为晋级复赛的创业团队开展创业培训、素质拓展等活动，使青年创业团队在竞赛过程中迅速成长。

（二）广州市创业政策面临的问题

广州市出台的一系列鼓励支持创新创业的政策措施，对在穗的创业者具有一定的吸引力。但是，现有政策是否与创业者的创业需求相匹配是值得分析的问题。

1. 创业政策对融资扶持的侧重不利于初创企业

在穗创业的创业者的融资需求是较大的，尤其是对于初创期的企业而言。广州市创业政策多侧重于融资扶持，也是对症下药，对于创业者而言很有吸引力。但是，值得注意的是，广州市现有关于创业扶持政策主要针对创业成功的企业或是孵化成功的企业，对于创业初期企业的融资扶持仍有限。

2. 创业政策的知晓度不高

广州市建立众多创业带动就业孵化基地、众创空间等，为在穗创业者提供便利的创业环境。广州市目前的众创空间或是孵化器，都为创业者提供了风投、政府辅导、创业硬件设施等有助于创业的服务。对于不了解市场环境、缺乏与风投的相互考察、缺乏资金、政策了解度构成等诸多问题并存的创业者而言，孵化器、众创空间使他们的创业成功率大大提升。但问题主要在于，广州市众多创业政策宣传和宣讲渠道不够广泛，受众面窄，有创业需求的人员对政策以及政府扶持举措的知晓度不高。

五 完善广州就业保障体系的建议

（一）优化就业结构，培育新的就业增长点

1. 促进产业转型升级，扩大就业容量

推进经济结构战略性调整和产业转型升级，大力振兴实体经济，加快形成多支柱的新兴产业体系，在新旧动能接续转化中促进就业。重点培育壮大战略性新兴产业。完善促进民营经济发展的政策体系，发挥好民营经济吸纳就业主渠道作用。创造更加宽松的环境，大力发展平台经济等新兴业态。提升现代服务业发展水平，鼓励发展专业化的生产性服务业。加快发展现代农业，扩大职业农民就业空间，积极发展生态农业、设施农业、高效农业，做强岭南特色产业。加快培育农业龙头企业、专业大户、家庭农场、农村合作社等现代农业经营主体，为职业农民创造更多的就业创业机会。

2. 推进新型城镇化建设，有效转移稳定就业

加快推进城镇化，推进农业转移人口市民化。广州可以以具有合法稳定就业和合法稳定住所（含租赁），参加城镇社会保险年限、连续居住年限等为主要依据，区分主城区、郊区、新区等区域，重点解决符合条件的普通劳动者落户问题。同时，完善城镇公共服务资源供给机制，推动农业转移人口中的专业人才通过积分或满足一定条件等方式阶梯式享受随迁子女义务教育、住房保障等紧缺公共服务资源。

（二）突出重点，扩大创业带动就业效应

1. 深入开展高校毕业生创业带动就业工作

将高校毕业生就业工作摆在重要位置，深入实施毕业生就业促进计划、大学生创业引领计划等，保证高校毕业生就业形势稳定。在普通高校普及创业教育，有针对性地对高校毕业生进行强化创业培训。推行企业注册登记、银行开户等便利化服务，发展高校毕业生就业创业基金，多渠道为高校毕业生提供资金、经营场所支持，加强创业公共服务，动员社会力量助力大学生创业，使大学生创业的规模、比例不断扩大。要充分发挥就业见习基地促进高校毕业生就业和进一步提高广州高校毕业生实践、就业能力的作用，需要落实《广州市高校毕业生就业见习基地管理办法》，加强就业指导和就业见习，鼓励和扶持企业、事业单位申报见习基地，组织高校毕业生参加就业见习活动。

2. 探索开辟新引力，吸引港澳台青年在穗创业

发挥广州在粤港澳大湾区的地缘优势，吸引港澳台青年在穗创业。一是允许国有企业、事业单位将优秀的港澳台籍员工纳入正式编制管理，享受与大陆同级人员同等的工资福利、社会保险等各方面待遇，并做好社保待遇补缴、住房补贴等工作。二是适当放宽落户政策，为高层次人才的引进和入编入户手续提供便利。三是完善永久居留服务管理体制机制，扩大试点"人才绿卡"制度范围，扩大政策实施的广度和力度，给在大陆工作而不愿入籍的港澳台籍优秀青年与大陆户籍居民同等待遇。四是加强两岸职业资格互认工作，进一步扩大行业范围及加快办理流程。五是适当精简台湾青年大陆就业的各方面手续，适当延长居留签注时间。六是明确台湾青年来大陆就业适用于鼓励和扶持青年就业发展的各项政策或项目。

3. 激发各类人才创业创新活力

进一步落实对退役军人、残疾人、登记失业人员等创业的补贴扶持政策。鼓励科研人员创业，事业单位、高校、科研院所等单位的专业技术人员，经原单位同意离岗创业的，可带着科研项目和成果、保留基本待遇到企

业开展创新工作或创业。大力支持异地务工人员返乡创业。

4. 引导社会各方力量参与创业就业

鼓励各类金融机构加大对就业创业的金融支持，推动多层次资本市场建设。优化创业担保贷款政策，扩大担保基金规模，优化贷款审批流程，加大对创业主体的贷款支持。一是通过建立公益性、商业性创业基金的方式，为处于不同创业阶段的创业者提供资金支持。公益性的创业基金，可由广州市相关职能部门建立，以小额贷款为主；商业性创业基金则可通过在社会创业基金中择优选取，为创业者提供创业资金的支撑体系，同时，强化对这些创业基金的管理与规范。二是创新担保方式。解决创业者缺乏固定资产等实物作为担保的现实困难，建立与完善小额贷款风险分担机制。

5. 健全创新创业服务体系

强化规划布局，鼓励各类创业园区（孵化基地）与互联网融合创新，建设一批产学研用紧密结合的众创空间，打造一批"双创"示范基地。建立健全创业辅导制度。构建创新创业人才导师库和志愿服务队伍，为创业者提供创业辅导。完善购买服务和激励引导机制，调动社会资源支持创新创业。

（三）推行终身职业培训，完善就业培训体系

随着经济快速发展和产业转型升级，不断提高就业人员技术业务素质，扩大知识技能面，树立终身学习的观念，提升劳动力资源的竞争实力是就业培训的方向。"十三五"期间，在职业技能培训中，广州要着力推行终身职业培训体系，全面提高劳动者的就业能力。

1. 建设终身职业培训体系

推行终身职业技能培训体系，培养终身学习的思想觉悟，打破地域、户籍限制，适应经济转型升级，继续大规模开展就业技能培训、岗位技能培训、创业培训和新生代农民工职业技能培训等，对就业困难人群和退役军人等进行免费职业培训。促进职业教育与人力资源市场的开放衔接，建立在职人员"学习—就业—再学习"通道。创新开放教育发展模式，加快高等教育、职业教育、继续教育与远程开放教育有机结合。

2. 提高就业培训针对性

定期开展就业培训市场需求调查，根据调查数据进行市场需求预测，指导职业培训方向，推行订单式培训、定岗培训和定向培训等培训模式，提高职业培训对市场的适应性，提升职业培训的质量。[①]

3. 推进高技能人才队伍建设

加强技能人才培训能力的基础建设。依托企业、技工院校和职业培训机构，大力推进高技能人才公共实训基地、培训基地、技能大师工作室等"三大基地"建设。

完善技能人才评价体系。近年来广州市不断完善职业技能鉴定的相关规定，对年检、考试监督、考评人员管理及技能鉴定的审批都——提出了规范要求。按照国家和省深化职称制度改革的整体部署，探索建立技能人才与工程技术人才相互贯通发展评价机制，规定高技能人才可以申报专业技术资格，专业技术人才可申报技能类职业资格。

营造尊重技能人才的社会氛围。发挥技能竞赛高端引领作用，以世界技能大赛为重点，广泛开展各类职业技能竞赛活动，营造良好的技能竞赛氛围。对技能突出人才、产业急需青年高技能人才和各类技能重点人才给予政府薪酬补贴，资助建设技能大师工作室。

4. 提升技工教育服务产业能力

推进优质技工院校建设。围绕先进制造业、战略性新兴产业和现代服务业的人才需求趋势，调整完善技工院校的专业设置和布局，构建适应产业发展、结构合理、错位发展、特色鲜明的技工教育专业布局体系。提升技师学院的办学品牌，加快民办技工学校发展，稳步扩大优质民办学校规模。

加强技工院校内涵式发展。全面推进现代技工院校教育发展"产业主导、校企双制、强师重教、能工巧匠、优质就业、终身培训、文化引领"七大行动计划，秉持就业导向、技能为本、终身培训的原则，推进一体化的

---

① 《广州市国民经济和社会发展第十三个五年规划纲要（2016～2020年）》（穗府〔2016〕6号。

课程教学改革，建立以就业为导向的技工院校办学质量评估制度。

深化校企合作。推动技工院校与企业在专业建设、课程改革、师资培养、技术研发、办学质量评价、招生就业等各方面进一步深入融合。鼓励引导各行业企业和校园开展在职（在校）职业培训，推行工学结合、校企合作的技术工人培养模式和企业新型的学徒制。引导校企合作共赢，结合企业经营要求，推行"订单、定点、定向"培训。鼓励企业加快培养企业青年技能人才，着力提升劳动者职业技能水平，促进劳动者实现技能就业，加快公益性、开放性的实训基地建设，为形成企业主导、政府推动与社会支持相结合的职业培训格局而努力。

（四）准确把握人力资源市场的动态，提升服务效能

1. 完善人力资源市场信息体系的功能

完善就业信息体系，建立更多样化、人性化及功能综合的就业服务平台。加强就业信息管理，完善就业信息网络，提高网络信息技术，加快就业信息服务平台的优化建设，为求职者提供职业培训、就业信息和就业引导等公共服务。

完善就业失业动态监测体系。全面、准确反映实际就业状况，需要完善信息登记体系和监测指标体系。要完善广州就业景气指标体系和企业用工监测指标体系，加强对监测数据的挖掘和分析。加强居民失业状况调查，定期发布调查失业率信息。完善就业失业统计、监测、预警制度，将经济和就业情况进行统筹分析，降低预测分析形势的误差。

完善就业服务，服务职能覆盖到社区。建立覆盖城乡、功能齐全、布局合理、方便可及的公共就业创业服务体系。充分利用社区资源，把公共就业服务职能下放到社区。提高就业公共服务供给水平，优化体系，整合统筹服务资源，规范服务流程，鼓励实施新型的网络信息化项目。

2. 提高人力资源市场服务管理的灵活性

提高人力资源市场灵活性。一是灵活性就业，支持灵活的就业形式，引导下岗失业人员进入就业机会更多的非正规部门就业，非全日制工作成为一

种常态的工作形式，灵活地选择就业岗位和灵活地选择工作，能有效缓解就业压力。二是加强交流，完善扩大市场信息交流平台。加强各地区人才交流合作枢纽建设，举办人才交流会、劳动力交流会，推进人才区域交流。三是吸引高层次人才合作。加强珠三角人才区域合作，建立"珠江三角洲人才工作论坛"、珠三角人才研究中心，加大研究的创新力度；以"互联网＋"方式创新"留交会"办会模式，加大国际人才交流合作。完善海外高层次人才信息库，逐步引进全球性人才，围绕广州市战略性新兴产业人才需求和紧缺人才需求目录，继续推进"菁英计划"。

3. 加强人力资源市场监管力度

规范实施人力资源市场行政审批。推进人力资源服务机构诚信体系建设，开展诚信人力资源服务示范机构评选活动，建立全行业的诚信档案及不诚信"黑名单"数据库。开展人力资源市场秩序清理整顿行动，维护劳动者平等就业的权利，建立人力资源市场信息共享和综合执法制度。

（五）分类施策，做好失业保险及就业援助工作

1. 公开失业保险金信息

失业保险金信息的公开对于评估失业保险金的使用情况、调整失业保险基金的用途来说至关重要，拓展政府信息公开的内容，推动相关部门将广州市失业保险金的结余情况向社会公开，更好地帮助公众理解失业保险金的使用情况，使其更好地参与对失业保险金用途的建言献策。

2. 拓宽失业保险制度的覆盖面

根据国际劳工组织《社会保障最低标准公约》的规定，失业保险覆盖范围在全体雇员中的比例不应低于50％，对照这一标准，广州市失业保险制度的覆盖面还有待扩大。

通过失业保险制度的精细化调整和改善，缴纳失业保险的政策吸引力得以提升。首先，调整缴纳失业保险费的年限与享受失业保险金的时间以及享受失业保险金水平，提升劳动者长期缴纳失业保险金的积极性。其次，根据《广东省失业保险条例》，劳动者必须是非因本人意愿中断就业才可以享受

失业保险待遇，这使得对工作环境或待遇不满意的职工在更换工作的时候可能遭遇生活困难，但又得不到失业保险金的支持。在去产能、产业升级的背景下，为了避免劳动者被迫自动离开又拿不到失业保险金的情况，让自动离开的劳动者也能享受到一部分失业保险金待遇，可以更好地维护社会的稳定，并且能提高劳动者缴纳失业保险金的积极性。

3. 切实做好困难群体就业援助

配合供给侧结构性改革，落实过剩产能职工安置政策，通过转岗就业创业、托底安置、内部退养等渠道分流安置过剩产能企业富余人员。加强职工安置政策指引和服务，理顺职工劳动关系。建立申领失业保险金绿色通道，做好去产能、国有"僵尸"企业所涉人员失业登记和申领失业保险金工作。完善城乡一体化的就业援助制度，完善灵活就业人员认定、公益性岗位开发和管理等相关政策规定，规范困难人员认定程序，加强实名制动态管理和分类帮扶。加强社会救助与就业联动，通过"低保渐退"等措施，增强其就业意愿和就业稳定性。理顺失业保险关系转移，加强失业人员基本生活保障。

参考文献

胡鞍钢、赵黎：《我国转型期城镇非正规就业与非正规经济（1990~2004）》，《清华大学学报》（哲学社会科学版）2006 年第 3 期。

吴要武、蔡昉：《中国城镇非正规就业：规模与特征》，《中国劳动经济学》2006 年第 2 期。

ILO：*Women and Men in the Informal Economy：A Statistical Picture*，Geneva：International Labor Office，2003.

就业形势篇

Employment Situation

B.2
2016年广州就业形势分析

张宝颖　林国荣　谭文宇*

摘　要：　本文分别从人力资源市场供求情况、行业用工情况、劳动者
就业情况三个维度分析研判广州市2016年基本就业状况。基
于上述分析指出目前就业中存在的两大问题，一是经济下行
压力持续增大，对就业的影响不容忽视；二是就业结构性矛
盾依然突出。为解决这两大问题，笔者根据实践经验提出了
五条建议，包括落实就业创业政策，推动"互联网＋"就业
新模式，优化就业援助手段，提高就业专项资金使用效益，
建立数据共享联动机制。

关键词：　人力资源市场　就业情况

---

* 张宝颖，广州市劳动就业服务管理中心主任；林国荣，广州市劳动就业服务管理中心副主任；
谭文宇，广州市劳动就业服务管理中心就业管理部科员。

一　2016年就业基本情况

2016年，在全球经济经历深刻调整、国内经济面临诸多困难的背景下，广州持续不断的供给侧结构性改革，释放出了巨大的市场活力。广州市实现地区生产总值19610.94亿元，同比增长8.2%，领先全国（6.7%）及全省（7.5%）的增速，宏观经济指标持续回升，市总体就业形势稳中趋好。但就业总量压力依然存在，结构性用工矛盾愈加突出，就业形势不容乐观。

面对新形势、新挑战，广州市人力资源和社会保障局主动适应新常态，贯彻新理念，坚持总基调，着力抓主线，打好政策落实的组合拳，大力发展精细化公共就业服务，加强就业失业监测和形势研判，圆满完成2016年初下达的各项工作目标任务：广州市新增就业31.25万人，帮扶16.82万名城镇登记失业人员实现再就业，失业人员就业率为71.18%，城镇登记失业率为2.41%，控制在3.5%的目标以内。

（一）人力资源市场供求情况

2016年，广州市就业形势总体稳定，与其经济增速保持在合理区间、产业结构优化以及就业创业政策的密集出台密切相关，广州市用工需求略有上升，企业缺工现象得到有效缓解。

1. 劳动力在场人数稳步增长，劳动力市场供求形势持续偏紧

2016年第四季度，就业登记在场人数为775.28万，同比增加5.55%；就业登记在场人数第一、第二、第三产业之比为0.2∶33.15∶66.65。其中，本市户籍214.94万人，与往年基本持平；外市户籍560.34万人，同比增加7.50%。第4季度，第一、第二、第三产业的需求[①]之比为0.17∶33.40∶66.43，其中第二、

---

① 人力资源市场供求数据来源于《2016年第四季度广州市人力资源市场供求状况分析报告》。

第三产业对劳动力需求量[1]分别为 12.99 万人和 25.84 万人，同比分别上升了 12.94% 和 12.36%。此外，2016 年第 4 季度广州市人力资源市场进场登记招聘岗位数 38.90 万个，同比（34.54 万个）上升 12.64%；进场登记求职人数 1.67 万人，同比（2.10 万人）下降 20.54%，表明人力资源市场供求形势仍呈现偏紧局面。

2. 供给侧结构性改革推动人力资源市场优化配置初显成效

2016 年广州市推进供给侧结构性改革，产业结构持续优化升级，三次产业比例为 1.22:30.22:68.56。其中，第三产业增加值占比同比提高 1.45 个百分点，对经济增长的贡献率达 77.0%，第三产业的迅速发展对拉动就业增长有积极的作用。在第三产业中，科学研究、技术服务和地质勘查业，租赁和商务服务业等高端技术服务产业吸纳就业能力持续增强，新增就业人数同比增长了 120.90% 和 80.36%。

3. 定点监测企业缺工现象有所缓解

根据广州市企业用工定点监测调查数据，2016 年第 4 季度定点调查企业在岗人数为 70.30 万（环比上升 4.15%），员工流失率为 7.77%（环比下降 1.05 个百分点），缺工人数为 1.38 万（环比下降 9.25%），表明定点企业用工需求相对平稳，企业缺工现象有所缓解。

（二）行业用工情况

随着国内经济结构转型和产业结构调整，行业用工呈现出新景象：高新技术产业吸纳就业能力持续增强，现代服务业拉动就业明显，房地产业回暖显现带动就业迹象，传统服务业遭遇用工萎缩。

1. 行业用工趋势呈现两极分化

2016 年新增就业人数最多的五个行业分别为制造业，租赁和商务服务业，批发和零售业，科学研究、技术服务和地质勘查业，信息传输、计算机服务

---

[1] 根据《转发部就业促进司关于调整人力资源市场职业供求状况季度分析上报时间的通知》（粤就局〔2011〕20 号）要求，数据采集时段为："上季度最后一个月的 21 日起至本季度最后一个月 20 日。"2016 年第四季度数据采集时段为 2016 年 9 月 21 日至 2016 年 12 月 20 日。

和软件业，五大行业合计占比65.14%。2016年第4季度，居民服务和其他服务业与交通运输、仓储和邮政业的新增就业人数较前一年均呈现大幅度下降。

2. 高新技术产业持续发挥拉动就业效应

战略性新兴产业持续保持两位数增长，高新技术产业产值占规模以上工业总产值比重达46%。广州市自主创新能力有较大提升，获批为国家自主创新示范区和全面创新改革试验核心区，高新技术企业由1253家发展到4700多家。"科技拉动经济、经济带动就业、就业反哺科技"的循环现象明显。综观2016年数据，科学研究、技术服务和地质勘查业的就业登记在场人数和新增就业人数的同比增幅均居各行业的前列。其中，2016年第4季度，科学研究、技术服务和地质勘查业的就业登记在场人数和新增就业人数同比分别增加67.47%和120.90%，增幅居各行业之首。

3. 现代服务业成为拉动就业增长的主要力量，传统服务业遭遇用工萎缩

2016年互联网经济新业态引领广州市服务业增长，规模以上互联网和相关服务业实现营业收入增长97.2%，而租赁和商务服务业的投资同比增长55.4%。据统计，2016年，租赁和商务服务就业登记在场人数和新增就业人数均呈现上升趋势，其中，第4季度，租赁和商务服务业的就业登记在场人数和新增就业人数分别同比增长40.20%和80.36%，成为拉动就业增长的第二大行业（仅次于制造业）。与此形成鲜明对比的是，传统服务业的用工规模出现萎缩，第4季度，居民服务和其他服务业就业登记在场人数同比下降5.36%，新增就业人数出现大幅度下滑，同比下降59.57%；交通运输、仓储和邮政业以及住宿和餐饮业的新增就业人数也明显下降，降幅分别为14.37%和14.01%。

4. 房地产业回暖呈现拉动就业积极效应

2016年房地产业出现回暖，房地产行业的复苏对带动就业产生了积极效应。第4季度，房地产业就业登记在场人数同比增加35.22%，新增就业人数同比增加64.9%，增幅均为所有行业第三位。

5. 信息和商务服务业缺工现象明显

2016年，广州市新产业成长势头良好，与软件、商务、科技等相关的现代服务业增长较快，规模以上研究和试验发展业、软件和信息技术服务业、商务服务业的营业收入分别增长32.5%、26.6%和16.2%。现代服务业快速发展的同时，企业用工缺口逐渐加大。根据广州市定点企业用工监测数据，2016年第四季度，信息传输、计算机服务和软件业，以及租赁和商务服务业的用工缺口率[①]在所有行业中分别位列第一、第三位（分别为14.75%和7.64%）；租赁和商务服务业的员工流失率为8.12%，位列各行业的第二位。

（三）劳动者就业情况

2016年，广州市新增就业人数31.25万，城镇登记失业人员23.63万，失业人员再就业人数为16.82万，劳动者就业情况总体稳定。

1. 登记失业率保持平稳，领取失业保险人数略有上升

2016年登记失业率处于2.12%~2.54%，低于3.5%的目标值，与往年基本持平。2016年第四季度领取失业保险人数为4.40万，同比增长15.09%，表明在经济下行压力下，企业用工规模扩张有限，且缩小用工规模和破产停工的可能性增大，导致领取失业保险待遇人数明显增加。

2. 高端行业发展对吸纳高校毕业生就业起到积极作用

2016年第四季度，未就业本市应届高校毕业生为2839人，同比下降了14.54%；应届广州生源高校毕业生就业率为93.41%，与往年基本持平。高校毕业生城镇新增就业人数为1.30万，主要集中在租赁和商务服务业，制造业、信息传输、计算机服务和软件业，科学研究、技术服务和地质勘查业以及教育业，五大行业合共占比60.54%；其中增幅较大的为教育业，同比增加了82.08%，增幅仅次于房地产业。

3. 定点调查企业员工月工资中位数略有下降

2016年第四季度，定点调查企业员工月工资中位数为4144元，环比（4451元）下降了6.90%。从行业看，金融业月工资中位数为7933元，居

---

① 用工缺口率=预计下期招聘人数/在岗职工人数×100%。

各行业之首；科学研究、技术服务和地质勘查业，教育行业的工资水平次之；住宿和餐饮业、居民服务和其他服务业、公共管理和社会组织等行业的工资水平则相对较低。从职业看，专业技术人员月工资中位数平均值最高（4680元），管理人员次之（4600元），技工和普工月工资中位数平均值分别为3688元、3000元。

4. "双创"工作凸显带动就业倍增效应

2016年广州市各级公共就业服务机构共扶持3.2万人创业，创业带动就业13.43万人，分别完成全年目标任务的128%和134.3%。2016年，广州市新建设市级创业（孵化）基地30个，入驻创业人员1396人，创业带动就业1.67万人；共发放创业担保贷款245万元；共征集188个创业项目并通过评估纳入创业项目库向社会推介，"双创"工作凸显倍增效应。

5. 就业专项资金和就业援助服务实现帮扶就业效能

2016年广州市劳动就业服务管理中心共审核各类补贴9.04亿元，其中审核就业专项资金补贴项目4.68亿元，失业保险基金用于就业补贴扩大支出项目4.36亿元，惠及人群200.41万人次。2016年广州市共举办"零距离"就业招聘会324场，进场求职人员14.24万人次，提供招聘岗位13.76万个，初步达成意向2.54万人。

二 存在的问题

（一）经济下行压力持续增大，对就业的影响不容忽视

我国经济发展当前正处于爬坡过坎的关键时期，经济增速换挡、结构调整阵痛、新旧动能转换等必然会对就业增长带来一定的压力。同时，广州市工业投资增速较慢，产业集聚、集群、集约程度不高，先进制造业新增长点不多，战略性新兴产业、新业态尚未形成有效支撑，2017年广州市经济增速可能会有所放缓，同时就业总量压力将长期存在，结构性用工矛盾会更加

突出,这都将给就业工作带来新的挑战,预计 2017 年的就业压力将更为凸显。

(二)就业结构性矛盾依然突出

随着近年来宏观经济发展放缓,国内产业转型升级,国企改革、企业重组步伐加快,经济发展带动就业的动力减弱,广州市"就业难"与"招工难"矛盾更为突出。一方面,传统产业面临劳动力转移安置困难,新兴产业面临高技术人才短缺;另一方面,部分就业困难人员、高校毕业生择业观念、自身素质与企业岗位需求不匹配,就业总量矛盾与结构性矛盾并存,就业压力日渐加大。

三 2017年就业形势预测及建议

2017 年是实施"十三五"规划的重要一年,是供给侧结构性改革的深化之年。一方面,经济下行压力在持续加大,结构调整深入推进,就业结构性矛盾依然存在。"就业难"与"招工难"并存,技术工人短缺,高素质、高层次人才缺失,同时区域、行业、企业就业情况的分化趋势日益凸显,结构性和摩擦性失业增多,这些因素都将对就业稳定构成威胁。另一方面,当前我国经济发展仍处于合理区间,经济总量增大、经济结构优化,以及商事制度改革、简政放权等改革所带来的红利持续释放,包括"一带一路"等重大战略部署的推进实施,特别是"双创"的蓬勃发展,新技术、新业态的不断涌现,也都将进一步拓展就业增长空间,对就业的拉动能力进一步增强。

(一)积极落实就业创业扶持政策,全面提高创业服务水平

一方面,积极发展先进制造业,带动现代物流等生产性服务业发展,催生适应多样化需求的新业态,释放吸纳就业潜力。大力发展就业容量大的健康、养老等生活性服务业。大力发展共享经济,降低市场准入门槛和制度性交易成本,营造有利于创业的政策环境,加大初创企业场地、设施、住房等

政策扶持力度，建设小微企业创新创业基地。另一方面，加大就业创业政策宣传力度，做好信息化平台管理、培训解读和规范指引工作，确保各项政策落实到位。完善创业孵化基地评价管理机制，积极发掘培育一批创新创业基地，努力将创新创业孵化平台打造成具有示范性和地方特色的一项工程。进一步理顺创业担保贷款工作机制，力争贷款工作取得新突破。大力推动"基地＋项目"创业项目推介展示模式，将创业政策展示、创业项目展示推介、创业项目对接跟踪服务等以多形式、多渠道在各地区推动开展，为广大创业者提供多元化创业服务。

（二）推动"互联网＋"就业新模式，提供精准化就业服务

打破传统服务模式的限制，增强服务的主动性和互动性，提供个性化精准推送服务，将个人就业失业登记信息主动推送给劳动者，逐步实现"单位登记＋个人确认＋政府监督"的互联网就业登记网办模式。同时，鼓励社会力量参与就业创业服务，建设更多有利于供求对接、人才流动、便利就业的信息平台，提高人力资源市场透明度和匹配效率。

（三）优化就业援助手段，树立就业服务品牌形象

完善公益性岗位申报和管理制度，建立起公益性岗位优先帮扶就业困难人员的促进与鼓励的长效机制。推进以社工就业辅导为核心的"就业携行计划"，完善就业援助电子化台账，实现实名制数据管理和监控，使台账既能真实反映每个援助对象的就业失业实时状态，同时真实反映社区就业工作人员的工作量与成效。

（四）加强制度建设，提高就业专项资金使用效益

加强就业专项资金预算执行管理工作，建立健全预算执行责任制。强化就业专项资金预算执行分析，做好就业专项资金执行情况的监控，加快预算执行进度，充分发挥资金效益。加强资金管理的信息化建设，大力提高就业专项资金的管理水平。

（五）建立数据共享联动机制，提升就业失业数据监测平台效能

探索建立以宏观经济数据和就业培训信息系统数据为基础，以企业用工定点监测和居民就业状况调查为主要内容的就业失业动态监测工作机制。将就业失业数据、个人就业情况调查与企业用工调查数据有机融合，进行多维度、多层次的数据分析，提高就业形势分析研判水平。

B.3

新常态下广州居民就业状况调查报告

朱泯静*

摘　要：　本文以2016年广州社会状况综合调查数据为样本，运用欧洲基金会就业质量评价标准体系框架，从职业和就业安全、技能发展、工作与非工作生活的和谐、健康与福利四方面分析新常态下广州居民就业状况。最后，得出五大结论。

关键词：　就业状况　广州社会状况综合调查　就业质量评价体系

一　研究意义与背景

就业作为社会民生事业的焦点与热点议题之一，一直受到社会各界的关注。2015年，李克强总理在全国就业创业工作电视电话会议中指出：就业是民生之本，就业稳则心定、家宁、国安。2016年3月，广州市印发《广州市国民经济和社会发展第十三个五年规划纲要（2016～2020）》，提出"十三五"时期要提高就业和收入水平，加强对灵活就业、新就业形态的支持，统筹抓好高校毕业生、城镇就业困难群体、广州市农村劳动力、残疾人等重点对象的就业服务和就业援助。随着我国经济形势进入新常态，经济增速呈现"L"形走势，经济增速放缓，劳动力就业结构及就业趋势也会发生变化。因此，广州相关部门有必要分析新时期广州居民就业状况及趋势，针对出现的新趋势及时做出反应。

---

* 朱泯静，博士，广州市社会科学院科研人员，研究方向为复杂网络与战略管理。

而现有研究广州市就业状况的报告多侧重于使用统计口径数据，这就存在一个问题：易于获得就业基本状况简单描述性信息，但较难挖掘劳动力就业变化产生的原因。鉴于此，本研究采用 2016 年广州社会状况综合调查①数据分析广州市就业状况及发展趋势，以期分析就业变化对经济社会发展的影响。

就业状况分析涉及的内容较为繁杂，为了清晰刻画就业状况，本研究借鉴欧洲基金会四维度的就业质量评价指标体系框架（见图1）。一是该指标体系包括就业状况、就业环境、就业能力、社会保障、劳动关系等多方面内容，能够系统反映就业状况。二是从数据可得性来看，2016 年广州社会状况综合调查数据指标与该指标体系较为吻合，能够为实证研究提供较好的数据支撑。

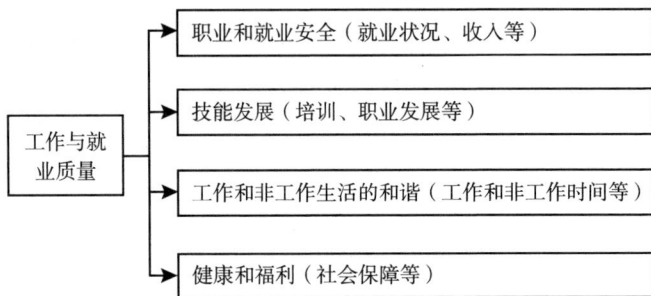

图1 欧洲基金会就业质量评价标准体系构成

二 职业和就业安全

职业和就业安全涉及就业状况、收入、工作稳定性等方面内容，主要从就业企业性质、不同就业群体就业特点进行分析。

---

① 本报告根据"广州社会状况综合调查"（Guang Zhou Social Survey，GZSS）所搜集的数据进行分析。"广州社会状况综合调查"是广州市社会科学院开展的一项全市范围内的大型抽样调查项目，于 2016 年 1～5 月实施完成入户抽样调查。调查采取的是等概率分层抽样的方式，调查样本覆盖广州市 8 个区 50 个街镇、50 个社区，每个社区设计样本量不少于 20 个，最后实际有效回收问卷为 1001 份。课题组对调查样本与广州常住人口的分布情况进行对比，认为此次调查样本的人口统计学特征基本符合广州市总体的情况，具有可信度。

（一）私营企业和个体工商户仍是吸纳就业的重要力量

私营企业和个体工商户一直都是吸纳就业的主渠道。2015 年，全国个体工商户和私营企业吸纳就业 2.5 亿人，比 2014 年增长 16.5%。在经济下行压力下，吸纳就业的人数不降反增。从广州市来看，如图 2 所示，54.6%的就业人员集中在私营企业和个体工商户中。由此可知，私营企业和个体工商户的健康发展对于稳定就业具有重要的作用。

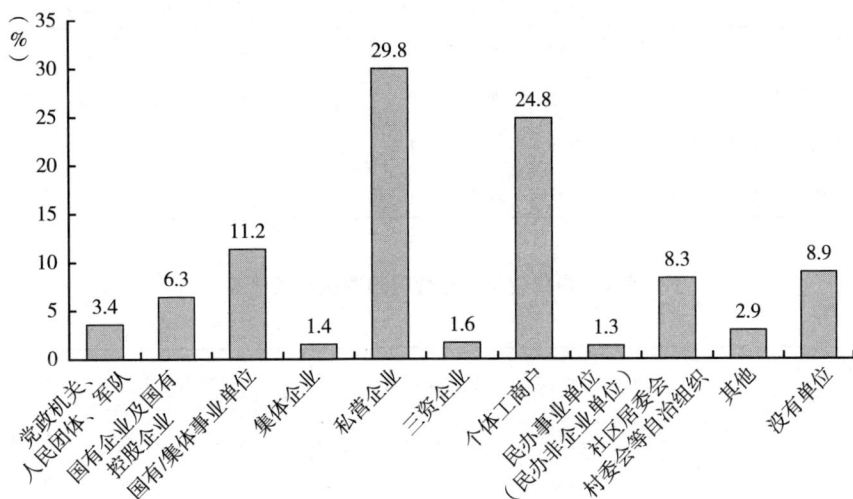

图 2　就业人员工作单位分布

（二）城市化过程中，农村人口的职业非农化趋势明显

在城市化过程中，农村人口大量转化为城市人口。鉴于非农劳动收益高于农业劳动收益，农村人口职业非农化趋势明显。从广州来看，如表 1 所示，188 位农业户籍就业人员中，96.8%的农业户籍就业人员选择了非农工作，仅有 3.2%的农业户籍就业人员选择务农工作。

但是，这部分农业户籍的就业人员多处于"半城市化"状态，即他们已经是城市的常住人口，但是却由于种种原因难以分享城市化带来的城镇居民社会待遇，他们的社会保障覆盖率低于非农与居民户籍就业人员。如表2和图3所示，农业户籍就业人员的养老保险、医疗保险、生育保险、工伤保险、失业保险覆盖率都显著低于非农、居民户籍就业人员。

表1 城市化过程中农村人口职业非农化状况

单位：人，%

类 别	非农工作		非农为主＋务农		务农为主＋非农		务农	
	频数	百分比	频数	百分比	频数	百分比	频数	百分比
农业户口	182	96.8	0	0.0	0	0.0	6	3.2
非农业户口	75	100	0	0.0	0	0.0	0	0.0
居民户口（之前是非农业户口）	205	99.0	1	0.5	0	0.0	1	0.5
居民户口（之前是农业户口）	91	92.9	1	1.0	1	1.0	5	5.1

表2 户口性质与社会保障覆盖交互情况

单位：人，%

类 别	农业户口		非农业户口		居民户口（之前是非农业户口）		居民户口（之前是农业户口）	
	频数	百分比	频数	百分比	频数	百分比	频数	百分比
养老保险	81	43.1	55	73.3	186	89.9	78	79.6
医疗保险	137	72.9	60	80.0	196	94.7	96	98.0
失业保险	31	16.6	42	56.0	142	68.6	43	43.9
工伤保险	34	18.1	44	58.7	142	68.6	42	42.9
生育保险	31	16.6	41	54.7	124	60.5	39	39.8
城乡最低生活保障（低保）	7	3.8	2	2.7	5	2.4	4	4.1

（三）人力资源市场灵活性增强，非正规就业成为一种值得关注的就业渠道

从非正规就业的定义中可知，是否签订劳动合同是非正规就业的重要判

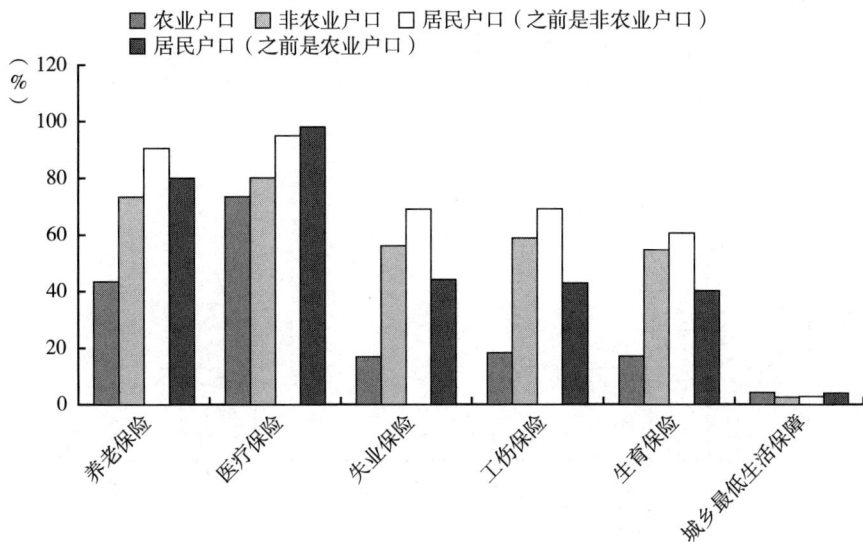

图3 不同户口性质人口社会保障覆盖率

别指标①。在 GZSS 调查中，课题组询问被访者是否与工作单位或雇主签订书面劳动合同，共包括六个选项：一是签订了固定期限劳动合同；二是签订了无固定期限劳动合同；三是签订了试用期劳动合同；四是签订了其他劳动合同；五是没有签订劳动合同；六是不需要签订劳动合同（如公务员或国家机关、事业单位编内人员）。在这六种劳动关系中，"没有签订劳动合同"

---

① 非正规就业（Informal Employment）是由国际劳工组织（ILO）提出的，非正规就业的概念指雇员处于缺乏劳动合同、社会保险和带薪假期的雇佣状态（ILO，2003），包括兼职、临时、自雇、外包、家庭工人、季节工等雇佣形式。在统计分析非正规就业规模时，鉴于我国统计数据采集系统的不完善，不能完全按照国际劳工组织关于非正规就业的概念框架来统计。因此国内学者借鉴国际劳工组织的定义，结合中国的实际国情，形成了不同的非正规就业的统计界定。比如胡鞍钢、赵篱（2006）将城镇私营企业从业人员、个体经济从业人员和没有纳入国家就业统计的从业人员，定义为非正规就业。吴要武、蔡昉（2006）在研究中，将没有签订劳动合同的受雇者、劳务派遣工、社区管理和公益服务劳动者、雇用七人以下的个体工商户划入非正规就业范畴。现有文献大致使用四种方法来判别是否为非正规就业：第一，用人单位是否有劳动合同；第二，是否拥有社会保障；第三，劳动者所在部门是否在工商部门注册；第四，用人单位是否向税务机关缴税。在实际的统计中，各种判别标准各有优劣。根据 ILO（2003）关于非正规就业的定义及数据可得性，本报告选用是否具有劳动合同作为非正规就业的判别指标。

的劳动者被认为是非正规就业人员，共有 110 人未签订劳动合同，占比为 27.6%，说明非正规就业已成为当前一种值得关注的就业渠道。

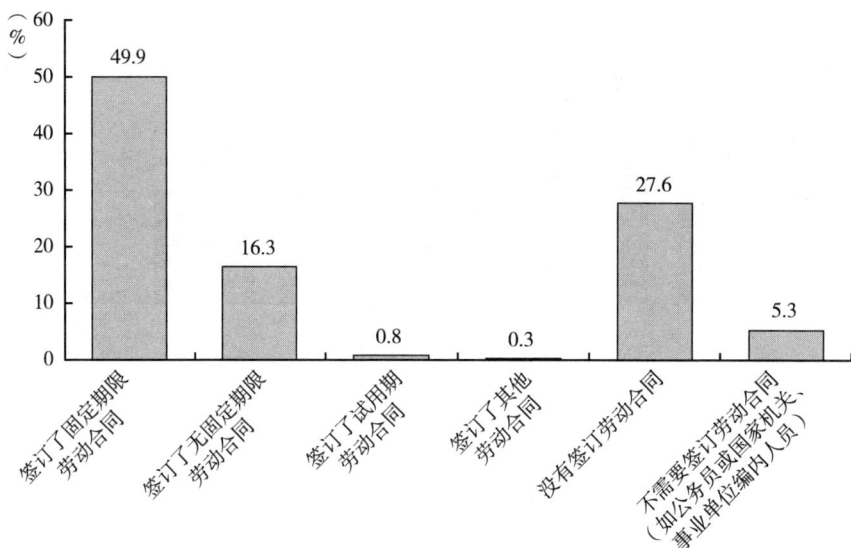

图4 非正规就业人员分布（N＝399 人）

由于非正规就业具有容易进入、主要依赖本地资源、家庭所有制或自我雇用、经营规模较小、采用劳动密集型的适用性技术、劳动技能不需要在正规学校获得、较少管制或竞争较充分等特点，集中于非正规就业的人员技能水平、教育水平等都相对较低。在此次调查中，非正规就业人员以低学历的农业户籍中年人为主。五成以上的非正规就业人员集中于 35~54 岁；五成以上的非正规就业人员以小学、初中学历为主；四成非正规就业人员是农业户口。这意味着非正规就业成为城市化过程中，农村劳动力人口进入城市就业的主要形式。

（四）失业群体以低学历中年人群为主，多数并未形成长期失业，再就业难度不大

何谓失业者？关于失业者的界定目前学界尚未形成共识，不同的组织和

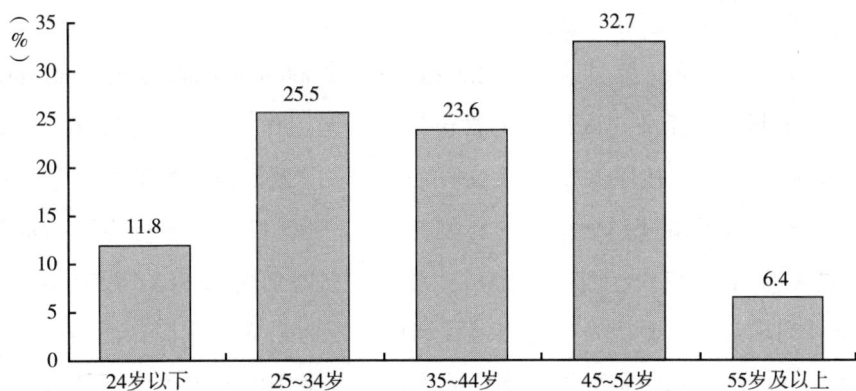

图 5　非正规就业人员年龄结构（N = 110）

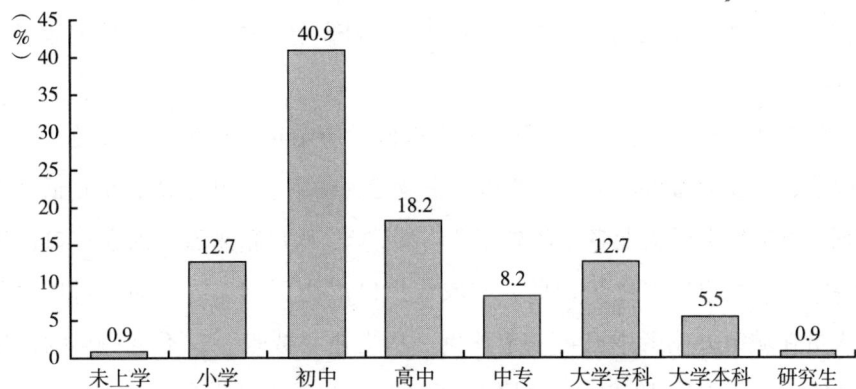

图 6　非正规就业人员教育水平状况（N = 110）

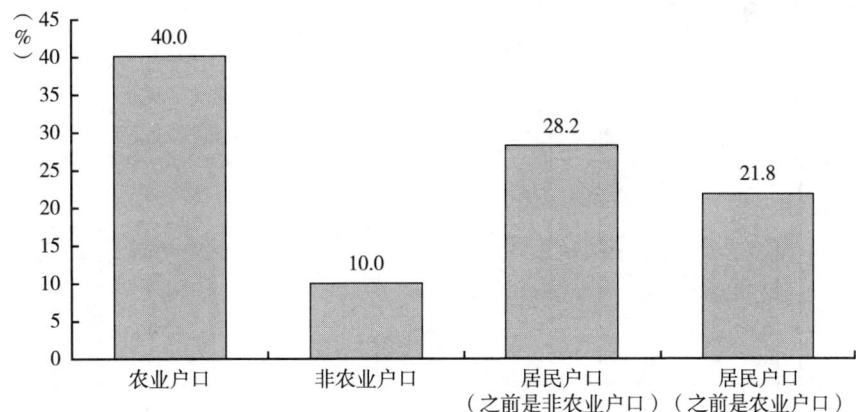

图 7　非正规就业人员户口性质（N = 110）

机构给出了不同的解释。就目前而言,国际上最流行的失业者认定标准,是第十三次国际劳动统计大会(International Conference of Labor Statistics, ICLS)上制定的标准。该标准主要包括:①无工作;②有找工作的行为;③可以立即到岗。按照 ICLS 相关文件的解释:"无工作"指的是"过去的一周内没有从事超过一个小时的有酬劳动";"有找工作的行为"指的是"在过去的四周内有找工作的行为"。对于"立即到岗",ICLS 没有给出一个统计的规定。欧盟认为两周内能到岗即可视为是立即到岗,而美国、加拿大认为一周内到岗是立即到岗。此次调查,采用欧盟的做法,笔者认为失业者是过去一周内没有从事超过一小时的有酬劳动、在过去四周内有找工作行为、能够在两周内到岗的人员。在 GZSS 中,符合此标准的失业者共有 64 人。

如图 8、图 9 所示,这部分失业者以低学历中年人群为主,多数并非长期失业,再就业难度不大。五成以上失业者为初中、高中学历,呈现低学历特征;五成以上的失业者年龄处于 35~54 岁。从户籍来看,农业户口占比 23.4%,居民户口占比 53.1%,非农业户口占比 23.4%,表明农村进城务工人员在城镇失业者中已占一定比例。从失业年数来看,不足一年的占比 32.8%,一年占比 18.8%,表明 51.6% 的失业者失业时间为一年及以内,属于非长期失业人口,再就业难度不大。

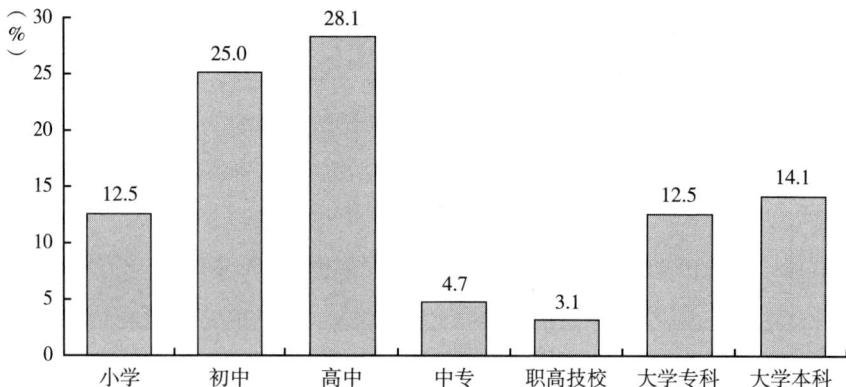

图 8 失业者教育程度分布 (N=64)

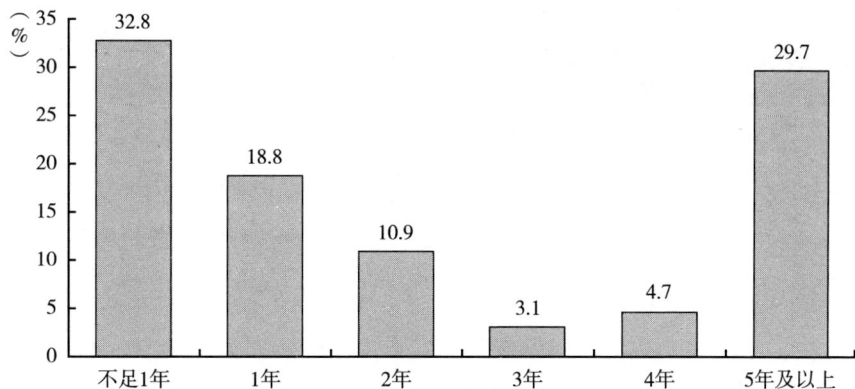

图9 失业者失业时间长度（N＝64）

（五）部分女性由于料理家务而未就业，成为待挖掘的潜在劳动力

在调查中可以看到一个无业者群体的存在，规模小于失业者群体。但其同样为适龄劳动力群体中有能力就业的人群。它们与失业者的区别，仅在于调查时其表示没有找工作也不打算创业，因而并不符合无业者群体，排除在经济活动人口之外，但他们又表现出明确的就业意愿，在有关失业问题的研究中，通常称其为"潜在失业者"。从人群特征来看，我们可以发现，如图10～图13所示，这是一个以女性为主体（女性占比83.3%，男性占16.7%），教育程度以初中学历为主的群体。其中，4年及以下未工作的人占比63.9%。而从年龄构成来看，潜在失业者以35～44岁居多，占比36.1%；从无工作原因来看，料理家务（包括照料子女/老人/家人）是最主要的原因，占比61.1%。由此认为，为了家庭等原因，中青年女性放弃寻找工作，成为潜在失业者。虽然潜在失业者人数不多，但是我们应给予这个群体以与失业者同等的关注。

三 技能发展

技能发展是就业质量的主要内容，从长远角度来看，个体若从事利用自

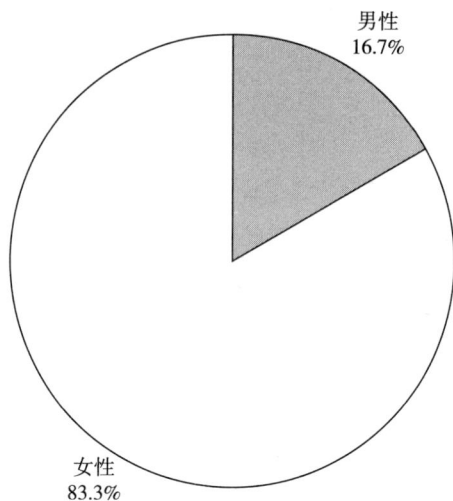

图 10　潜在失业者性别分布

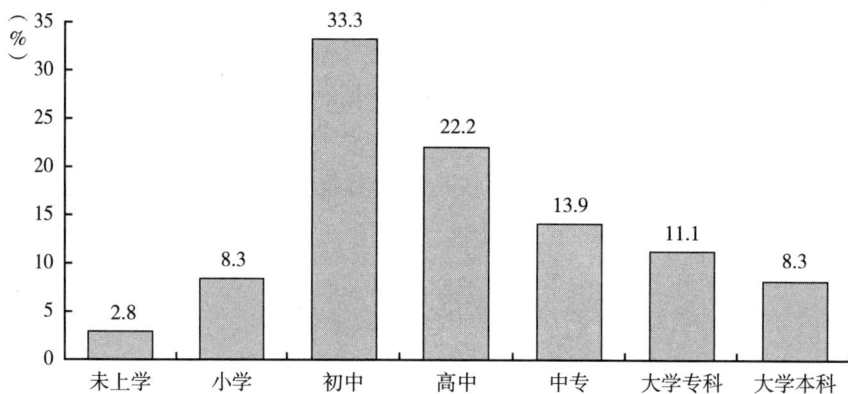

图 11　潜在失业者教育程度分布

身技能发展的工作，自然有益于就业质量提升。在此维度中，用培训状况、工作技能需求度来衡量。

（一）工作需要越高的技能，单位越会组织技能方面的培训

随着技能的不断更新换代，在越需要高技能工作的单位中，就业者越

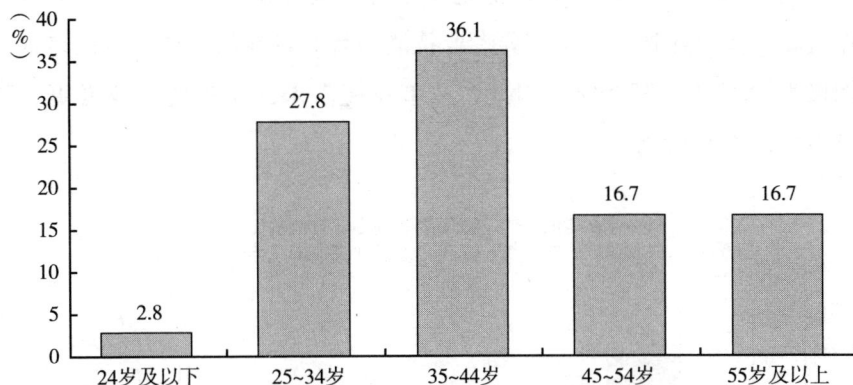

图 12　潜在失业者年龄层分布

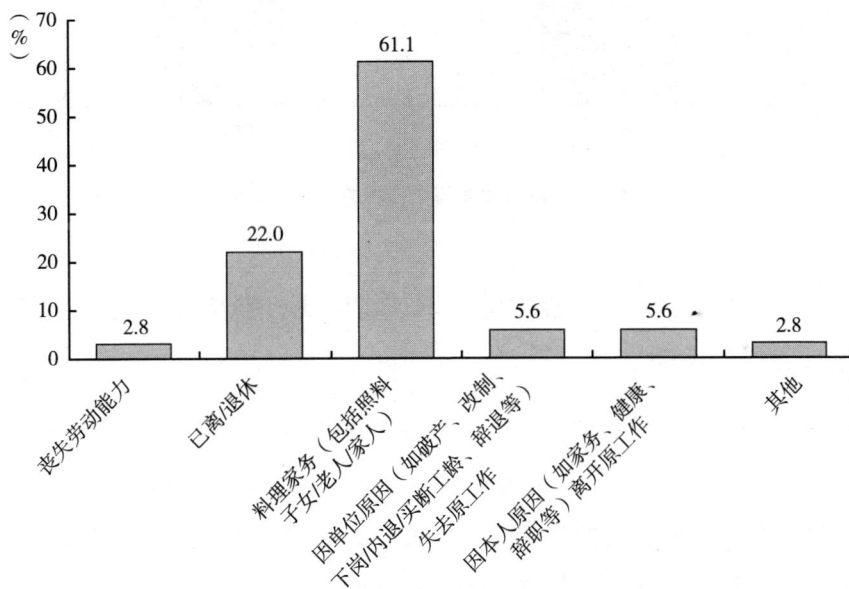

图 13　潜在失业者失业原因

会参加单位提供的技能方面的培训，以提高其技能水平适应工作新的需要。在此次调查中，如图 14 所示，认为自身工作需要很高专业技能的就业者参与单位提供的培训的比例较高，在需求很高、较高专业技能的工作中，分别有72.7%、59.6%的就业者参与单位提供的培训。而认为自身工作需要一些专业技能、不需要专业技能的就业者参与单位提供的培训的比例仅为48.3%、35.6%。因此，从事技能需求高工作的就业者更积极参与培训，提升技能。

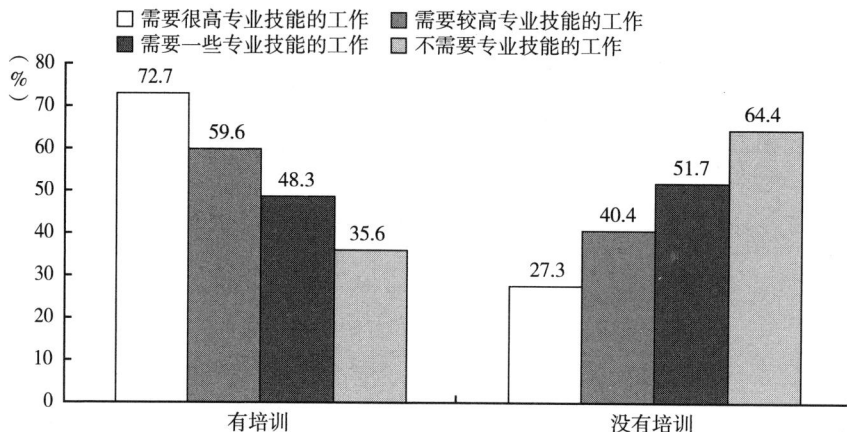

图14　技能需求程度与培训相关性（N＝402）

（二）就业者对单位提供的培训认可度高，参与培训的主要目的是增加自身的技能

为了提高员工的技能水平，单位会组织员工参加技能方面的培训。如图15、图16所示，在此次调查中，接近半数的员工参加单位提供的培训的目的在于提高自己的技能。一方面，为了自己的利益进行培训，员工的积极性和主动性会比较强，培训效果较优。另一方面，对于单位而言，员工通过培训获得高技能能够更好地适应工作岗位需要，有利于企业的发展。

由于员工能够从培训中提升自我的技能，因此，其对单位提供的技能培训认可度较高。在此次调查中，九成以上的参加过单位提供的培训的员工认为培训对于工作是有帮助的，员工对单位组织的培训认可度较高。

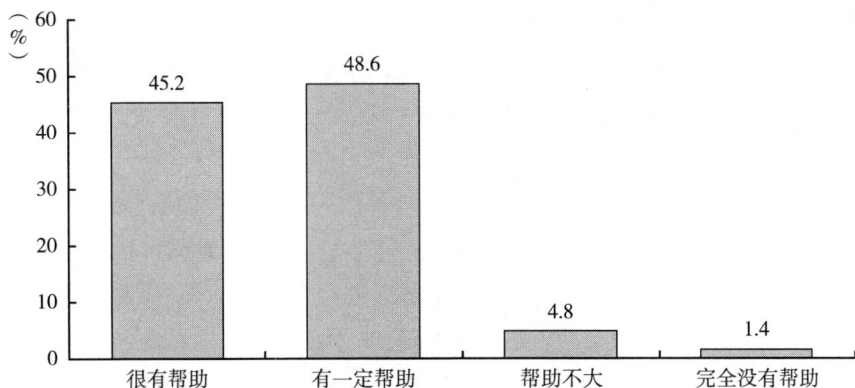

图15　受访者对单位提供的培训的认可度（N＝208）

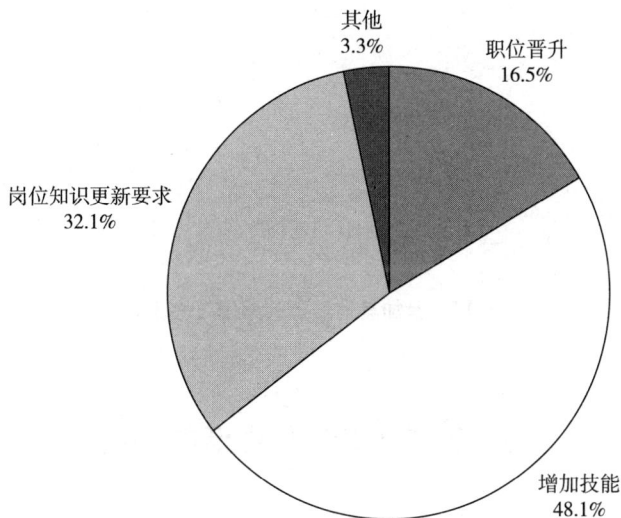

图16　参加单位提供的培训的原因（多选）

（三）就业者较少参加其他培训，但参加者对其他培训认可度也较高

出于提高自身技能、晋升等目的，就业者是否会参加额外的培训？在此次调查中笔者发现，仅有17.9%的就业者会参加除单位提供的培训之外的其他培训。虽然参与的比例较小，但是，参与者对其他培训的认可度较高，

九成以上的参与培训者认为培训对工作有帮助。

参与除了单位提供的培训之外的其他培训也是利己的，61.3%的参与培训者认为是为了增加自己的技能（见图17）。

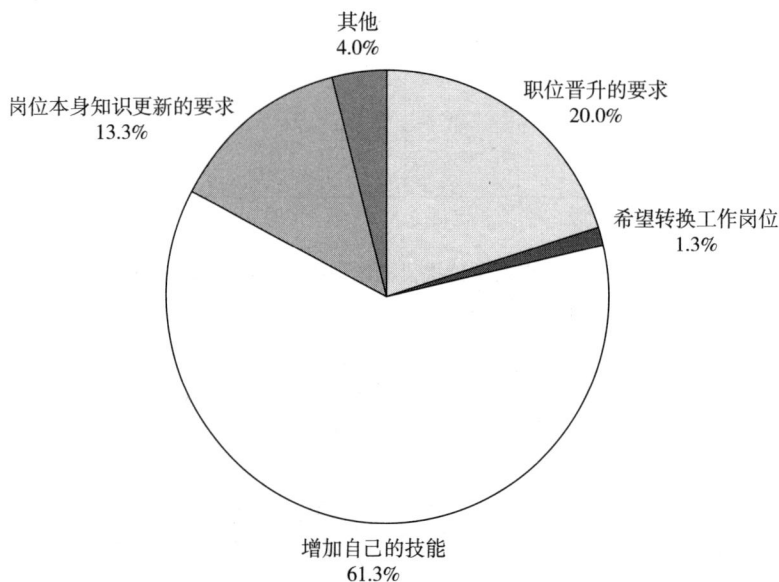

图17　参加其他培训的原因（多选）

四　工作和非工作生活的和谐

时间作为一种稀缺资源，能够给个人带来效用。然而，不同的效用组合则会影响个体的就业质量和生活质量，在既定的时间中，除正常的吃睡等所需时间之外，为工作而付出的时间越多，则意味着非工作的时间越少。工作与非工作生活的和谐度是衡量个体工作生活质量的一个重要维度。

（一）广州居民的劳动保护做得较好，然而也存在部分行业劳动时间过长

《劳动法》规定的每天工作8小时制，如图18和图19所示，在此次调

查中，65%的就业者符合每天工作 8 小时的规定，这意味着广州市在居民每天工作 8 小时的劳动保护中成效显著。然而，《劳动法》还规定劳动者每月工作22 天，每月工作超过 22 天的就业人员占比 55.7%，高于每月工作不多于 22天的就业人员占比（44.3%），其中，23.5%的就业人员每个月工作 30 天。部分行业存在劳动者每月劳动时间过长的问题，值得关注。

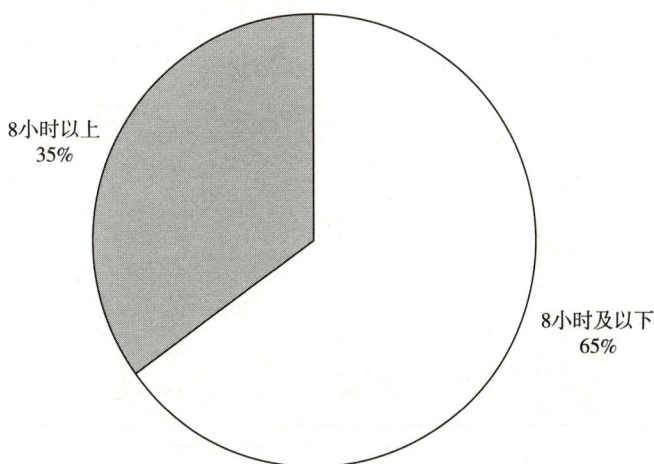

图 18　每天工作 8 小时的比重

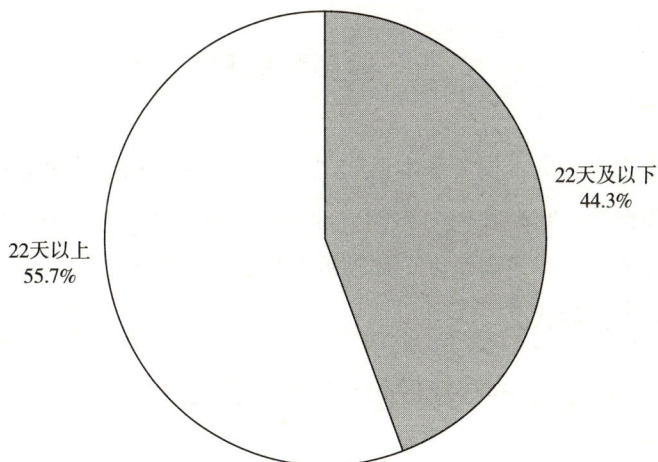

图 19　每个月工作超过 22 天的比重

（二）广州的开放度在不断提升

广州的开放度在不断提高，体现在：虽然在家庭中五成以上的居民均使用粤语交流，但是在工作等社交场合，46.6%的广州居民使用普通话。由此看出：广州的开放度有所提高，普通话在工作等场合正在逐渐成为重要的社交语言之一。

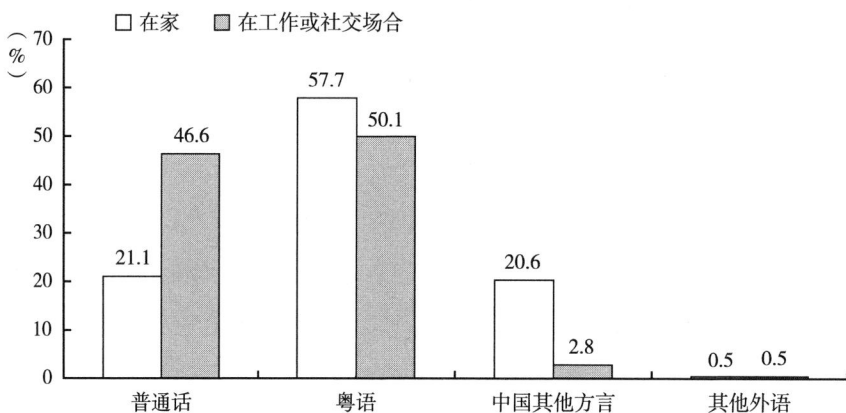

图20　不同场合使用语言的比重

五　健康和福利

健康作为人力资本投资基本形式之一，随着经济社会的快速发展和生活质量的逐步提升，它亦会成为影响就业供给行为决策的重要因素。在 GZSS中，社会保障覆盖率与满意度可体现就业健康与福利维度。下文笔者将分析不同群体社会保障状况。

（一）广州居民的医疗保险与养老保险覆盖率较高，且满意度也较高

从医疗保险来看，城镇职工、居民医保统筹基金年度最高支付限额分别

为 56.8 万元、34.8 万元，分别增长 6.7%、52.6%，位居全国前列。从养老保险来看，2014 年，广州市连续第 10 年提高企业退休人员养老金水平，企业职工月人均养老金首次达到 3019 元，位居全国前列。综上可知，广州市医疗保险、养老保险发展水平位居全国前列。在此次调查中，从社会保障覆盖率来看，排名第一位的是医疗保险，占比 86.1%；第二位是养老保险，占比 70.3%。从对社会保障满意度来看，满意度从高到低排名依次是：总体社会保障、医疗保障、养老保障、就业保障、城乡最低生活保障、基本住房保障。广州居民的医疗保险与养老保险的覆盖率较高，且满意度也较高。

（二）非正规就业人员的相关权益亟待法律保护

非正规就业提供了大量就业机会，缓解了社会就业压力，但是非正规就业群体缺乏必要的制度性保护，非正规就业者劳动权益保障值得关注。除了缺乏劳动合同保障外，非正规就业群体与正规就业群体在享有社会保障方面也存在差异。一方面，其劳动者权益得不到保护，针对非正规就业中的劳动关系缺乏明确的法律规定，而处于社会以及政府部门的服务与监管范围之外；另一方面，一些用工单位以非正规就业形式用工，避免其为职工缴纳社会保障的义务，致使该群体无法参与社会保障体系。随着非正规就业规模的日益扩大，规范非正规就业的劳动关系日益重要。

表 3　正规就业人员与非正规就业人员社会保障覆盖面状况

单位：人，%

类　别	正规就业人员 （N = 289 人）		非正规就业人员 （N = 110 人）	
	频数	百分比	频数	百分比
养老保险	261	90.3	61	55.5
医疗保险	276	95.5	93	84.5
失业保险	224	77.5	19	17.3
工伤保险	227	78.5	20	18.2
生育保险	207	71.6	15	13.6
城乡最低生活保障（低保）	9	3.1	3	2.7

此次调查对比分析了非正规就业人员与正规就业人员在社会保障覆盖面上存在显著差异。从养老保险、医疗保险、失业保险、工伤保险、生育保险、城乡最低生活保障六个方面的覆盖率来看,非正规就业人员都低于正规就业人员。

(三)公共产品供给状况与公众需求存在一定差距,中青年群体对基本社会保障存在焦虑感

虽然总体上社会保障的享有率在近年来稳步提升,但是社会保障水平仍然与社会公众的需求有着一定的差距。从受访者对当前社会保障的总体满意度来看,不同年龄组中,25~44岁的中青年群体对社会保障水平的评价较低,普遍低于平均值,体现出中青年群体对基本生活保障的焦虑感。

表4 不同年龄层对社会保障供给的满意度

类　别	18~24岁	25~34岁	35~44岁	45~54岁	55岁及以上	全样本
养老保障	5.91	5.29	5.34	5.60	5.69	5.50
医疗保障	5.96	5.37	5.23	5.66	5.62	5.53
就业保障	5.62	5.27	5.16	5.33	5.35	5.31
城乡最低生活保障	5.62	5.31	5.01	5.22	5.32	5.30
基本住房保障	5.31	5.20	5.01	5.17	5.30	5.21
总体社会保障状况	5.93	5.45	5.22	5.50	5.74	5.56

(四)市场化导向的就业制度基本形成,劳动合同制成为市场化导向就业制度的基础

劳动合同制在1980年开始试点实施,1990年全面推进。2008年《劳动合同法》的实施,标志着劳动合同制成为重要的劳动用工制度,是我国市场化导向的就业体系建立的重要标志。本次调查结果显示,党政机关、人民团体、军队签订劳动合同或是由于是公务员或国家机关事业单位编内人员不需要签订劳动合同的占比为100%;国有企业及国有控股企业签订劳动合同占比为100%;国有/集体事业单位签订劳动合同员工或国家机

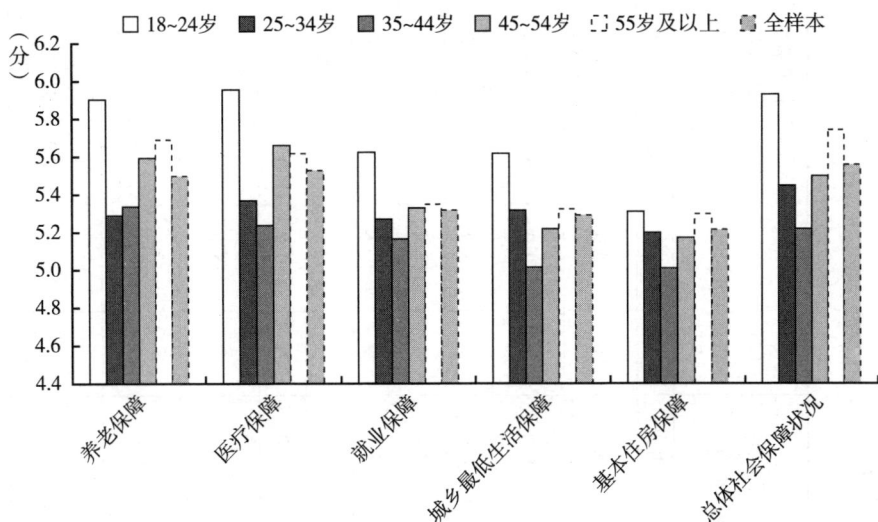

图21　不同年龄层社会保障满意度情况

关事业单位编内人员不需要签订劳动合同比例为95.1%；集体企业签订劳动合同占比为87.5%；民办事业单位（民办非企业单位）占比71.4%；社区居委会、村委会等自治组织签订劳动合同占比为73.3%；而私营企业签订劳动合同比例高达69.9%；个体工商户签订劳动合同占比为20%；三资企业签订劳动合同占比为77.8%；这些数据都表明非公有制企业在签订劳动合同中的职工中比例都较高，劳动合同制成为市场化导向就业制度的基础。

六　小结

（一）促进私营企业、个体工商户健康发展有助于稳定就业

私营企业、个体工商户仍是吸纳就业的重要渠道。广州一直都是私营企业、个体工商户活跃的城市，尤其是在"大众创业、万众创新"的背景下，社会各界创业热情得到激发，私营企业、个体工商户单位数不断增加。2014年，

表5 各类企业劳动合同签订情况（N=396）

单位：人、%

类 别	签订了固定期限劳动合同		签订了无固定期限劳动合同		签订了试用期劳动合同		签订了其他劳动合同		没有签订劳动合同		不需要签订劳动合同（如公务员或国家机关、事业单位编内人员）	
	频数	占比	频数	占比	频数	占比	频数	占比	频数	占比	频数	占比
党政机关、人民团体、军队	9	47.4	3	15.8	1	5.3	0	0.0	0	0.0	6	31.6
国有企业及国有控股企业	25	71.4	10	28.6	0	0.0	0	0.0	0	0.0	0	0.0
国有/集体事业单位	40	65.6	11	18.0	0	0.0	0	0.0	3	4.9	7	11.5
集体企业	7	87.5	0	0.0	0	0.0	0	0.0	1	12.5	0	0.0
私营企业	78	51.0	26	17.0	2	1.3	1	0.7	46	30.1	0	0.0
三资企业	4	44.4	3	33.3	0	0.0	0	0.0	2	22.2	0	0.0
个体工商户	6	15.0	2	5.0	0	0.0	0	0.0	32	80.0	0	0.0
民办事业单位（民办非企业单位）	5	71.4	0	0.0	0	0.0	0	0.0	2	28.6	0	0.0
社区居委会、村委会等自治组织	22	48.9	6	13.3	0	0.0	0	0.0	12	26.7	5	11.1
其他	1	12.5	4	50.0	0	0.0	0	0.0	3	37.5	0	0.0
没有单位	0	0.0	0	0.0	0	0.0	0	0.0	11	100.0	0	0.0

私营企业为2425家，比2014年增长1.34%；但是值得注意的是，经济进入新常态，私营企业、个体工商户经营压力明显加大，经营成本增加，效益下滑。针对私营企业、个体工商户融资难问题，广州市发改委从改善中小微企业投融资环境、建立中小微企业融资业务风险分担机制、优化中小微企业投融资服务水平等方面出台了12条针对性的扶持政策以缓解私营企业、个体工商户的融资困难，促进私营企业、个体工商户健康发展，有利于稳定就业，减少社会风险。

（二）家庭主妇应得到相应补偿

在失业者与潜在失业者的失业原因中，排名第一位的都是料理家务（包括照料子女/老人/家人），尤其是潜在失业者中，8成以上均为女性。由此可见，出现部分女性回归家庭而未就业现象。她们基本都有就业意愿，但由于家庭需要而离开工作岗位回归家庭。这部分群体是值得挖掘的劳动力人群。可通过安排弹性工作时间等方式让这部分有就业意愿的群体能够继续参与社会劳动获取报酬。

（三）养老保险与医疗保险覆盖率与满意度均高

无论从广州市居民整体还是失业者、潜在失业者、非正规就业人员等群体的社会保障来看，他们的医疗保险与养老保险覆盖率较高，且满意度也较高，说明广州在养老保险、医疗保险方面的供给取得了不错的成绩。同时，广州市居民对于社会保障的态度较为理性。

（四）部分群体的社会保障供给值得关注

在此次调查中，发现失业者、农业户口人群、非正规就业人员、流动人口的社会保障覆盖率都较低，且他们对社会保障满意度也较低。其中，失业者对就业保障的满意度很低。非正规就业是大量的农业人员的主要就业方式，他们的社会保障薄弱，值得关注。如何让他们享受到城市发展的成果，降低他们成为社会风险点的可能是值得进一步研究的问题。

（五）提供多形式技能培训有益于就业者与企业发展

参与单位提供的技能培训或是其他培训的人员对于培训的认可度很高，同时，对于就业者而言，其目的在于增加自己的技能，他们对培训更具有积极性和主动性，培训效果较好。另外，就业者能够通过培训提高技能水平，满足岗位知识更新换代的需要，有助于企业的发展。因此，广州市相关职能部门可联合企业针对不同行业的技能需要，设置适合不同等级就业者需要的培训，采用面授、网络培训等多种形式对就业者进行培训，更具针对性，有效提升培训效果。

B.4
2016年广州人力资源及社会保障
状况调查报告

黄远飞　陈玉元　张占峰　江 锋*

摘　要：　本次调查旨在了解广州市城乡居民在就业、专业技术和职业
技能、职业构成、社会保险参保、劳动关系、劳动收入等方
面的基本情况。并对企业异地务工人员的权益维护情况以及
劳动人事争议处理情况做了基本调查。本次调查结果将有助
于人力资源和社会保障部门进一步摸清广州市城乡居民、企
业异地务工人员在人力资源和社会保障有关方面的基本情况，
为人力资源社会保障的科学决策和政策制定提供基础性资料。

关键词：　城乡居民　异地务工人员　就业情况

为进一步摸清广州市城乡居民、企业异地务工人员在人力资源和社会保
障有关方面的基本情况，为人力资源社会保障的科学决策和政策制定提供基
础性调查资料，根据人力资源和社会保障部的部署，广州市于 2016 年 11 月
在全市 11 个区开展人力资源和社会保障基本情况调查，具体内容包括居民
抽样调查和异地务工人员调查两部分。其中，居民抽样调查涉及 90 个社区、
3150 户、10600 人，采取中选概率与社区（村）常住人口规模成比例的方

---

*　黄远飞，广州市人力资源和社会保障局巡视员；陈玉元，广州市人力资源和社会保障局副巡
视员；张占峰，广州市人力资源和社会保障局信息管理处处长；江锋，广州市人力资源和社
会保障局信息管理处主任科员。

法（PPS 抽样方法）抽取了 90 个城镇的社区、乡的行政村作为本年度的调查村居，并要求在每个社区访谈不少于 35 户，共计访谈对象不少于 100 人。异地务工人员调查将 3500 个名额等比例分配到各类行业（调查异地务工人员所占比例与该行业异地务工人员在总体中所占比例相同）。在行业中选择有代表性的企业，从每个企业抽取一定数量（不超过 15 人）的异地务工人员进行调查。

本次调查旨在了解城乡居民在就业、失业、专业技术和职业技能、职业构成、社会保险参保、劳动关系、工时、休假和劳动收入等方面的情况。企业异地务工人员主要了解其权益维护情况以及劳动人事争议处理情况。

一 就业情况

本部分对调查对象的行业和职业分布、就业身份、受雇企业类型、创业带动就业成效、就业信息渠道、人事档案管理、职业介绍、就业优惠政策、失业登记等情况进行了解，并得到以下基本结论。

（一）从就业的行业和职业来看，第三产业从业人员最多，职业为社会生产服务和生活服务人员的人数最多

受访的就业人员中，从工作的产业来看，从事第一产业的占 7.5%，从事第二产业的占 18.6%，从事第三产业的占 73.9%；从工作的行业看，居民服务、修理和其他服务业，制造业，批发和零售业等 3 个行业的从业人员最多，分别占受访就业人员的 17.3%、13.4% 和 11.0%（见表 1）。

表 1 受访居民就业行业分布情况

单位：人，%

行业名称	频数	百分比（N = 5913）
农、林、牧、渔业	446	7.5
采矿业	7	0.2
制造业	790	13.4

续表

行业名称	频数	百分比(N=5913)
电力、热力、燃气及水的生产和供应业	127	2.1
建筑业	170	2.9
批发和零售业	650	11.0
交通运输、仓储和邮政业	491	8.3
住宿和餐饮业	274	4.6
信息传输、软件和信息技术服务业	262	4.4
金融业	203	3.4
房地产业	115	1.9
租赁和商务服务业	159	2.7
科学研究和技术服务业	41	0.8
水利、环境和公共设施管理业	81	1.4
居民服务、修理和其他服务业	1023	17.3
教育	207	3.5
卫生和社会工作	217	3.7
文化、体育和娱乐业	115	1.9
公共管理、社会保障和社会组织	535	9.0
合　计	5913	100

　　从从事的职业来看，社会生产服务和生活服务人员最多，占比超过五成，为52.6%，办事人员和有关人员、生产制造及有关人员、专业技术人员的占比也较高，均在10%以上，分别占受访就业人员的14.6%、12.8%和10.3%（见表2）。

表2　受访居民职业分布情况

单位：人，%

职业名称	频数	百分比(N=5914)
党的机关、国家机关、群众团体和社会组织、企事业单位负责人	113	1.9
专业技术人员	610	10.3
办事人员和有关人员	864	14.6
社会生产服务和生活服务人员	3112	52.6
农、林、牧、渔业生产及辅助人员	438	7.4
生产制造及有关人员	757	12.8
军人	1	0.1
不便分类的其他从业人员	19	0.3
合　计	5914	100

（二）大部分就业人员的身份为全日制雇员

从受访就业人员的就业身份（形式）来看，全日制职工（雇员）最多，占75.2%，其他各类就业身份的比例均低于10%，其中6.8%在自家农业用地上从事农林牧渔业生产，6.0%为自由职业者，5.1%为非全日制职工（雇员），4.3%为个体户主，劳务派遣人员、私营企业主等其他形式的就业比例均较小（见表3）。

表3　受访居民就业身份分布情况

单位：人，%

就业身份/形式	频数	百分比（N=5915）
在自家农业用地上从事农林牧渔业生产的人员	401	6.8
全日制职工/雇员	4451	75.2
非全日制职工/雇员	302	5.1
劳务派遣人员	17	0.3
私营企业主	39	0.7
生产合作社成员	2	0.0*
个体户主	257	4.3
自由职业者	356	6.0
其他形式	90	1.5
合　计	5915	100

说明：*表示实际不为0，但保留一位小数显示为0。

（三）近一半受雇劳动者服务于企业，其中超过四成在私营企业就业

在受访的受雇劳动者（不包括在家务农、生产合作社成员和自由职业者）中，49.5%的工作单位（雇主）是企业，15.4%的工作单位是行政事业单位或社团（组织），11.7%的工作单位是居（村）委会等基层组织，受雇单位为个体经营者的占8.7%。就业人员受雇于企业的比例明显高于其他类型单位（见表4）。

在工作单位是企业的受访劳动者中，44.3%的工作单位是私营企业，是各类企业中占比最高的；工作单位是国有企业的占22.7%，排第二位。受雇于私营企业和国有企业的劳动者合计占全部受雇企业人员的67.0%（见表5）。

表4 受访居民工作单位/雇主的性质分布情况

单位：人，%

工作单位/雇主的性质	频数	百分比（N = 4876）
企业	2414	49.5
自收自支事业单位	120	2.5
全额拨款事业单位	236	4.8
差额拨款事业单位	71	1.5
机关	230	4.7
社会团体/组织	93	1.9
民办非企业单位	360	7.4
居（村）委会等基层组织	575	11.7
个体经营	422	8.7
其他单位	355	7.3
合　计	4876	100

表5 受访居民所在企业的注册类型分布情况

单位：人，%

所在企业的工商登记注册类型	频数	百分比（N = 2395）
国有企业	543	22.7
集体企业	122	5.1
股份合作企业	168	7.0
联营企业	20	0.8
有限责任公司（不含私营有限公司）	166	6.9
股份有限公司（不含私营股份公司）	93	3.9
私营企业	1062	44.3
其他内资企业	17	0.7
港澳台商投资企业	50	2.1
外商投资企业	154	6.4
合　计	2395	100

（四）私营企业创业带动就业成效

受访就业居民中，私营企业主占0.7%，个体户主占4.3%，两者合计占5.0%，比上年调查结果下降0.7个百分点。私营企业主平均带动7.7人就业，个体户主平均带动0.8人就业。

（五）近三成就业人员通过公共招聘形式找到现职

对于通过何种渠道找到目前的工作，19.8%选择了"参加招聘会"，9.2%选择"网络招聘"，两者加起来近三成；39.1%的受访就业人员选择了"社会关系（亲戚、朋友、老乡等）"，在各种渠道中选择比例最高；选择比例超过10%的还有"直接与企业或事业单位联系"，占12.7%。

表6 受访居民就业渠道情况

单位：人，%

找到工作的渠道	频数	百分比（N = 4877）
到公共就业和人才服务机构求职登记	138	2.8
到经营性人力资源服务机构寻求中介服务	36	0.7
参加招聘会	964	19.8
网络招聘	447	9.2
广播、电视、报纸等招聘广告	33	0.7
直接与企业或事业单位联系	619	12.7
机关事业单位招考录用	214	4.4
社会关系（亲戚、朋友、老乡等）	1906	39.1
工作调动	93	1.9
国家分配	196	4.0
其他	231	4.7
合　计	4877	100

（六）约三成受访就业居民找工作时接受过公共就业（人才）服务机构、职业中介机构的服务

31.7%的受访就业居民表示，在找工作的过程中接受过公共就业（人才）

服务机构或职业中介机构的服务，比上年调查结果上升2.9个百分点；其中53.8%表示接受过写简历或面试指导服务，29.0%接受过这些机构提供的单位招聘信息，12.8%接受过培训服务，12.4%接受过这些机构提供的评价能力、就业岗位和能力需求的服务，7.6%接受过寻找工作建议的服务，5.9%接受过档案、户口、社保或党组织关系代理服务，5.7%接受过其他服务。

（七）大部分就业人员的档案保存在工作单位

52.0%的受访就业人员的人事档案保存在单位组织人事（人力资源）部门，8.5%的档案保存在公共就业和人才服务机构（如人才市场、人才中心等），7.2%保存在人力资源服务机构，3.2%保存在自己手里，18.1%表示不知道自己的人事档案在哪里，10.9%表示自己没有档案。

（八）近三成再就业人员享受过就业优惠政策

再就业人员中28.8%表示至少享受过一项就业优惠政策，比上年调查结果提高1.4个百分点。在享受过就业优惠政策的再就业人员中，61.0%享受过社会保险补贴，15.2%享受过免费职业介绍，12.2%享受过职业培训补贴，4.8%享受过公益性岗位补贴，3.2%享受过税收优惠，2.3%享受过求职创业补贴，1.6%享受过创业担保贷款，0.9%享受过职业技能鉴定补贴，0.7%享受过就业见习补贴，0.5%享受过行政性收费减免。

在没有享受过就业优惠政策的再就业人员中，24.0%表示"不知道"国家出台了扶持下岗失业人员再就业的优惠政策，22.1%表示"知道"，53.9%表示"听说一点"。

（九）不到两成失业人员办理了失业登记

在目前未就业（不包括内退、离退休、丧失劳动力、料理家务未工作、在校学生）的成年受访人员中，只有19.6%到公共就业和人才服务机构办理了失业登记，比上年调查结果下降5.7个百分点；2.1%表示公共就业和人才服务机构不给其办理失业登记，其中42.9%表示不予办理的原因是

"没有档案",表示不予办理的原因是"非本地户口"和"其他原因"的分别占 28.6%。

二 就业身份与社会保险参保情况

本部分根据不同就业身份、单位性质、企业类型三个角度对参加社会保险的情况进行比较分析,并得到以下基本结论。

(一)不同就业身份人员参加各类保险的比例有差异

劳务派遣人员参加各类保险的比例均低于平均水平,特别是医疗、失业和生育保险,参保比例均低于平均水平 10 个百分点以上;在自家农业用地上从事农业生产的人员、个体户主两类人员,参加养老保险的比例明显低于其他从业人员,分别比平均参保比例低 29.4 个和 13.1 个百分点;非全日制雇员参加失业、工伤和生育保险的比例在各类就业人员中最低,分别比平均参保比例低 30.9 个、33 个和 36.1 个百分点(见表7)。

表7 分就业形式参加社会保险的比例

单位:%

类　别	医疗保险	养老保险	失业保险	工伤保险	生育保险
合计	95.4	89.0	75.9	77.0	73.2
在自家农业用地上从事农林牧渔业生产的人员	97.5	59.6	—	—	—
全日制职工/雇员	97.8	92.1	78.4	79.6	76.2
非全日制职工/雇员	96.0	89.1	45.0	44.0	37.1
劳务派遣人员	82.4	88.2	64.7	76.5	52.9
私营企业主	97.4	92.3	—	—	—
个体户主	95.3	75.9	—	—	—
自由职业者	93.5	80.6	—	—	—

说明:a. 劳务派遣人员的样本量非常少,结果仅供参考;b. 在自家农业用地上从事农林牧渔业生产的人员、私营企业主、个体户主、自由职业者不回答失业、工伤、生育保险参保问题,因此无数据。

（二）从工作单位性质来看，民办非企业、个体经营户就业人员参加养老、失业、工伤、生育等保险的比例较低

在民办非企业就业的人员，参加养老、失业、工伤、生育等4类保险的比例均较低，分别比平均参保比例低5.9个、8.4个、8.7个和7.1个百分点；在个体经营户就业的人员，参加失业、工伤、生育保险的比例也与平均水平有较大差距，分别比平均参保率低16.2个、18.9个和17.4个百分点（见表8）。

表8　分工作单位/雇主性质参加社会保险的比例

单位：%

类　别	医疗保险	养老保险	失业保险	工伤保险	生育保险
合计	95.4	89.0	75.9	77.0	73.2
企业	98.2	92.5	81.4	82.5	78.8
自收自支事业单位	98.3	95.0	90.0	91.7	87.5
全额拨款事业单位	99.2	99.2	91.9	91.9	89.0
差额拨款事业单位	98.6	98.6	87.3	88.7	85.9
机关	97.4	98.3	87.0	89.6	82.6
社会团体/组织	98.9	95.7	89.2	89.2	86.0
民办非企业单位	97.2	83.1	67.5	68.3	66.1
居（村）委会等基层组织	97.9	90.6	64.0	67.2	61.8
个体经营户	95.0	87.7	59.7	58.1	55.8
其他单位	94.9	92.1	56.6	57.5	54.1

（三）在各类企业中，私营企业就业人员参加各项保险的比例均最低

在企业就业的人员中，私营企业就业人员参加各项保险的比例均最低，医疗保险的参保比例比平均水平低1.5个百分点；养老保险的参保比例比平均水平低6个百分点；失业、工伤、生育保险的参保比例分别比平均水平低14.7个、14.8个和13.6个百分点。各类企业就业人员中，只有私营企业人员参加各项社会保险的比例低于平均水平（见表9）。

表9 分类型企业参加社会保险的比例

单位：%

类　别	医疗保险	养老保险	失业保险	工伤保险	生育保险
企业合计	98.2	92.5	81.4	82.5	78.8
国有企业	99.6	98.5	96.3	97.0	91.1
集体企业	99.2	94.3	83.6	83.6	81.1
股份合作企业	99.4	97.0	91.1	94.6	91.1
联营企业	100	100	95.0	95.0	95.0
有限责任公司	98.8	94.0	89.2	89.8	87.3
股份有限公司	98.9	94.6	90.3	94.6	84.9
私营企业	96.7	86.5	66.7	67.7	65.2
其他内资企业	100	100	94.1	94.1	88.2
港澳台商投资企业	100	100	98.0	98.0	96.0
外商投资企业	99.4	97.4	94.2	94.2	93.5

说明：联营企业、其他内资企业就业人员的样本量非常少，结果仅供参考。

三　劳动关系情况

（一）就业人员中签订书面劳动合同的比例继续提高

受访就业人员中71.0%与用人单位、雇主或劳务派遣公司签订了书面劳动合同或聘用合同，比上年调查结果提高4.4个百分点。

在这些签订了劳动合同的人员中，24.5%签订的是无固定期限合同，74.3%签订的是固定期限合同，1.2%签订的是以完成一定工作任务为期限的合同。在固定期限合同中，合同期限在6个月或以下的占0.5%，合同期限为6~12个月的占37.0%，合同期限在12个月以上的占62.5%，合同的平均期限为25.2个月。

（二）非全日制雇员签订书面劳动合同的比例明显低于平均水平

非全日制雇员签订劳动合同的比例仅为25.2%，明显低于全日制雇员，也明显低于平均水平,分别比全日制雇员签订合同的比例以及平均比例低49.4个和45.8个百分点(见图1)。

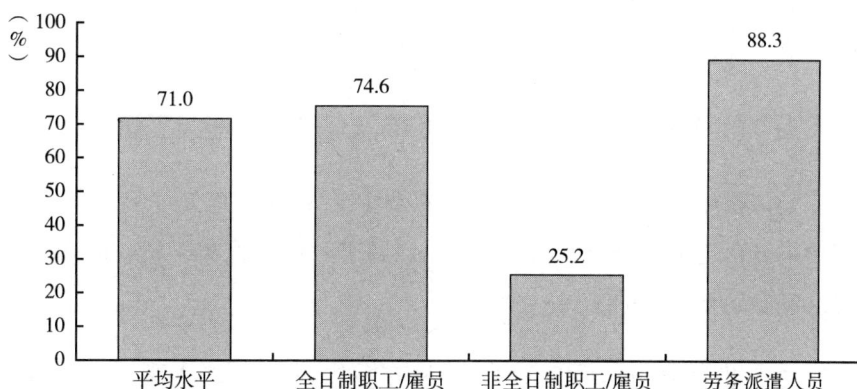

图1 分就业形式签订书面劳动合同或聘用合同的比例

说明:劳务派遣人员的样本量非常少,结果仅供参考。

(三)就业人员的加班比例继续下降

受访就业人员中上个月曾经加班的比例为17.3%,比上年调查结果下降2.4个百分点,加班人员的平均加班时间为16.76个小时,比上年调查结果少0.83个小时。在加班人员中,64.6%加班工资都拿到了,比上年调查结果上升8.8个百分点;4.9%拿到部分加班工资,下降0.8个百分点;16.1%没有拿到加班工资但按规定补休了,下降6.8个百分点;11.9%既没有拿到加班工资也没有补休,下降2.0个百分点;2.4%选择了"其他"。

(四)就业人员带薪休假比例略有上升,平均休假天数有所增加

在实行带薪年休假制度的单位上班并具备带薪休假条件(工作满1年)的受访就业居民中,今年已经休假的占55.6%,比上年调查结果提高0.4个百分点;今年有休假计划但调查时还未休假的占38.4%,比上年调查结果下降1.5个百分点;因不符合条件而未休的占1.3%,下降0.5个百分点;

因事情多未休而单位已补偿的占 2.1%，上升 0.4 个百分点；因事情多未休但单位未补偿的占 0.9%，比上年提高 0.1 个百分点；因自己不想休假而未休的占 1.7%，比上年提高 1.2 个百分点。已休假人员平均休假天数为 7.95 天，比上年调查结果多 0.76 天。

（五）1.0%受访就业人员2016年以来遭遇过拖欠工资

在受访就业人员中，1.0% 的人员在 2016 年以来被拖欠过工资，比上年调查结果多 0.7 个百分点；其中 0.1% 到调查时还有拖欠工资，0.9% 到调查时已经拿到被拖欠的工资。

（六）少数就业人员2016年与单位发生过劳动、人事争议或劳动保障权益受到侵害，主要通过与用人单位协商解决

2016 年以来，0.2% 受访就业人员发生过与单位的劳动、人事争议，0.1% 发生过劳动保障权益被侵害的情况，0.7% 上述两种情况都发生过，合计占 1.0%。在与单位发生劳动人事争议或劳动保障权益被侵害后，这些人员中 32.7% 是通过与用人单位协商的方式解决争议的，10.9% 通过劳动保障监察机构处理，7.3% 通过有关调解组织调解，29.1% 通过其他方式解决，还有 20.0% 表示到调查时争议还未解决。

四 专业技术和职业技能情况

在工作年龄（16 周岁及以上，女性未满 55 周岁、男性未满 60 周岁，下同）内的受访人员中，13.2% 取得了专业技术资格（证书），9.5% 取得了国家职业资格证书，分别比上年调查结果下降 1.9 个和 1.1 个百分点。

在工作年龄内的受访人员中，有 9.6% 2016 年参加过职业技能培训，1.5% 参加过专业技术人员继续教育，分别比上年调查结果下降 1.9 个和 0.6 个百分点。从培训时间来看，受访人员 2016 年参加过的培训中，不到一周的占 42.2%，满一周但不到一个月的占 29.2%，满一个月但不到

三个月的占 15.8%，满三个月但不到半年的占 5.5%，半年及以上的占
7.3%。

五 异地务工人员情况

本部分对异地务工人员的就业情况、工人素质、工资情况、劳动合同签
订情况、社会保险参与情况进行调查，并得到以下基本结论。

（一）异地务工人员就业情况

（1）受访企业中超过六成从业人员为异地务工人员。受访企业中，异
地务工人员占全部就业人员的比重为 66.4%。分行业看，不同行业异地务
工人员占比存在差异（见表 10）。

表 10　异地务工人员在各行业就业人员中的比例（异地务工人员样本数 N = 3566）

单位：%

行业	百分比	行业	百分比
农、林、牧、渔业	—	房地产业	68.8
采矿业	—	租赁和商务服务业	71.2
制造业	69.6	科学研究和技术服务业	73.6
电力、热力、燃气及水的生产和供应业	43.8	水利、环境和公共设施管理业	17.5
建筑业	64.9	居民服务、修理和其他服务业	52.3
批发和零售业	58.8	教育	72.8
交通运输、仓储和邮政业	67.2	卫生和社会工作	46.5
住宿和餐饮业	36.5	文化、体育和娱乐业	34.5
信息传输、软件和信息技术服务业	60.2	公共管理、社会保障和社会组织	43.9
金融业	—	合　计	66.4

说明：a. 受访企业没有属于农林牧渔业、采矿业和金融业的企业；b. 除制造业、批发和零售业
两个行业的受访企业较多外，其他行业的样本企业数较少，异地务工人员占比仅供参考。

（2）大部分异地务工人员所在单位实行标准工时制度。对于所在单位
实行哪种工时制度，76.6% 的受访异地务工人员选择了"标准工时制度"，
18.4% 选择"综合计算工时工作制"，3.7% 选择"不定时工作制"，1.3%

选择其他工时制度。

（3）老乡或亲友介绍是异地务工人员找工作的最主要渠道。39.8%的受访异地务工人员表示是通过老乡或亲戚朋友推荐找到目前这份工作的；25.5%是通过电脑上网查找招工信息；18.8%自己到劳动力市场或人才市场找机会；3.1%自己通过报纸、电视、广播等查找招工信息；2.8%是用人单位入村招工；1.7%是通过政府或中介有组织的劳务输出；8.3%通过其他方式找到目前这份工作。

（二）异地务工人员素质情况

（1）超过四成异地务工人员具有高级技校或大专及以上文化程度。受访异地务工人员中，2.9%的文化程度为小学及以下，20.8%的文化程度为初中，17.3%为高中，17.2%为中专、技校、职高，2.1%为高级技工学校、技师学院，23.8%为大专，15.9%为大学本科及以上，具有高级技校或大专及以上文化程度的占41.8%。

（2）近三成异地务工人员持有国家职业资格证书。28.3%的受访异地务工人员持有国家职业资格证书，其中13.1%为初级工，8.8%为中级工，4.1%为高级工，1.7%为技师，0.7%为高级技师。

（3）近两成异地务工人员取得农民工专项职业能力证书。18.3%的受访异地务工人员表示参加过农民工专项职业能力考核并取得了专项职业能力证书。

（4）近三成异地务工人员外出务工前接受过职业技能培训，超过四成在进城务工后接受过职业技能培训。异地务工人员中，29.1%在外出务工前接受过职业技能培训；43.9%在进城务工后接受过职业技能培训。

（三）异地务工人员工资情况

（1）本次调查的异地务工人员月平均劳动报酬为3760.5元（税费后金额，下同），比上年调查结果提高100.2元。分性别看，男性月平均劳动报酬为3974.5元，女性为3486.6元，分别比上年调查结果多112.1元和78.7元。

（2）外商投资企业异地务工人员的平均收入最高，国有企业异地务工人员的平均收入最低。分企业类型看，在有限责任公司（不含私营有限公司）、股份有限公司（不含私营股份公司）、私营企业、其他内资企业、外商投资企业等类型的企业工作的异地务工人员的月平均劳动报酬高于平均水平，其中外商投资企业异地务工人员的月平均收入最高，为3886.5元；在国有企业、集体企业、股份合作企业、港澳台商投资企业工作的异地务工人员的月平均劳动报酬则低于平均水平（见表11）。

表11　不同登记注册类型企业异地务工人员月平均薪酬

单位：人，元

企业类型	频数	月平均薪酬
国有企业	170	3197.9
集体企业	45	3384.4
股份合作企业	44	3271.6
有限责任公司(不含私营有限公司)	1102	3800.0
股份有限公司(不含私营股份公司)	188	3843.1
私营企业	1075	3858.9
其他内资企业	75	3768.0
港澳台商投资企业	553	3635.0
外商投资企业	314	3886.5
合　计	3566	3760.5

说明：除有限责任公司、私营企业两类企业外，其他企业类型的样本数量均较少，结果仅供参考。

（3）文化、体育和娱乐业，科学研究和技术服务业，电力、热力燃气及水生产和供应业，租赁和商务服务业等行业的异地务工人员的平均收入相对较高，公共管理、社会保障和社会组织异地务工人员的平均收入相对较低。分行业看，在本次调查涉及的16个行业中，有9个行业的异地务工人员的月平均收入高于平均水平，其中文化、体育和娱乐业异地务工人员的月平均收入最高，为5800.0元，科学研究和技术服务业，电力、热力燃气及水生产和供应业，租赁和商务服务业等行业的异地务工人员月平均收入也较高，均在4000元以上；批发和零售业，住宿和餐饮业，信息传输、软件和信息技术服务业，房地产业，居民服务、修理和其他服务业，教育，公共管理、社会保障和社会组织等7个行业异地务工人员的月平均收入低于平均水平，其中公共管理、社会保障和社会组织异地务工人员的收入最低，月平均收入为2586.0元。

表12　不同行业异地务工人员月平均薪酬

单位：人，元

行业	频数	月平均薪酬
农、林、牧、渔业	—	—
采矿业	—	—
制造业	1871	3840.5
电力、热力、燃气及水的生产和供应业	60	4681.0
建筑业	45	3980.0
批发和零售业	304	3439.9
交通运输、仓储和邮政业	140	3981.9
住宿和餐饮业	193	3263.1
信息传输、软件和信息技术服务业	140	3672.9
金融业	—	—
房地产业	269	3177.0
租赁和商务服务业	172	4096.4
科学研究和技术服务业	105	5159.0
水利、环境和公共设施管理业	45	3973.3
居民服务、修理和其他服务业	72	2593.1
教育	60	3279.2
卫生和社会工作	60	3911.5
文化、体育和娱乐业	15	5800.0
公共管理、社会保障和社会组织	15	2586.0
合　计	3566	3760.5

说明：a. 受访企业没有属于农林牧渔业、采矿业和金融业的企业。b. 除制造业、批发和零售业两个行业的受访企业较多外，其他行业的样本企业数量较少，结果仅供参考。

（4）少部分受访异地务工人员2016年被拖欠过工资。5.8%受访的异地务工人员表示今年以来被拖欠过工资，比上年调查结果高4.5个百分点，其中0.8%表示到调查时还有被拖欠的工资，5.0%表示有过拖欠但已经拿到拖欠工资。

（5）遇到工资拖欠问题，异地务工人员首先找劳动保障监察部门的比例最高。如果遇到工资拖欠问题，48.1%的受访异地务工人员表示会首先找劳动保障监察部门，24.4%表示会首先找劳动争议调解仲裁，15.3%表示会首先找工会，3.9%表示会首先找亲戚、朋友或老乡帮忙，1.3%表示会首先找新闻媒体，1.2%表示会首先找法院，还有5.8%表示会通过其他途径解决。

（四）异地务工人员劳动合同签订情况

（1）绝大部分异地务工人员与企业签订了书面劳动合同。在受访的异地务工人员中，97.4%与单位签订了书面劳动合同，比上年调查结果下降1.3个百分点；其中77.4%签订了固定期限合同，比上年提高2.7个百分点；18.6%签订了无固定期限合同，下降4.6个百分点；1.4%签订了以完成一定工作任务为期限的劳动合同，提高0.6个百分点。在固定期限合同中，21.3%的合同期限为12个月或以内，合同期限在12个月以上的占78.7%，平均合同期限为31.3个月。

（2）绝大部分异地务工人员为全日制工。从用工形式来看，95.2%受访异地务工人员为全日制劳动者，比上年调查结果下降0.3个百分点；3.3%为非全日制劳动者，比上年上升2.0个百分点；1.5%为劳务派遣工，比上年下降1.7个百分点。

（五）异地务工人员参加社会保险情况

受访异地务工人员中，93.1%参加了工伤保险，90.2%参加了职工基本医疗保险，29.8%参加了城镇（乡）居民基本医疗保险，0.2%参加了新型农村合作医疗保险，23.6%参加了商业医疗保险，73.7%参加了城镇职工基本养老保险，28.4%参加了城乡居民基本养老保险，86.2%参加了失业保险，86.1%参加了生育保险，24.2%参加了上述保险以外的其他社会保险。

（六）异地务工人员目前最关心的问题

调查显示，异地务工人员目前最关心的三个问题是工资水平、工作环境和工作时间，与上年调查结果一致。

六 结论和建议

（一）主要结论

（1）社会关系在居民就业过程中发挥着重要作用。受访就业居民找到目前工作的最主要渠道是通过亲戚、朋友、老乡等社会关系，社会关系在居民就业过程中具有重要影响。

（2）相当部分失业人员未办理失业登记。在目前未就业（不包括内退、离退休、丧失劳动力、料理家务未工作、在校学生）的成年受访人员中，有19.6%到公共就业和人才服务机构办理了失业登记，其中少部分（2.1%）表示公共就业和人才服务机构不给其办理失业登记，不予办理的原因约四成集中在失业人员没有档案。

（3）非全日制雇员、劳务派遣人员以及民办非企业、个体经营户、私营企业就业人员是社会保险扩面的重点。调查结果显示，劳务派遣人员参加各类保险的比例均低于平均水平；非全日制雇员参加失业、工伤和生育保险的比例在各类就业人员中最低；民办非企业就业人员，参加养老、失业、工伤、生育等4类保险的比例均较低；在个体经营户就业的人员，参加失业、工伤、生育保险的比例与平均水平有较大差距；私营企业就业人员参加各项社会保险的比例均低于平均水平。

（4）就业人员中签订书面劳动合同的比例继续提高，非全日制雇员签订书面劳动合同的比例偏低。受访就业人员中71.0%与用人单位、雇主或劳务派遣公司签订了书面劳动合同或聘用合同，比上年调查结果提高了4.4个百分点。非全日制雇员签订书面劳动合同或聘用合同的比例仅为25.2%，比平均水平低45.8个百分点，签订合同的比例明显偏低。

（二）工作建议

（1）进一步优化创业环境，释放创业活力，实现创业带动就业。

完善相关法律法规、扶持政策和激励措施，切实解决创业者面临的资金需求、市场信息、政策扶持、技术支撑、公共服务等瓶颈问题，最大限度释放各类市场主体创业活力，加强创业、创新、就业等各类政策统筹。切实落实已出台的关于市场准入、场地安排、税费减免、小额担保贷款及贴息等各项扶持政策，进一步清理和规范涉及就业创业的行政审批事项，简化立项审批手续，开辟创业"绿色通道"，强化创业服务，加强创业能力建设，释放创业活力。

（2）进一步完善公共就业服务体系，提高就业服务水平。

加强公共就业服务体系建设，推进公共就业服务制度化、专业化、标准化和信息化建设。加强公共就业服务机构建设，制定公共就业服务标准、服务范围、服务内容和服务流程，强化公共就业服务标准化建设，加强人力资源信息网络及相关设施建设，健全和完善人力资源供求信息数据库，完善公共就业服务信息网络。完善职业技能培训制度和体系，提高职业技能培训质量。

B.5
广州物流业升级背景下高职物流类
人才就业质量提升路径分析

盛　鑫[*]

摘　要：　在分析广州市建设国际航运物流中心、广州市物流业的转型
升级背景下物流人才需求变化的基础上，基于广州市属院校
就业质量报告，本文对高职物流类专业就业质量提升的影响
因素进行分析。研究结果显示，物流业逐步向供应链一体化
综合服务转型，物流企业的业务模式不断创新、业务服务不
断完善，对物流人才的需求发生了很大的变化。同时，广州
市（跨境）电商物流服务链、航运物流服务链未来人才需求
缺口较大，而现有的物流专业人才培养无法与之相适应。广州
市高职物流类专业应以校企合作为抓手，通过差异化、协
同化的人才培养模式和机制升级改造，提供有竞争力的人力
资本，提升毕业生的就业质量，促进区域产业发展。

关键词：　广州高职院校　物流类人才　就业质量

一　引言

大学生就业质量的提升，不仅关系大学生个体的持续发展，还关系大学

---

* 盛鑫，博士，广州番禺职业技术学院讲师，研究方向为物流与供应链管理。

生背后家庭和社会的整体稳定。教育部近日发布了 2017 年高校毕业生预计为 795 万，较 2016 年增长 30 万。相关统计显示，将留学归国、待就业的大学生等综合测算，2017 年待就业的大学生总数将超过 1000 万。在经济环境日益稳定复苏和"大众创业、万众创新"的背景下，大学生就业不难，难就难在提升就业质量。《2016 大学生就业质量研究》显示，高职院校毕业生的平均月薪为 2939 元，专业相关度仅为 57%。高职院校以培养"一技之长 + 综合素质"的高技能、创新型人才为使命，专业设置紧贴"市场需求"，间接导致了院校之间专业设置雷同。调查结果显示高职院校毕业生的就业专业相关度和平均月薪明显低于本科和硕士毕业生，如何实现差异化、错位发展？如何动态地调整专业培养方向以适应经济或行业变化？不断提升就业质量成为诸多高职院校内涵建设的重点。

国内外相关研究显示，高等教育的内在发展要求其必须适应地区社会经济发展需要，即高校专业设置要与一定时期的地区经济产业结构相匹配，专业设置与专业发展应与区域产业结构升级与调整相适应。西方发达国家高职教育专业设置思想明确、紧密联系人才市场需求，构建了实用性强的专业体系，能够快速、准确调查并适应当地区域经济发展的要求，动态调整专业，在充足的资金、人才和技术支撑的基础上，实现专业的快速、高效升级与转型，满足了本地区社会经济可持续发展人才的需求。杨治平[1]以美国为例分析了高校学科专业动态调整机制的基本组成，即高校内部调整机制、政府的调整机制、非政府的行业性调整机制和市场调节机制，然后将美国的学科专业动态调整机制与中国进行比较。通过比较发现，在我国高校学科专科调整机制建设方面，存在着市场调节机制不完善、行业中介性的调整机制缺失、高校内部调整机制不健全等问题。李英等（2007）认为，高校专业结构必须与产业结构、岗位职业结构相适应，而且这种适应不应是被动的，专业结构应在其自身发展规律的基础上主动去适应，从而对产业结构的优化升级起

---

[1] 杨治平：《中美高校学科专业调整机制比较》，《大学》（学术版）2011 年第 5 期，第 81 ~ 85 页。

促进作用。李悠（2009）、叶萍等（2012）研究显示，广东省也存在专业与区域产业不相适应的问题。除此之外，陈基纯等研究显示，广东省全省高职教育与经济发展整体协调水平等级偏低；而珠三角地区目前第一产业、第三产业就业结构与产业结构的平衡状况还需进一步完善，第二产业与第三产业的专业设置与区域经济发展的吻合度亟待提高①。物流业属于生产性服务业，《物流业发展中长期规划（2014—2020年）》明确提出，物流业与制造业、商贸业、金融业协同发展；东部地区要顺应居民消费加快升级、制造业转型、内外贸一体化的趋势，进一步提升商贸物流、制造业物流和国际物流的服务能力，探索国际国内物流一体化运作模式。在政策引导和行业自升级的大发展环境下，物流业的转型升级必然要求物流人才培养与之相匹配，实现专业的升级转型。目前，广州经济发展正处于高速增长时期，产业结构调整的步伐显著加快，产业的高附加值不断改变着原有的技术结构与知识结构，对人才的需求提出了新的要求。广州市提出建设国际航运物流中心的目标，而航运物流中心的建设需要与之相匹配的人才培养体系和培养机制。我国已经批准建设上海、天津、大连、厦门等4个航运物流中心，吴长春等（2007）、高洁等（2009）、瞿群臻等（2012）、曾洋（2013）分别讨论了大连、上海、香港航运物流中心人才集聚、培养等问题，以促进航运物流中心的建设与发展。梁建伟（2011）和张小华②也讨论了广东建设国际航运物流中心的人才培养问题。物流业转型升级的背景下，广州市高职院校想要不断提高就业质量就必须考虑区域物流专业人才培养与物流业发展的适应性，并有针对性地对现有的物流类人才的培养模式和机制进行升级改造，构建动态适应的人才培养体系，以保障物流类人才的就业质量的不断提升。

---

① 陈基纯、王枫：《广东高职教育与经济协调发展地区差异的定量研究》，《职业技术教育》2009年第10期，第33~37页。陈基纯：《珠三角地区高职院校专业设置与区域经济发展吻合度研究》，《职业技术教育》2015年第5期，第8~13页。

② 张小华：《构建广东国际航运中心人才发展战略研究》，《物流技术》2012年第8期，第25~26页。

二　广州市物流业转型升级的趋势与方向

（一）广州市物流业现状

近年来，国家和地方政府先后出台多项政策和规划，引导和支持物流业发展。第三次全国经济普查资料显示，2013 年，广东独立核算的物流业法人企业户数为 22756 户，年末从业人员 68.59 万，营业收入 3677.04 亿元，分别比 2008 年增长 79.5%、32.0% 和 94.7%。广州地处"一带一路"的核心节点位置，是传统的商贸物流中心。2015 年，广州市实现社会物流总额 40786.92 亿元，比上年增长 10.59%，增速远高于全国平均水平（5.9%）；物流业实现增加值 1265.68 亿元，增长 4.2%；社会物流总费用占 GDP 的比例逐渐下降为 14.71%，低于全国平均水平，物流成本管理水平实现提升，广州物流质量在全国处于领先地位。广州市物流设施建设进一步加快，基本形成了白云机场、广州港等核心枢纽物流产业中心。物流业的蓬勃发展，离不开物流企业的支撑。南方物流、宝供物流等一批企业进入中国物流企业 50 强，广州国家 A 级物流企业数量处于全国首列。与南沙自贸区协同建设的南沙国际航运物流中心、跨境电商试点城市的推进，为广州市物流业未来的发展奠定了坚实的基础。

广州市商贸物流业的快速发展带旺了对物流类人才的需求。目前广州市逐步形成了中职、高职、本科及以上的物流人才培养体系，加上每年来穗就业的大学生，为广州物流业提供了稳定的人才供给。然而，我们也应看到，在"供需两旺"的背景下是"供需错位"，问题主要体现在"两端供应不足，中部供应过剩"，即物流基层岗位和高层岗位缺乏有效劳动力供给，而大量的高校毕业生不愿意从事基层岗位的工作，但又缺乏从事高层岗位工作的综合能力，物流类专业毕业生整体就业质量偏低。

（二）物流业发展趋势和物流企业转型升级

物流人才供需错位的原因之一是需求的不断变化和人才培养的滞后性。

区域物流业的发展趋势对物流人才需求提出了全新的要求。区域性物流业发展趋势主要集中在：供给侧结构性改革对综合物流服务的需求；（跨境）电商快速发展对电商物流服务的需求；国际航运物流中心的建设对航运物流服务产业链的需求。

在供给侧结构性改革的大背景下，区域制造业和流通业物流需求发生了较大的变化，物流服务需求从单一功能性需求向综合物流服务转变。另外，电子商务和跨境电商的快速发展，对配套物流服务提出了更高的要求。广州市作为电商中心城市，其物流服务业应能够提供更优质的服务，传统企业向电商物流服务企业的转型和新设电商物流服务企业的大量出现，对电商物流人才提出了需求。而航运物流中心的建设，将促进地方航运物流服务业的快速发展，并引发大量的相关产业链人才的需求。

1. 广州市物流业的转型升级与大学生就业质量

在供给侧结构性改革背景下，制造业、商贸流通业都在改变传统的生产与运营的组织和管理模式，以适应新常态下的业务竞争。制造业和商贸流通业对物流服务的需求发生了重大的变化，逐步从传统的单一功能需求转变为基于供应链的综合服务需求。作为生产性服务业的物流业，需要通过产业的转型和升级，满足制造业和商贸业的需求。通过物流业调研发现，传统的物流服务企业都在向供应链服务企业转型。物流业的转型升级，对物流人才的需求产生了重大的影响和变化，主要体现在人才需求从操作型人才向运营管理型人才转变。而广州市高校物流类专业尤其是高职物流专业的人才培养，仍然定位于培养适应第三方物流企业一线作业和管理岗位的人才，显然无法适应行业转型升级对人才需求的变化。

另外，随着广州市成为跨境电商试点城市，广州市电子商务和跨境电子商务的快速发展，给物流业带来了巨大的发展机遇，也要求物流业中的电商物流业提升服务质量和服务能力，以满足电商产业的发展。广州市虽然有部分院校物流管理专业培养定位中提及电商物流人才，但尚无专门针对电商物流尤其是跨境电商物流人才培养的物流专业，也直接导致了部分物流岗位有效供给不足，而传统岗位供给过剩，影响了整体就业质量的提升。

2. 广州市高校人才培养不适应建设国际航运物流中心的需求

国际航运中心在功能上逐步从以基础航运与航运服务为主向提供全面航运服务为主转变，形成了以腹地货物集散服务为主（鹿特丹和纽约）、以中转为主（新加坡和中国香港）、以市场交易和提供航运服务为主（伦敦）三种模式。广州南沙地处珠江三角洲地理几何中心，直通南海，毗邻港澳，区位条件得天独厚，南沙拥有优质的港口设施和发达的物流体系，已初步形成以港口运输、国际物流、临海工业为主体的产业基础，完全具备发展为国际航运物流中心的条件。广州南沙国际航运物流中心的建设应建立在相关要素集聚和发展的基础上。《新华·波罗的海国际航运中心发展指数报告（2014）》从港口条件、航运服务和综合环境等三个维度，对46个国际航运中心的全球分布和未来发展趋势进行了评价。结果显示，广州排名第26位，落后于香港、上海、天津、宁波、深圳、青岛等国内主要港口城市，明显落后于香港和深圳，香港和深圳分别排名第3和第21位。

广州建设国际航运物流中心与先进城市最大的差距体现在航运服务领域。航运服务是国际航运物流中心发展的核心驱动力，决定着航运资源要素的全球聚集和配置。南沙虽然吞吐量稳步增加，但与"全球型"国际航运中心仍存在较大距离，突出表现在航运服务机构和产业、航运金融集聚、航运人才流动、跨国公司总部等方面存在严重不足，难以实现对航运资源的全球配置。国际航运组织总部多集中在欧洲（伦敦），而亚太地区航运组织总部多集中在新加坡。从港口城市拥有的世界百强集装箱班轮公司数量看，新加坡5家，上海5家，香港2家，南沙目前没有。南沙在航运服务要素方面基础薄弱，而航运服务要素的集聚需要产业发展的支撑，而产业发展依赖于良好的营商环境的培育。其中，区域高校能否提供足够的、符合企业需求的航运物流人才尤其重要。而目前，广州市高校开设的物流类专业，在人才培养规格和人才培养目标上都无法满足航运物流产业链发展的需求，迫切地需要通过专业建设，实现专业培养的转型升级，而这类专业毕业生的就业率和就业质量都将明显高于传统物流行业。

（三）物流类人才需求的特点与就业趋势

广州市区域物流业发展趋势的变化，社会物流需求的变化会倒逼物流企业转型升级。不同起点的物流企业转型升级的目标、路径不同，将直接决定物流人才需求的不同。高职院校通过有针对性地动态调整物流类人才培养目标，适应行业用人需求的变化，提供行业紧缺物流人才，能够有效提升学生的就业质量。

在物流业与制造业、商贸业、金融业联动发展的趋势下，物流业逐步向供应链一体化综合服务转型，物流企业的业务模式不断创新、业务服务不断完善，对物流人才的需求发生了很大的变化。这类向供应链综合运营转变的物流企业，由于其所提供的物流服务从单一的功能型向综合型、由标准化向定制化、由国内服务向国际服务转变，因此对物流人才也相应提出了更高的要求。物流服务的综合化、定制化要求从业人员具有更扎实的专业基础和更强的方案设计、资源整合、调度、优化能力，物流服务的国际化要求从业人员具有国际视野和良好的语言基础。物流人才需求的新特点要求高职院校人才培养模式和课程体系的重构。笔者通过对广东省近十所高职院校物流（管理）类专业人才培养方案的课程体系梳理发现，广州市和省内高职院校在课程开设上仍然以物流职能（仓储与配送、运输、信息技术与信息系统、物流设施设备等）为主，人才培养过程更注重物流操作技能的训练，学生毕业后的就业岗位也以一线操作型岗位（仓管员、理货员、运输调度员、采购助理等）为主，而从事供应链专员等岗位工作的较少。虽然向供应链转型的物流企业也存在大量的基层就业岗位，但大学生的就业岗位与就业质量关系密切，只有提升就业岗位才有可能提升就业质量。

另外，物流细分行业中的（跨境）电商物流、航运物流未来人才需求巨大，物流细分行业对物流人才的需求更侧重于人才的专业性，强调"一技之长"，而现有的物流专业人才培养无法与之相匹配。2016 年"双 11"期间广东省快递发运量超过 2.51 亿件，占全国快递量的 1/4，其中广州稳居全国重点城市之首。广州市电商物流发展迅猛，直接带动了对电商供应链基层管理人才、快递行业基层管理和支撑人才需求的高速增长。然而，广州市和全省范围内暂时还没有明确提出定位于面向电商物流或者快递行业培养人才的高职院校。另外，南沙国际航运物流中心的规划和建设，以及航运物流的发展离不开专业人才的支撑，而广州市仅有广州航海学院等少数院校能培养这方面的专业人才。因此，迫切需要引导广州市高职院校物流专业通过专业建设实现人才培养的调整与升级，以适应物流业发展，形成有效人才供给，提升毕业生的就业质量。

三　广州市高职物流类人才培养质量分析

（一）广州市物流类人才培养现状

广州市高校资源丰富，已经形成较大的办学规模和较完整的办学层次。从物流类人才培养来看，广州市已经形成以中职、高职、本科及以上三个层次的全日制物流类人才培养为主体，成人教育为补充的人才培养体系。

广州市教育局数据显示，广州市有中等职业学校（含技工学校）82所，在校生约 26 万。2016 年，广州市、区属中专 27 所，省属及跨市中专 27 所，技工学校 41 所，招生计划共 53433 人。统计显示共有广州市交通运输职业学校等 11 所学校招收物流服务与管理专业学生，每年为广州地区和全省输送约 1000 名物流类专业毕业生，主要从事物流一线作业。广州市辖区内现有各类高职院校近 42 所，大部分院校开设了物流类专业，每年输送物流类毕业生 3000 人左右，主要从事物流一线管理岗位工作。广州市辖区现有本科及以上院校 25 所，除了医药类院校、美术类等院校外都开设有物流管理（物流工程）类专业本科教育，中山大学等院校还设有硕士、博士学位授予点，每年为广州地区和全省输送大量的本科及以上高层次人才，主要从事物流管理、物流规划等相关工作，其中，博士毕业生多从事物流教育类工作。

就高职高专层次而言,广东省现有广州番禺职业技术学院、深圳职业技术学院、广东轻工职业技术学院和广州民航职业技术学院四个国家示范高职高专院校,顺德职业技术学院、深圳信息职业技术学院、广东交通职业技术学院、广东水利水电职业技术学院、广州铁路职业技术学院、广东科学技术职业技术学院和中山火炬职业技术学院等七所国家骨干高职院校。11所院校中有六所校区在广州,10所院校开设了物流类专业。其中,广州民航职业技术学院的航空物流专业和广东交通职业技术学院的国际航运业务管理专业为中央财政重点建设专业,广州番禺职业技术学院物流管理专业为广东省重点专业,深圳职业技术学院、深圳信息职业技术学院、广州铁路职业技术学院、广东交通职业技术学院物流类专业为广东省一类(二类)品牌(特色)专业。整体而言,伴随着物流行业的快速发展,物流专业市场需求旺盛,大部分高职院校紧贴市场需求开设了物流类专业,除部分院校依托行业背景或综合实力,能够实现物流人才的差异化培养,大部分高职院校的人才培养定位和培养模式较为趋同,也直接导致了物流类毕业生就业竞争激烈,以一线工作岗位为主,就业质量难以持续提升。

（二）高职物流类人才就业质量现状

麦可斯研究院每年定期发布《中国大学生就业质量报告》,而广东省内部分高职院校委托麦可斯研究院对毕业生就业情况和就业质量进行持续跟踪调研。本部分选取广州番禺职业技术学院(市属)、广东轻工职业技术学院(省属)物流类专业相关数据进行对比,以对广州市高职物流类人才就业质量进行总体衡量。

基于广东轻工职业技术学院(轻工职院)和广州番禺职业技术学院(以下简称番职院)社会需求与培养质量年度报告,物流管理专业毕业生毕业半年后的相关数据如表1所示。

表1　选取院校及全国示范校数据对比

单位：%，元

类别	就业竞争力排序（本校）	毕业半年后的就业率	毕业半年后的平均月收入	工作与专业相关度	职业期待吻合度	毕业时掌握的基本工作能力	就业现状满意度	毕业半年内的离职率
轻工职院	48	96	3355	56	38	48	47	44
番职院	23	97	2989	50	43	51	36	57
全国示范校	—	93	3103	49	—	—	—	—

资料来源：《广东轻工职业技术学院和广州番禺职业技术学院社会需求与培养质量年度报告》。

　　番职院物流管理专业是广东省示范专业和省重点专业，轻工职院的物流管理专业是广东省高职一流校建设重点建设专业，两所院校的物流类专业都属于综合类专业，缺乏明显的行业背景，选取的两所学校物流管理专业都在省内处于专业建设的领先水平，具有一定的代表性。通过表1可以看出，两所院校的物流类专业就业率都高于全国示范校，就业形势较好。但也应看到，物流类人才的就业质量不高，主要体现在以下几个方面。

1. 就业竞争力不强

　　麦可斯报告建立就业竞争力指标时综合考虑了就业率、月收入的分布、毕业时掌握的基本工作能力的比例和就业现状满意度等四个加权指标，而两所院校的物流类专业就业竞争力在本校的排序中都处于中下游水平，说明在高职教育中物流类专业并不具有很强的竞争优势。具体来看，番职院就业竞争力排名最靠前的专业分别是艺术设计、首饰设计、皮具设计等艺术类专业；轻工职院则是软件技术、电子商务和环境艺术设计等专业。高职院校强调学生专业特色和"一技之长"的培养，物流类专业虽然依托物流行业培养专业人才，但由于行业复杂，在培养过程中多方兼顾很难突出特色，影响了学生的整体就业质量。另外，物流类毕业生就业起点以一线物流操作岗位为主，工作条件和收入缺乏吸引力，人才流动性较强，也直接导致了整体就业质量偏低。而本校专业的横向比较显示，物流类专业在平均月收入指标上与领先专业差距较大，两所院校物流类专业的平均收入都分别低于两校的平均值。

2. 工作相关性不高, 职业期待吻合度低, 离职率较高

两所院校物流类专业毕业生工作相关度虽然都高于全国示范校, 但总体不高, 职业期待吻合度方面两所院校都低于全国示范校平均值。另外, 毕业生离职率较高, 毕业生毕业半年后离职率略超学校平均水平, 就业稳定性有待提升。从就业行业看, 在物流公司直接就业的学生比例虽有所提升, 但整体比例偏低, 导致就业对口率和职业期待吻合度偏低; 学生从事的工作主要是跟单员、仓管员、物料员等基层物流岗位工作, 职位起薪较低, 工作条件艰苦, 直接导致整体就业竞争力的下降; 就业环境和就业待遇成为导致学生离职的主要原因。而主动离职的主要原因多是"个人发展空间不够""薪资福利偏低", 离职率偏高可能和毕业生初次就业质量不高有关。

(三)影响物流类人才就业质量提升的因素

根据麦可斯报告, 结合同类高职院校的调研分析, 可以归纳出影响物流类人才就业质量提升的主要因素, 包括以下几个方面。

1. 毕业生就业岗位以基础工作岗位为主, 专业对口率虽有所提升但整体水平不高

高职院校物流类人才培养定位不准确、培养目标不清晰直接导致大量的高职院校在人才培养规格上的趋同, 学生就业岗位高度重叠, 以满足物流企业一线操作岗位为主, 虽然能够保障较高的就业率, 但就业岗位限制了就业质量的进一步提升。另外, 由于就业岗位缺乏吸引力, 学生毕业后不愿意从事专业对口的工作, 导致专业对口率下降, 进一步影响了整体就业质量。

2. 学生培养模式的动态调整和不断优化

省内高职院校基本上提出了自身的人才培养模式, 如番职院的"企业内置, 实境耦合"。但随着物流行业企业的转型升级对人才技能需求的不断强化, 传统的以虚拟实训为主的学生培养模式无法满足现实要求, 需要进行不断的动态调整和升级, 以提升就业满意度、就业竞争力和就业质量。

3. 学生的专业技能和职业素养有待进一步提升

人才培养的核心是课程，专业课程改革的深入和推进的同时，如何确保教学效果的提升。学生的教育和培养依托课程，尤其是核心课程建设，而高职院校非常重视核心课程建设，课程改革力度一直较大。在课程改革不断深化的同时，如何真正从根本上提升教学质量和教学效果，提升学生毕业后掌握的基本工作能力和专业素养决定了学生的可持续发展和就业质量。

四 高职物流类人才就业质量提升路径

（一）广州市物流类人才培养与区域物流业发展的适应性分析

广州市现有物流类人才供应以高职毕业生为主，需求则以第三方物流企业、制造业、商贸流通业的一线操作和管理岗位为主。总体上看，高职物流类人才的供需基本上平衡。但从就业质量上来看，高职与中职的区分并不明显，通过对广州市高职物流类人才培养情况和选定院校就业质量的分析可以看出，现有人才培养与区域物流业发展需求之间存在错位和多环节不匹配现象，直接影响毕业生的就业质量。

1. 由专业型物流人才需求向复合技能型物流人才需求转变

物流企业向供应链企业转型，以怡亚通为代表的供应链企业所提供的服务范围更广、定制性更强，对从业人员提出了更高的需求，而传统的定位第三方物流企业岗位的人才培养显然无法满足需求。

2. 物流人才从业岗位从操作型向运营型转变

传统第三方物流企业岗位需求主要侧重某一方面的单一技能，而一线运营型人才和基层管理人才对物流类人才的复合化、创新性培养提出了更高的要求。

3. 物流培养模式从校内培养向校企联合培养转变

现有高职物流类人才培养虽然也很强调实训环节，强调校企联合培养，但仍然是以学校培养为主，造成了人才培养与企业需求的脱节。近年来随着现代学徒制等新的更符合教育规律的人才培养模式的普及，只有将学生送到企业去，实现校企联合培养，才能更好提升学生的培养质量，提升学生的就业质量。

4. 新兴岗位需求与缺乏有效供给的矛盾

以电商物流、航运物流等为代表快速发展的细分行业，对人才规格提出了全新的要求，传统的技能培养已经无法满足新业务模式的技能要求，迫使高职院校从课程体系、实训室建设等方面全面重构人才培养过程。

（二）物流类人才提升就业质量的对策与建议

产业的发展离不开专业人才的培养和有效供给。现代物流业是广州市重点发展的生产性服务业，优化和调整广州市高职物流类人才的培养以不断提升物流人才的有效供给，提升毕业生的就业质量，关系着物流业的发展。学生的培养和教育在政府主管部门的管理下，以院校为主要依托，需要行业企业的深度参与。从物流企业的角度看，在供给侧结构性改革背景下，物流业不断迭代升级，新的物流商业模式的出现，都需要源源不断的高质量、强技能的高职毕业生。从高职院校的角度看，如何重新调整和准确进行专业定位，培养社会紧缺的高素质复合型人才，不断提升学生的就业质量是学校和专业发展的内在要求。从政府的角度看，如何合理地引导高职院校同类专业的差异化发展，既满足行业的用人需求，又提升整体毕业生的就业质量，也是教育部门的重要责任之一。结合前文分析，笔者认为可以从以下几个方面，推进教学改革，不断提升高职学生的就业质量。

1. 构建物流类专业适应行业升级的动态调整机制

高职专业人才培养的同质化，说明需要通过有效的机制设置，建立政府、学校两个层级的专业动态调整和优化机制。政府主管部门可以探索和建立招生改革的竞争机制，比如正在推进的以分类招生为核心的高职招生制度改革，将对排名靠后的院校物流类专业造成很大的办学压力，迫使院校提升教育质量。学校建立以市场为导向的专业动态调整机制，不断优化专业构成。通过有效的动态调整机制，不断引导物流类专业向社会需求旺盛、就业质量更高的行业企业倾斜，以使人才培养与区域经济和产业协同发展。

2. 以校企合作为主线，明确人才培养定位，不断革新人才培养模式，提升人才培养质量和就业质量

高职院校应以校企合作为主线，围绕校企合作，准确定位物流专业的人才培养，比如广州民航职业技术学院以航空物流为培养特色，广州铁路职业技术学院以铁路物流为培养特色。在准确定位的基础上，依托紧密合作企业，持续不断地深化课程改革、建立项目化课程体系。借助新的教学手段校企共同开发课程、教材、教学资源，将课程项目化并提倡微课。校企合作，提升师资队伍教学和科研能力，共建校内外实训基地。扎实做好校企合作，实现从量到质的跨越。通过对现有的校外实训基地和合作企业的梳理，根据专业未来的发展定位进行动态调整，满足不同需求的合作层。以深度合作企业为抓手，构建校外实践、订单班、现代学徒制等多层次合作模式，共同提升学生培养质量。

3. 加强学生综合素质教育，通过合理职业规划教育帮助学生提升就业质量

学生在校学习不仅仅是专业素质的训练，综合素质的训练和提升也会直接影响学生的就业质量。政、校、企三方应通力合作，共同提升学生的培养质量，创造各类条件，帮助学生提升综合素质。同时，学校应加强职业规划教育，引导毕业生合理规划自身职业发展；同时引导毕业生理性对待未来职场，摆脱初入职场的盲目心态，更合理地认知行业、选择工作和稳定就业，以提升就业质量。

参考文献

李战国、谢仁业：《美国高校学科专业结构与产业结构的互动关系研究》，《中国高教研究》2011 年第 7 期。

陆立军、郑小碧：《基于演化动力学的专业市场与产业集群互动机理的理论与应用研究——以"义乌商圈"为例》，《南开管理评论》2011 年第 2 期。

瞿群臻、王明新：《上海国际航运中心人才集聚竞争力评价研究》，《华东经济管理》

2012 年第 12 期。

王晓华:《产业转型升级背景下高职教育专业设置透视——以在杭高职高专院校为例》,《中国高教研究》2013 年第 2 期。

王志华、贝绍轶、董存田:《我国产业结构与高校专业结构协调性分析——兼论大学生就业难与"技工荒"问题》,《经济问题》2014 年第 10 期。

肖静华、谢康、吴瑶等:《从面向合作伙伴到面向消费者的供应链转型——电商企业供应链双案例研究》,《管理世界》2015 年第 4 期。

Kibbeling, M., der Bij H., Weele, A., Market Orientation and Innovativeness in Supply Chain: Supplier's Impact on Customer Satisfaction. *Journal of Product Innovation Management*, 2013, 30 (3): 500 – 515.

B.6
广州中职学生就业状况初探

梁自存[*]

摘　要：　本文从中职教育促进就业质量这一主题入手，简要梳理了当前广州市中职学生就业方面的状况，以及在教学和实习中存在的问题。笔者发现，在过去的十余年里，广州市的中职教育在提高就业率与中高职贯通方面都获得了长足的发展，不过在就业相关的课程设置、学生就业意识、顶岗实习等方面还存在不足。笔者认为，只有突破这几方面的不足，才能真正解决好以职业教育促进就业质量的问题。

关键词：　中职教育　人力资本　就业质量

2017年3月中旬，广州市发改委官网发布了《广州市职业教育发展规划(2016～2020年)》（征求意见稿）征求意见的公告。根据该发展规划，到2020年，广州市中职在校生规模将达到20万，并将形成布局更加优化，办学条件全面提升，专业集群更加凸显的有国际影响力和辐射力的职教新格局。

对任何关注中等职业教育的人来说，这都是一个让人振奋的计划。近些年我国的中职教育获得了很大的发展，但一直以来职业教育领域面临这样的困境："就业好、招生难，职业教育困局谁来破？"[①] 类似的问题也常常见诸

---

*　梁自存，清华大学社会学系博士后、社会学博士。

①　《就业好、招生难，职业困局谁来破？》，http：//news. ifeng. com/a/20160725/49632523＿0. shtml。

媒体，如"95%的高就业率为何拉不动中国职业教育的声望提升"①，"职业教育：高就业率缘何'招生难'"② 这样的疑问，或许正如职业院校仅凭"高就业率"不能吸引考生报考③。在某种程度上可以说，这个困境的背后是社会对职业教育质量以就业率作为单一衡量指标的不认可。那么，目前广州市中职教育的情况是怎样的呢？广州市中职教育在促进就业、职业发展等方面有哪些成就，以及有哪些有待改进的方面？本文试图通过对现有一些文献的研究，尝试对上述问题进行简要的回答，并对广州市中职教育提出一些意见和建议。

一 职业教育：复制不平等 vs. 传授技能

教育部前部长袁贵仁曾指出，"职业教育必须突出职业教育的特点，坚持以就业为导向，而不能简单办成升学教育"。他还指出，质量是职业教育的生命，既是职业教育的永恒主题，也是职业教育的当务之急。④

从定位上看，职业教育就是就业教育，就业是职业教育的生命线，因此，关注职校学生的就业就是关注职业教育的质量。

在教育社会学的研究中，人们长期争执不下的一个问题是，职业教育在职业成就的过程中究竟起到了什么样的作用？众多学者中，尤其以新韦伯主义和新马克思主义者为主要代表，他们主张职业教育传授的技能对雇主和雇员都没有太大价值，职业教育的作用无非就是阻止了工人阶级子弟接受高等教育并获得级别较高的工作。他们于是认为，职业教育的主要功能在于再生产了世代相传的不平等。不过，人力资本理论则认为，职业教育所传授的技

---

① 《95%的高就业率为何拉不动中国职业教育的声望》，http://zqb. cyol. com/content/2009 - 10/15/content_ 2887866. htm.

② 《职业教育：高就业率缘何"招生难"》，http://www. banyuetan. org/chcontent/jy/zhj/ 20131126/86035. shtml。

③ 《职业院校仅偏"高就业率"不能吸引考生报考》，http://edu. china. com. cn/2013 - 08/ 22/content_ 29792399. htm。

④ 袁贵仁：《职业教育要坚持以就业为导向 不能简单办成升学教育》，http://npc. people. com. cn/n/2015/0630/c14576 - 27233212. html。

能对雇主很有价值，且能增加个体的就业机会，并且提高其收入水平。[①]

本研究指出，新韦伯主义和新马克思主义着眼于整个社会结构，因而看到的是职业教育在再生产社会不平等中的功能；而人力资本理论则更多地着眼于个体在现存社会结构中可能的流动，因而有其合理性，本研究正是循着人力资本理论的假设展开的。不过，这并不代表本研究全盘接受人力资本理论关于职业教育功能的假设。正如上文所指出的，现实中职业教育就业好招生难，实际上本身是对人力资本理论假设下的职业教育的质疑——职业教育真的能如其所假设的那样，传授有用的技能，增加就业机会和收入吗？笔者认为更具建设性的问题应该是：职业教育如何能增加人力资本？换言之，人力资本理论在这里做了一种功能主义的假设，似乎认为学校会以社会需要自动做出反应[②]；王星在研究德国学徒制时指出，学徒制的技能形成过程是社会建构的[③]。同样，职业教育增加人力资本和实现更好的就业也有赖于从学校到工作场所的各种制度安排的互构。

二 广州市中职教育概况

（一）广州中职教育的状况

广州市现拥有独立设置的市属专科高职院校 7 所，均为公办院校；市区两级中职学校 56 所，其中，公办学校 42 所，民办学校 14 所；技工院校 27 所，其中，公办院校 8 所，国企办院校 1 所，民办院校 18 所。

"十二五"期间，广州市专科高等职业教育在校生数量规模基本保持在 5.6 万人左右，中等职业教育（含中职学校、技工院校，下同）在校生

---

① 沃尔特·穆勒、约西·沙威特：《中等职业教育、分流与社会分层》，傅松涛等译，载莫琳·T. 哈里楠主编《教育社会学手册》，华东师范大学出版社，2004。
② 詹姆斯·E. 罗森鲍姆、史蒂芬妮·A. 琼斯：《中学教育与劳动力市场的互动》，《教育社会学手册》，华东师范大学出版社，2004。
③ 王星：《技能形成的社会建构——德国学徒制现代化转型的社会学分析》，《社会》2015 年第 1 期。

规模基本保持在23.4万人左右，其中，中职学校在校生约12.1万，技工院校在校生约11.3万。民办中职院校办学规模相对较小，分别占中职学校和技工院校8.2%和26.5%。另外，广州地区还有省属专科高职院校27所，在校生规模28.8万；省属中职院校（含技工院校）82所，在校生规模25.6万人。①

省级重点以上中职学校优质学位占比86%。中职学校组建工业交通、旅游商务、财经、商贸、工贸、物流、城市建设等7个职教集团。中职学校学生就业率95%，每年为广州及珠三角地区输送中高级技能人才4万人。②

中职院校（含中职学校、技工院校，下同）专业布局主要集中在财经商贸、交通运输、电子信息、管理与服务等领域，部分院校还开设了机电一体化、数控加工、工业机器人、模具制造等广州市制造业紧缺专业，各类专业正逐步向特色化方向发展。

（二）广州市中职毕业生就业情况

先看全省中职学生就业情况，根据广东省教育厅2015年《中等职业学校毕业生就业情况分析报告》，2015年广东省中职学校毕业生就业率为97.54%，比2014年全省大学毕业生初次就业率的94.80%高出了2个多百分点。就业方向主要是：国家机关及各种所有制企业、事业单位（40.15%），个体经营（13.5%），其他方式就业（包括入伍等）20.08%。此外，得益于中职学生升学渠道和路径的拓宽，从2014年到2015年，中职生进入高一级学校就读的比例大幅上升，从2014年的11.38%攀升到2015年的26.26%。③

据2016年广州市教育工作总结，广州市中职学校应届毕业生首次就业率达98%，且专业对口就业率为81%。可以说，从现有统计来看，广州市中职学生首次就业情况整体较好。

---

① 《广州市职业教育发展规划（2016—2020年）》。
② 《2015年广州市教育工作总结》。
③ http://gz.ifeng.com/a/20160308/4346861_0.shtml.

不过，不同专业的学生就业情况也呈现出一些差异。林韶春①以2013~2015年毕业生为例对广州市中职学生毕业去向进行的研究发现，2013年、2014年、2015年广州中职毕业生的就业率分别是79.78%、75.29%、71.91%，相应的升学率分别为18.79%，22.25%和26.49%。他的研究指出，受学校办学定位、学生职业发展需求等影响，广州市中职毕业生在就业和升学方面存在较大的差异。这个差异首先体现在学校方面，传统意义上工科或者综合类学校学生就业率较高，相比而言，文科学校则是升学率比较高的；这种差异更主要体现在不同的专业类别上，例如，休闲保健、农林牧渔、土木水利、加工制造、医药卫生、交通运输、公共管理与服务类的专业，就业率较高，超过80%；然而，司法服务、资源环境、教育、文化艺术、轻纺食品、财经商贸和信息技术等专业类别的学生则表现出较强的升学意愿，升学率超过20%。

除了就业与升学，另一个观察就业的重要指标是就业的稳定性与就业质量问题。

刘佳②、龙弟彬③、潘建中④比较早地关注到了中职毕业生就业不稳定的问题，他们发现，由于中职生年龄小、自卑心理强、处事能力差遇到困难不能主动克服、转换身份难等原因，导致他们在毕业后就业稳定性差。

另据媒体报道，从就业质量来看，毕业后即就业的中职学生中，88.96%签订了劳动合同，学生们就业的稳定性不断提高。媒体报道称，2014年全国中职学校毕业生平均起薪在2000元/月以上的省区市有20个，其中，平均起薪在2001~3000元/月的有33.93%，在每月3000元以上的有12.74%，中职生就业起薪有明显提高⑤。

---

① 广州市中等职业学校学生毕业去向调查，2016。
② 刘佳：《当今职业院校中职毕业生就业不稳定的原因与策略分析》，《职业》2012年第16期。
③ 龙弟彬：《对提高中职学生就业稳定率的几点思考》，《科学咨询》2015年第20期。
④ 潘建中：《当前中职学生就业状况分析》，《科学咨询》2012年第13期。
⑤ 《广州中职毕业生为何"供不应求"？》，http://zhongzhi.eol.cn/jiuye/zysy/201508/t20150812_1302064.shtml。

（三）小结

基于上述，本文得出如下结论。

第一，广州市中职学生升学比例有上升趋势，考虑到广州市教育第十三个五年规划提出的"统筹中高职协调发展，中职毕业生升读全日制高等职业教育的比例达到 30%"这一目标，升学比例还会继续上升。升学率上升，一方面是因为教育部门打通中职教育升学通道的结果，另一方面，不同专业升学率的不同也表明升学与特定专业就业不顺利有内在的关联。

第二，广州市中职学生就业率较高，专业对口率也较高，当然，也存在不同专业之间的差异。

第三，从中职生就业待遇来看，劳动保护有改善，稳定性有提高，但仅从工资待遇来说，中职生的就业仍然处于低端的劳动力市场。

总之，可以说，广州市中职教育总体发展态势良好，不过在促进就业，尤其是就业质量和职业发展方面尚待改善。

三 广州市中职教育存在的问题

（一）职业素养教育欠缺

早在 2012 年，教育部《国家中长期教育改革和发展规划纲要（2010~2020 年）》就已经把育人为本作为教育工作的根本要求。2010 年《中等职业教育改革创新行动计划》则将以人为本和实施全面素质教育作为职业教育改革的战略主题，其中最核心的问题是，培养什么人，如何培养人。

培养人，也就是从"制器"走向"育人"；这是近几年职业教育界热议的大事[1]，实现这个转变的一个重要的途径是开展职业素养的教育。

---

[1] 《高职教育亟待从"制器"到"育人"》，http：//news.163.com/12/1207/07/8I3SLS5S00014AED.html。

薛婷[1]调查了广州 6 所技工学校师生和 10 家广州市企业及用人单位。她发现，所调查的广州技工学校在职业素养课程开设方面绝大部分是非系统科学的（80%），13.33% 甚至没有开设这门课；大部分老师认为职业素养课程比较重要（66.67%），但也有近 3 成（28.33%）的老师认为不太重要；绝大部分老师（86.66%）认为目前的职业素养教育不能满足学生的职业发展需求；学生大部分对职业素养认识不清楚（57.78%），且认为职业素养不重要（71.67%）；企业最看重的素质能力则有：14.81% 认为是专业能力，33.33% 认为是沟通合作能力，46.30% 认为是吃苦耐劳精神，5.56% 认为是工作经历。技工学校毕业生在企业不能胜任工作的原因：9.26% 专业知识与技能欠缺；64.81% 沟通能力与语言表达能力不够；59.26% 社交能力不够，53.70% 团结协作意识不够；70.37% 责任心不够，33.33% 抗压能力不够，33.33% 职业道德欠缺，11.11% 工作经验不足。从薛婷的调查可以看出，对职业素养这样一门与学生就业、职业发展密切相关的课程，学校重视不够，大部分老师认识到了其重要性，但大部分学生并没有认识到职业素养的重要性，从企业的反馈来看，学生在职业素养方面的欠缺使得他们难以胜任本职工作。

造成这样一个结果的原因主要在于，学校、老师、家长、学生都秉承着一种错误的观念，即职业学校就是只学技术就好了，忽视了"立德树人"在职业发展和学生成长中的重要性。

（二）就业意识薄弱

就业是中职学生走向社会的重要一步，而如何看待就业，对就业的期望以及做出相应的准备则显得非常关键。

张建奇、陈科莉[2]就从就业认识、就业意愿、就业期望和就业准备四个

---

① 薛婷：《广州市中职学校职业素养教育现状研究——以广州市六所技工学校为例》，四川师范大学硕士学位论文，2014。

② 张建奇、陈科莉：《广州市中职生就业意识现状及改进策略——以广州市某中职学校学生为例》，《教育导刊》2011 年第 10 期。

层面来对广州市中职学生的就业意识进行深入的研究。从他们的研究来看，广州市中职学生的就业意识有以下特点。

第一，大部分学生认为就业形势并不乐观。逾1/4的学生认为就业形势好（其中认为很好的2.1%，比较好的23.5%），39.6%的学生认为就业形势一般，认为就业形势严峻的学生为28.7%（认为非常严峻的为6.3%）。进一步的研究发现，对就业形势不乐观的原因主要包括就业期望高（31.9%），自身能力或素质不足（41%），中职生供过于求（9.6%），中职生学历低综合素质不高（5.8%），以及认为中职教育与社会需求脱节（8.9%）。

第二，对于相关法律政策了解方面，教育和宣传的成效有限。在问到对《合同法》等法律的了解程度时，有四成多的学生（41.7%）表示自己不了解。

第三，直接就业是广州中职毕业生的首选，就业目标主要是经济收入。调查发现，51%的学生毕业后的打算是直接就业，27.5%的学生选择继续读书，表示毕业后创业的学生为6.1%；进一步地，半数多的学生（55.7%）愿意先就业再择业，选择毕业后读大学的学生首要的关切点也是更好的就业；学生的就业目的主要与经济相关，占88.6%，且来自社会困难家庭的学生经济动因更强。

第四，整体来看，中职生的薪酬期望较低，更重视工作条件。薪酬方面，11.4%的学生期望的月薪酬是800～1200元，41%的学生期望为1200～1800元，14.5%期望1800～2400元，另有5.1%期望在2400元以上。按照2011年广州市最低工资1300元的标准来看，至少有11.4%的学生薪酬期望在当年本地最低工资标准以下，这不仅反映了学生们期望低，也表明其对合法权益的淡漠。与较低的工资期望相比，同学们更加重视工作条件。48%的学生选择五天八小时制，35%选择六天八小时制，8%的学生选择六天九小时制，6%的学生表示做多久没关系，仅有3%的学生愿意选择早中晚三班倒的工作。选择就业单位时排在前五位的影响因素分别是：工作的稳定性，工资福利，单位类型与规模，工作环境和自身发展。

广州中职生的就业准备不足，对课程和自身能力的期望方面存在一定的矛盾，且职业发展规划不足。普遍而言，广州中职生认为重要的课程分别是：技能实操和就业指导排第一，其次是计算机、专业理论、英语、应用文写作课。但学生认为最需要提升的能力方面，则依次是外语、社交沟通、专业技能、语言表达、面试技能等；此外，仅有42.2%的学生表示对自己未来职业有所规划。这表明，广州中职学生在自身发展方面的不平衡性：重技术能力，轻社会能力或者职业素养。

（三）顶岗实习

如果将"学校课程——就业意识——顶岗实习"看成是从学校到工作场所的一个连续过程，那么顶岗实习无疑是正式走向工作的最后一步了，而且顶岗实习在中职教育的制度设计中是作为非常重要的学习环节，因而意义非凡。一定程度上，顶岗实习的质量也决定了中职生学习与就业的质量。

郭伊葭[①]对广州市三所学校400名计算机专业学生顶岗实习情况的调研如下。

第一，根据顶岗实习的岗位安排，学校课程安排有很大的改进空间。近半数学生（48%）顶岗实习的岗位与专业关系小甚至无关；超过50%的学生认为学校应该从用人企业标准出发，调整教学科目。

第二，实习指导老师"难指导"。从中职学校顶岗实习制度来看，实习是教学的延伸，在实践中，这种教学任务的落实主要依靠学生在企业中的师傅和学校指导老师共同完成。调查发现，实习指导老师往往难以兼顾，因为一位老师需要负责指导很多学生（将近150名学生）；另外，有些巡点老师并非专业对口老师，因此很难给予专业方面的指导。此外，很多巡点老师并非班主任，与学生的关系尚未建立好，很难比较深入跟进和指导学生。

第三，实习有收获，但效果还可再提升。调研还发现，83%的学生认为

---

① 郭伊葭：《广州市中职学生顶岗实习现状及对策研究——以中职计算机类学生为例》，广州大学硕士学位论文，2013。

顶岗实习有一定的收获（含收获很大），96%的学生认为顶岗实习提高了动手实操的能力。72%的学生认为实习收获与自己的期望相符甚至超过期望，但也有28%的学生认为实习所获低于自己的期望。影响实习效果的因素则主要是实习内容的丰富性和趣味性，其次是实习氛围以及指导老师的专业能力等。

（四）小结

在这部分，本研究使用了现有的相关文献和数据，分别就学校专业课设置、职业素养课、就业意识以及顶岗实习梳理了广州市中职学校的做法和现状，可以得出如下初步结论。

首先，职业素养教育方面的缺失。虽然学校或多或少都开设这类课，但尚不科学和系统，而且仅仅依靠讲课或者讲座的方式进行，效果并不明显，虽然老师认识到其重要性，但是目前并无很大的进展。

其次，就业意识不到位。广州中职学生对就业形势并不乐观，部分源于对自己能力不自信，部分源于对就业的期望较高；同学们对相关法律的认识还不够；毕业后就业是主流的选择；中职学生的薪酬期望并不算太高，但对工作的规律程度和休息时间有比较高的要求；就业准备不够，对就业的认识和规划比较欠缺。

最后，顶岗实习效果有限。有近一半的学生从事着不对口的实习工作，校外指导老师对实习生的帮助不大，尤其是专业方面的指导很难做到；在工作适应能力方面中职生有其优势，但在人际能力方面比较欠缺。

四 讨论与建议：如何更好实现教育承诺？

本文试图指出，职业教育形象的树立基于职业教育真正实现教育的承诺——传授技能、增加人力资本和实现好的就业。要突破职业教育就业好但招生难的困境，唯有从关注就业率转移到关注就业质量、关注中职生的长远发展上来。基于对广州市中职教育现状的分析，本文就中职教育质量提出以下几方面建议。

第一，大力推进和开发适合广州中职生的职业素养课，营造一个有人文素养的校园环境，潜移默化提升中职生的素养。需要特别说明的是，本文的职业素养是一个比较宽的概念，包含学生的自我认知，自尊自爱，沟通能力，批判思维能力，解决问题能力等。在日常教学中，职业素养往往被简化成培养学生服从意识，这是值得警惕的。

第二，加强职业生涯规划与职业指导。相比同龄人，中职生较早面对社会，面对人生的选择，因而对职业生涯规划和职业指导需求迫切，中职院校应该将生涯规划放在一个比较重要的位置上，以便启发同学们尽早走出迷茫，为未来的升学或就业做准备。

第三，实习岗位选择方面，应严格按照《教育部职业院校学生顶岗实习管理规定》，选择具有独立法人资格、依法经营、管理规范、安全防护条件完备以及所提供岗位与学生所学专业方向一致或相近的实习单位组织学生顶岗实习，尽可能为实习生提供与专业相关的岗位实习。

第四，完善校企合作，实行工学结合模式，为顶岗实习创造足够的学习机会和学习空间。很多地方的顶岗实习已经异化为提前工作了，这与顶岗实习的制度设计背道而驰，也不利于培育有技能的新一代劳动者。因此，职业学校和教育行政部门需要强化顶岗实习中"学习"的作用，为学生争取足够的学习机会和空间。

第五，建立中职生实习就业档案，切实从关注就业率转向关注学生更长远的发展、关注职业教育的质量和成果。笔者在调研过程中了解到，几乎没有中职学校为实习就业学生建立档案进行稍长时段的大规模追踪，这使得中职学校丧失了一个反思评估教育成效的绝好机会。要切实关注中职教育质量，关注中职生的长远发展，建立 5~10 年的毕业生档案必不可少。

第六，《广州市职业教育发展规划（2016~2020 年）》中有很多值得期待的变化——更加优化的布局、新兴教育集团、多样化的国际合作与校企合作模式等。毫无疑问，这些都将为广州市的中职教育带来新的发展。

不过，本研究对中职就业质量的关注提醒我们，如何做到以中职生的成长与长远发展为本，尚需要更多关注从学校到工作场所的每一个制度安排——就业和职业发展相关课程的设置、学生的就业意识与就业指导、顶岗实习中如何做到专业对口与突出"习"的层面等，从而真正铺就一条通往增加中职生人力资本、全面发展的教育之路。

就业服务篇

Employment Service

B.7

广州就业服务政策的发展：
现状特点、挑战与发展方向

陈 杰*

摘　要：　目前，广州正处于经济转型的重要时期，经济增长放缓，产业结构调整导致就业压力加大，就业结构矛盾加剧，所以加强政府的就业服务政策，缓解就业问题显得尤为重要。本文对就业服务政策的相关文献及广州市就业服务政策的就业扶持、就业培训和人力资源市场服务进行了研究，发现广州就业存在就业矛盾持续、政策宣传力度不足、人力资源市场服务有待提高，就业服务管理困难等问题。本文最后提出，建设终身职业培训体系，加快完善就业服务体系和信息化建设，

* 陈杰，博士，广州市社会科学院社会学与社会政策研究所副所长、副研究员，研究方向为社会政策、社会治理。

加大就业服务政策宣传，提高市场灵活性和完善政府购买服务，发挥社会组织作用等是广州就业服务未来发展的方向。

关键词： 就业服务　公共就业服务　就业培训　劳动力市场

一　就业服务的界定及相关研究

（一）就业服务的界定

就业服务是指由特定机构提供一系列服务措施，以满足劳动者求职就业或用人单位招用人员需求的行为。根据服务主体的不同可以分为两类：一类是由公共就业服务机构提供的公益性就业服务，另一类是由职业中介机构提供的以营利性为主的就业服务[①]。本文主要研究第一类公共就业服务，即狭义的就业服务。

公共就业服务是指以政府为主导的公共就业服务部门和机构，运用公共资源帮助劳动者获得就业岗位和提升就业能力，帮助用人单位寻找合格劳动力的一系列服务性工作的总称，其主要包括：提供就业信息服务、就业咨询服务、就业指导服务、职业介绍服务、就业培训、就业委托服务和就业管理服务等[②]。谭学良认为我国公共就业服务机构是由各级政府设立的公共就业服务部门机构构成的[③]，《就业促进法》规定这些机构要为劳动者提供六项基本服务：就业政策法规咨询；职业供求信息、市场工资指导价位信息与职业培训信息发布；职业指导和职业介绍；对就业困难人员实施就业援助；办

---

① 谭学良：《我国县域公共就业服务的碎片化及其整体性治理——基于系统权变模型的理论与实证研究》，华中师范大学博士学位论文，2014。
② 陈建刚：《完善我国就业公共服务体系的几点建议》，《中国行政管理》2005年第5期，第108页。
③ 谭学良：《我国县域公共就业服务的碎片化及其整体性治理——基于系统权变模型的理论与实证研究》，华中师范大学博士学位论文，2014。

理就业登记、失业登记等事务；其他公共事务。

另外，因为不少就业信息、咨询服务都需要由人力资源市场服务机构（公共就业服务平台）来提供，所以本研究把提供就业信息服务、就业咨询服务、就业指导服务、职业介绍服务、就业委托服务、就业管理服务和就业信息登记等服务统称为人力资源市场服务。

（二）相关文献综述

就业服务起源于 20 世纪初，劳资矛盾激化导致大量工人失业，欧美等国开始出现职业介绍所。随着就业服务的不断发展，现今就业服务政策的研究方向主要有以下几个。一是关于政策实行绩效的研究[1]，其中祝海畅[2]在《我国公共就业服务政策绩效研究——基于面板数据的 DEA 分析》一文中指出东南沿海是全国就业服务的高效率地区，但广东却是东南沿海中就业服务效率最低的地区。二是对就业服务的供需及满意度研究[3]，研究表明人们对就业服务效率、服务人员素质、就业服务环境等都有更高的要求。三是针对特殊人群的就业服务政策研究，主要是对就业困难人群和弱势群体的服务政策研究，如大学生的就业服务政策研究[4]，对残疾人的就业服务政策研究。[5] 四是研究就业结构矛盾的分析解决办法[6]，主要是针对产业转

---

[1] 王阳：《就业服务政策促进就业效果分析——一个有利于家庭发展的视角》，《经济体制改革》2015 年第 6 期；祝海畅：《公共就业服务效率评价研究》，南京财经大学硕士学位论文，2012。

[2] 祝海畅：《我国公共就业服务政策绩效研究——基于面板数据的 DEA 分析》，《经营管理者》，2013。

[3] 程琪：《公共就业服务求职者满意度指数模型的构建与测评——以 H 市问卷调查结果为依据》，华中师范大学硕士学位论文，2015；吴江、王欣：《公共就业服务的供需一致性研究——基于供求双方视角的分析》，《人口与经济》2013 年第 2 期。

[4] 赵建华、么晓敏：《基于 DEA 方法的大学生公共就业服务政策有效性分析》，《财经问题研究》2010 年第 2 期。

[5] 王春洪：《公共政策视角下的中国残疾人就业服务政策研究》，云南大学硕士学位论文，2011。

[6] 颖鑫：《解决就业结构性矛盾，良方何在？——解决就业结构性矛盾与增强就业稳定性课题研讨会综述》，《中国就业》2013 年第 8 期。

型带来的就业结构矛盾，如技能供需结构和年龄结构不平衡等问题。其他还有对劳动力市场的政策研究①和就业服务政策的国际对比研究②等。

本文将从就业扶持、就业培训和人力资源市场三方面进行分析，研究广州就业服务政策的现状、不足及发展方向，为解决就业困难者再就业、技能结构供需矛盾和就业服务满意度提高等问题提供思路和改革建议。下文先分析就业服务的分类及沿革。

二 广州就业服务的分类及沿革

（一）广州就业服务的分类

就业服务囊括很多方面，本研究的就业服务研究范围主要包括对就业困难人员的就业援助（就业扶持）、公共就业服务范畴的就业培训服务、人力资源市场的就业服务（就业信息登记、查询、管理，职业指导、职业介绍等）等分类内容。

1. 就业扶持

就业扶持主要是指给予失业（待业）人员补贴援助、再就业融资支持和享受就业服务基础建设等服务，对不同的人群实施不同的就业扶持政策，促进失业人员再就业。广州就业扶持早期主要是对就业困难家庭的就业扶持，主要推进"4050"人员和"零就业家庭"的就业援助工程。近年来，高校毕业生、农村转移劳动力、残疾人等就业困难群体的就业难问题显著，广州的就业援助活动针对不同的群体开展，如对高校毕业生就业服务的基础建设，建设高校毕业生见习基地和创业孵化基地等；对城镇就业困难人群政

---

① 郑晓：《劳动力市场搜寻理论视角下的县级公共就业服务体系创新研究——以山东省 X 县为例》，华中师范大学硕士学位论文，2012。

② 张海枝、吕保华：《中日高校毕业生就业服务政策比较研究》，《湖北成人教育学院学报》2016 年 3 月；孙强：《中美两国反失业政策的比较与启示》，《福建论坛》（人文社会科学版）2009 年第4 期。

府购买公益岗位帮扶就业；对返乡农民工提供创业培训。政府不断加大对就业困难人群的扶持和补助力度，使就业困难人群逐步摆脱失业困境。

2. 就业培训

就业培训主要是通过职业技能培训使劳动力掌握再就业技能的服务。改革开放后，国家重点关注下岗工人再就业问题，1995 年初，劳动部发布了《关于全面实施再就业工程的通知》。2000 年广州开始提高就业服务水平和完善就业服务，开展"一三一"就业服务（一次职业指导，三次职业介绍，一次职业训练）和再就业"金钥匙计划"等就业服务，通过培训提高失业人员再就业能力和质量。2008 年广州首批认证 19 家"双转移"农村劳动力定点机构，后来机构不断增加。近年来广州就业培训聚焦高校毕业生，农村转移劳动力、企业职工和人力资源从业人员等具体人群，实施劳动力技能晋升计划，为适应产业结构转型，"十二五"时期工作还实施了职业技能培训券、"双转移"就业培训，"退二进三"企业员工安置和社区技能提升培训等，2016 年 12 月又出台《高校毕业生就业创业促进计划》，致力于建设多元化的就业培训体系。①

3. 人力资源市场服务

人力资源市场服务不但包括就业信息的登记管理，还包括就业服务管理体系和就业服务信息化建设。对人力资源市场信息进行动态监测有助于失业人员的求职和更好地行使市场的分配职能。2013 年广州市印发《广州市就业失业登记办法》，使人力资源信息得到更好的整合。至于服务管理，从2005 年起广州实施"新三化"政策②，完善公共就业服务管理体系，提高就业服务的效率和质量，统筹城乡，有效规范劳动力市场，完善公共就业服务功能。③ 就业服务信息化建设方面，"十二五"时期，广州就业服务基本

---

① 《广州市人力资源和社会保障事业发展第十三个五年规划》（讨论稿），2016 年 1 月。
② 《广州市就业服务体系"新三化"建设三年工作规划（2005~2007 年）》，2005 年 1 月。
③ 《关于印发〈广州市就业服务体系"新三化"建设三年工作规划〉的通知》，（穗劳社就〔2005〕1 号），http://www.hrssgz.gov.cn/tzgg/ldjy/jyfw/201101/t20110113_142800.htm，2005 年 1 月。

建成智慧社保和智慧人才信息系统，实现服务方式多样化，建立了就业失业动态监测体系和就业景气指数体系。近年来，广州人力资源市场一直致力于完善就业服务平台信息化建设和规范市场秩序。[①]

（二）广州就业服务的变迁

改革开放初期，百废待兴，广州当时的就业服务主要着重在完善法律法规和就业安置。1983 年的《残疾人职业康复和就业公约》、1984 年的《城镇待业人员登记管理办法》、1990 年的《劳动就业服务企业管理规定》、1991 年《就业训练中心管理规定》等国家政策法规促成广州最初的就业服务政策体系的形成。1980 年全国劳动就业工作会议指出"在国家统筹规划和指导下，实行劳动部门介绍就业，自愿组织起来就业和自谋职业相结合"的方针，广州出现了一部分受市场调节的自主就业的[②]劳动者，当时出现的大量个体户即为自主就业的代表。另一部分仍受行政调节，由国家控制。这个时期就业服务的主要工作是安置就业，着重城镇青年的就业情况并给予补助[③]，建立健全劳动服务公司，扩大就业安置。同时，开展对城镇待业青年就业前的培训，使一切需要进行培训的人员，先经过培训以后再就业。1994 年，广州开始贯彻实施《劳动法》。

1995～1999 年广州就业服务工作重点转到再就业。国有企业深化改革，大量工人下岗，农村劳动力逐渐向城镇转移，城镇就业压力加大，国家就业服务重点转向再就业，广州积极实施 1995 年国家颁布的《再就业工程》计划和"金钥匙"计划，促进失业人员转业转岗安置和自谋职业实现再就业。1998 年建立特困失业人员优先就业服务制度，后来陆续出台《广州市保障残疾人劳动就业规定》、《广州市社会职业中介服务管理规定》、

① 《广州市人力资源和社会保障事业发展第十三个五年规划》（讨论稿），2016 年 1 月。
② 刘社建：《深化改革推动实现更高质量就业探讨》，《东南大学学报》（哲学社会科学版）2013 年第 4 期，第 11 页。
③ 《中共中央、国务院关于广开门路，搞活经济，解决城镇就业问题的若干规定》，1981 年 10 月，http：//www. hrssgz. gov. cn/zcfg/ldjyyzyjs/201101/t20110113_ 138984. htm。

《就业登记规定》和《关于实施劳动预备制度的通知》等，不断完善就业服务体系。

2000～2005 年广州就业服务工作集中在再就业培训。就业培训对象主要是下岗工人、退役士兵和贫困的农村劳动力。2001 年广州创新成立了创业研究所，同年开展了"授渔解困"免费培训鉴定活动，促进特困下岗人员和"4050"人员实现再就业。同阶段，广州不断完善职业技能鉴定条例和公共就业服务管理体系，实施"新三化"政策（就业服务体系制度化、专业化、社会化），加大技能培训投入，提高就业质量，注重农村转移劳动力就业服务和关注高校毕业生就业，引导各个群体实现再就业。

2006 年至今，广州就业服务的管理制度体系逐渐完善，重心逐渐转变，2007 年《就业服务与就业管理规定》全面地规范了就业服务与管理，自 2008 年开始实施《中华人民共和国就业促进法》。就业服务重点对象开始转向高校毕业生和农村转移劳动力，开始建设就业服务信息化平台和不断完善公共就业服务体系。

三　广州就业服务的政策框架与实践

随着经济产业结构的转型调整，广州市从业人员从第一、第二产业向第三产业转移，劳动力市场的供给和需求失衡，就业结构矛盾加剧，据 2017 年 2 月 23 日广州市人力资源和社会保障工作会议内容，2016 年广州市全市新增就业 31.25 万人，但城镇失业率达到了 2.41%，失业率同比上升了 0.21 个百分点。[①] 如何帮扶求职人员实现就业和提供就业服务成为重要的社会问题。近年来，广州一直将就业服务摆在突出位置，按照自主就业、市场调节、政府促进和鼓励创业相结合的工作思路，实施就业优先战略和更加积极的就业服务政策，不断完善就业服务保障体系，针对不同就业群体和服务

---

① 《着眼民生福祉增创人才优势努力推动人力资源和社会保障工作全面上水平——在 2017 年广州市人力资源和社会保障工作会议上的讲话》，http：//www.hrssgz.gov.cn/zwxxgk/jhzj/zjbg/201703/t20170320_ 257318.html。

目的提供不同的服务内容，开展各项就业服务，着力构建和谐劳动关系，促进稳定和扩大就业。

（一）就业扶持：针对就业困难与重点群体的就业扶持政策与特点

1. 日益重视高校毕业生的就业创业扶持

广州经济转型对高校毕业生就业来说是个好机会，经济转型主要是向新兴制造业和高端服务业转型，金融业、互联网和软件信息服务等行业比较缺人才，相应的高校毕业生特别是理工科学生[1]就业选择机会更多，但同时不少外来的高校毕业生会选择在穗就业，使得就业压力、就业竞争加大。为了更好地扶持高校毕业生实现就业创业，广州在高校毕业生创业、基层见习和举办促进就业活动等方面出台了相关的扶持政策，并进行了实践。2016年广州市生源应届毕业生就业率达到了93.41%。[2] 广州高校毕业生就业扶持的具体政策实践主要有以下几种。

创业扶持。2014年广东省实施广东省大学生创业引领计划（2014~2017年），广州免费为高校毕业生提供SYB[3]创业培训和创业指导，对自主创业的高校毕业生给予一次性5000元创业扶持补贴，最高6000元的场租补贴，每人2000元起的招工补贴，创业担保贷款最高20万元且按50%给予贴息的金融支持，还有社会保险补贴、岗位补贴和税收优惠等一系列政策援助，鼓励高校毕业生自主创业。为了推进大众创业、万众创新，政府还建设许多创业孵化基地，提供了创业基础，2016年广州共建成创业孵化基地277

---

[1] 李汉章、徐林清、刘伟贤：《广州市人力资源市场运行状况分析与建议》，载《2016年中国广州社会形势分析与预测》，社会科学文献出版社，2016，第26~28页。

[2] 《着眼民生福祉增创人才优势努力推动人力资源和社会保障工作全面上水平——在2017年广州市人力资源和社会保障工作会议上的讲话》，http://www.hrssgz.gov.cn/zwxxgk/jhzj/zjbg/201703/t20170320_257318.html。

[3] SYB 的全称是"Start Your Business"，由联合国国际劳工组织开发，为有愿望开办中小企业的人员量身定制的培训项目。

个，入驻企业 2.45 万家，真实有效地促进扶持劳动者实现创业。[①]

基层就业及见习补贴。2014 年《进一步落实高校毕业生就业创业补贴政策》指出，广州对到乡镇、街道、社区等公益性岗位就业的本市生源高校毕业生给予社会保险补贴和岗位补贴，高校毕业生见习期间也能享受就业见习补贴。[②] 2016 年 6 月《2016 年度政府购买基层公共管理和社会服务岗位计划》（穗人社函〔2016〕1136 号）指出，广州市尝试政府购买岗位吸纳高校毕业生基层就业，根据给各区的岗位计划数按每人约 7.4 万元/年给予区试点补助。

促进高校毕业生就业招聘活动。国家人社部和相关部门每年都会开展全国民营企业招聘周、就业服务月活动，以及部分大中城市联合招聘高校毕业生专场活动和就业创业政策宣传等活动。而广州除每年的高校毕业生招聘专场和就业服务月活动外，还特别开展了广州市"阳光就业"公益性校园招聘会、网络招聘会、"南方人才杯"比赛、"众创杯"大学生启航赛暨"赢在广州"第五届大学生创业大赛等，扩大了高校毕业生就业途径和就业选择，有效帮助高校毕业生实现就业。

2. 缩短城镇就业困难群体就业服务距离，大力帮扶特困人员

广州的城镇就业服务基本形成体系，对就业困难人员的就业帮扶工作也形成一定的流程、程序。目前，除了继续巩固完善就业服务体系外，在优化就业服务的方式程序、提高就业服务的实施效益和提高城镇就业困难人群就业扶持的质量等方面有待完善。基于此，广州分别在缩短就业服务距离、建设充分就业社区、公益岗位帮扶就业和解决城镇就业困难等方面都做出了有成效的工作。

缩短就业服务的距离。广州实施"双到双零"（"零距离服务""零距

---

①《着眼民生福祉增创人才优势努力推动人力资源和社会保障工作全面上水平——在 2017 年广州市人力资源和社会保障工作会议上的讲话》，http://www.hrssgz.gov.cn/zwxxgk/jhzj/zjbg/201703/t20170320_257318.html。

②《广州市人力资源和社会保障局广州市财政局关于进一步落实高校毕业生就业创业补贴政策的通知》，http://www.hrssgz.gov.cn/zcfg/ldfgzh/201506/t20150630_231541.htm。

离就业")和"就业服务进家到户,就业岗位进街到村"等就业援助工作[1],为就业困难人员开展"零距离"就业招聘会,提供就地就近的就业服务。2016年广州共举办了324场"零距离"就业招聘会,帮扶了10.97万名就业困难人员,促进16.82万名失业人员实现再就业。[2]

建设充分就业社区。广州就业服务的公共职能下放到社区,加强了社区基础设施建设,社区里安装使用统一的门户系统,实现社区公共就业服务机构信息网络全覆盖,设置"专人专窗"提供就业服务;通过实名登记、信息入库,建立健全电子信息档案,同时提供政策宣传咨询、就业与失业登记、职业介绍和就业援助等服务,强化了社区就业服务功能[3],努力建设充分就业社区。

公益岗位帮扶就业。广州市政府结合社区的优势,在2014年《广州市就业困难人员就业援助实施办法》中提出在街道(镇)家庭综合服务中心开展政府购买服务、以街道社区服务中心为平台和以社工就业辅导服务为核心的"就业携行计划",主动为就业特困人员提供心理辅导、家庭辅导、就业小组活动和在职支援等个性化、专业化的就业服务,优先帮助农转居劳动力[4]等重点援助对象实现就业。

帮扶特困失业人员。广州的特困失业人员群体主要有大龄失业人员("4050"人员)、大龄农转居人员、"零就业家庭"、家庭困难的未就业高校毕业生和长期失业人员等。日常的就业援助有推荐岗位、就业服务、就业培训和送关爱等,对就业困难群体创业给予小额贷款、社保补贴、税收减免等政策支持。2016年开展了"2016年就业援助月",探索长期失业青年的

---

① 《增城区加强劳动就业工作》,http://www.hrssgz.gov.cn/qxdt/zcs/201605/t20160503_245198.html,2016年5月。

② 《着眼民生福祉增创人才优势努力推动人力资源和社会保障工作全面上水平——在2017年广州市人力资源和社会保障工作会议上的讲话》,http://www.hrssgz.gov.cn/zwxxgk/jhzj/zjbg/201703/t20170320_257318.html。

③ 《黄埔区圆满完成2015年"充分就业社区"创建任务》,http://www.hrssgz.gov.cn/qxdt/hpq/201603/t20160325_243689.html,2016年3月。

④ 《天河区17条街道开展"农转居"职业技能培训》,http://www.hrssgz.gov.cn/qxdt/thq/201608/t20160803_249646.html,2016年8月。

就业援助计划，提供政策宣传咨询、职业培训、创业指导、职业见习、就业指导等个性化就业服务，促进其实现再就业。①

3. 帮扶"农转居"劳动力就业，大力支持返乡劳动力创业

一开始广州的农村剩余劳动力大量涌进城镇求职，促进了经济发展，但随着经济产业转型，近年广州人力资源市场虽然处于供不应求的状态，但就业歧视、技能结构矛盾、年龄结构矛盾、工资结构矛盾、外来人口就业竞争激烈等问题层出不穷，加上城乡二元结构管理困难，导致农村转移劳动力就业难。广州为了更好地帮扶农村转移劳动力就业，实行了一系列举措，对城乡劳动者实行统筹管理，重点关注"农转居"劳动力的就业问题，随着返乡潮的兴起，政府对返乡农民工也给予了创业支持。

一是统筹城乡劳动力信息管理。广州就业信息网络逐渐扩大到农村，各区开始实施建立区、镇（街）、村（居）三级的社保经办服务体系，加大民生投入力度，努力实现城乡就业服务和信息统筹管理。② 加大劳动力资源动态管理，做好失业登记再相应地提供就业服务。鼓励农村建设充分就业村，富余劳动力就地就近转移就业或创业③。

二是"农转居"劳动力就业扶持。城市化进程造就了"洗脚上楼"的"农转居"人员，从"耕田"到"耕屋"的转变，让很多"农转居"家庭享受了城镇化建设的红利，但"农转居"劳动力年龄偏大，文化素质不高等造成这个群体就业困难，2014年《广州市就业困难人员就业援助实施办法》提到"就业携行计划"要优先帮扶"农转居"劳动力。到2016年，国家出台"关于开展2016年春风行动"的通知，使有转移就业意愿的农村劳动者特别是农村贫困人口得到有效的政策咨询、岗位信息、职业指导、职业介绍、免费技能培训、创业培训、创业服务和相应的政策扶持。同年广州市

---

① 《广州市人力资源和社会保障局对广州市第十四届人民代表大会第六次会议代表建议第201620074号的答复》，2016年5月。

② 《保障民生福祉勇于改革创新——南沙区召开2016年全区人力资源社会保障工作会议》，http：//www.hrssgz.gov.cn/qxdt/nsq/201604/t20160407_244236.html，2016年4月。

③ 《广州市人力资源和社会保障事业发展第十三个五年规划》（讨论稿），2016年1月。

天河区在十七条街道上实行"农转居"劳动力技能提升3年行动计划，提供特色技能培训，促进了辖区内7000名"农转居"劳动力的技能提升。①

三是返乡农民工创业扶持。2015年6月国务院常务会议确定支持农民工等人员返乡创业政策，简化创业手续，享受减税降费贷款贴息，加大信贷和网络支持等。② 广州响应号召，积极实施《鼓励农民工等人员返乡创业三年行动计划纲要》，提高基层创业的服务能力，总结分享经验，促进返乡人员顺利创业。③

4. 完善残障人士就业服务体系

广州市残联从2007年就开始推行"长江高科技助残就业项目"，包括人员培训、上岗就业和岗位开发。广州市残障人士的公共服务是走在全国前列的，拥有政府主导、社会共同参与的残疾人公共服务支持体制，全面的公共服务体系，包括残疾人康复、教育、就业和社会保障等。就业服务方面，广州市建立了基本覆盖的残疾人就业服务网络，和残联合作创办了不同类型的残疾人就业福利机构，建设了残疾人的就业基地，有就业培训、创业支持等服务，开始形成残疾人就业服务体系。但和香港完善的残疾人就业服务体系相比，广州还有很大提升空间，社会管理和服务还比较弱，服务人才培养和服务体系建设也还有待提高。④

（二）就业培训政策：职业技能培训与就业能力提升

职业技能是劳动者实现就业的最基本的能力，对于职业技能的培训政策主要包括职业培训和职业教育。2009年出台的《2008年广州市就业和社会

---

① 《天河区17条街道开展"农转居"职业技能培训》，http://www.hrssgz.gov.cn/qxdt/thq/201608/t20160803_249646.html，2016年8月。

② 《国务院常务会议确定支持农民工等人员返乡创业政策增添大众创业万众创新新动能》，http://www.hrssgz.gov.cn/gzdt/rlzy/201506/t20150611_230770.html，2015年6月。

③ 尹蔚民：《做好新时期就业创业工作为"双创"新引擎增添动力》，《中国劳动保障报》2015年10月21日。

④ 陈学军、古念群：《广州市残疾人社会保障和服务体系建设的实践与思考》，载《广州社会保障发展报告（2013）》，社会科学文献出版社，2014，第171~178页。

保障事业发展分析与 2009 年预测》把就业培训分为高技能人才培养体系、城乡统筹培训体系、多元化再就业培训体系和技工教育体系。根据职业技能培训的发展思路和运行机制，即以就业为导向、以满足劳动力市场需求为宗旨①，本报告主要分析属于就业服务体系的就业培训，是以促进就业创业为导向的，所以下文主要分析就业培训政策中的多元化就业培训体系。

产业结构调整和转型升级步伐加快，技能型人才不足。随着产业结构调整，中低端劳动密集型的制造行业，将普遍以"机器换人"的方式转型，普通无技术劳动力的就业岗位大量流失。人力资源市场上技能不匹配成为就业结构性矛盾的主要方向，市场对技能劳动者的需求将不断增加，② 2016 年广东省人力资源市场紧缺岗位多属于技工范畴，技能劳动者的供不应求，表明通过技能培训实现再就业政策的重要性。

1. 劳动力技能晋升培训

劳动力技能晋升培训主要是对劳动力进行技能晋升，无技能劳动力可以通过培训习得技能，有技能的劳动力可以进一步提升技能水平。技能晋升培训覆盖面广，晋升培训补贴对象包括除全日制在校生、机关事业单位在编人员外的本省户籍城乡劳动力，外省来粤务工人员和余刑在 24 个月内的在粤服刑和强制戒毒人员，2014 年 6 月广东省财政厅发布的《广东省省级劳动力培训转移就业专项资金管理办法》提到，参与培训的学员们获得证书即可申请技能晋升培训补贴。③ 广州市响应广东省的政策号召，2015 年 6 月发布了《广州市人力资源和社会保障局广州市财政局关于转发进一步落实劳动力技能晋升培训政策意见的通知》，进一步落实完善广州劳动力晋升培训工作。2016 年 6 月广东省出台了《广东省人力资源和社会保障厅广东省财政厅关于进一步落实劳动力技能晋升培训政策的意见》，对劳动力

---

① 赖德胜、李长安、张琪主编《中国就业 60 年：1949～2009》，中国劳动社会保障出版社，2009，第 211 页。

② 吴妙英：《"新常态"下看广州就业》，《中国就业》2015 年第 3 期，第 50～51 页。

③ 《关于印发〈广东省省级劳动力培训转移就业专项资金管理办法〉的通知》，http://www.gdhrss.gov.cn/publicfiles/business/htmlfiles/zwgk/1294/201507/52724.html。

技能晋升培训的申报、资金补贴、清算拨付、培训协议的签订和组织管理等都做出了明确规定，同年 10 月又进一步完善了劳动力技能晋升的办事规定。随着劳动力技能晋升培训政策的完善，广州市资助劳动力技能晋升培训7.45 万人①。

2. 创业培训

城乡劳动者创业培训。目前创业带动就业是国家就业政策的重要方向，能有效地缓解就业压力，相应的创业培训也成为就业培训中的重要部分。2015 年 11 月广州市发布了《关于印发广州市创业带动就业补贴办法的通知》，补贴办法表明在广州市内具有创业意愿并有一定条件的城乡劳动者，参加 SYB 创业培训和创业模拟实训且取得证书的话，可享受创业培训补贴1000 元和模拟实训补贴 800 元。2016 年广州共建成创业孵化基地 277 个，入驻企业 2.45 万家，真实有效地促进扶持城乡劳动者实现创业。②

高校毕业生的创业培训。创业培训的主要目标人群还包括高校毕业生，广州市就业政策大力支持高校毕业生创业。2015 年 6 月出台了《关于进一步落实高校毕业生就业创业补贴政策的通知》，其中提到在穗高校毕业生定点参加 SIYB 创业培训和创业模拟实训，且有合格证书的，能享受创业培训补贴 600 元和创业模拟实训补贴 400 元，而广州市生源高校毕业生参加职业技能培训并取得资格证书，则可领取职业技能培训券和享受 1 次职业技能培训费补贴和 1 次职业技能鉴定费补贴。广州对高校毕业生创业培训十分重视，2016 年 2 月《广州市职业能力建设工作要点》提出要继续实施大学生创业引领计划，完善就业创业培训体系，提高大学生技能及就业能力等，不断完善高校毕业生就业创业培训系统。

---

① 《着眼民生福祉增创人才优势努力推动人力资源和社会保障工作全面上水平——在 2017 年广州市人力资源和社会保障工作会议上的讲话》，http://www.hrssgz.gov.cn/zwxxgk/jhzj/zjbg/201703/t20170320_257318.html，2017 年 2 月。
② 《着眼民生福祉增创人才优势努力推动人力资源和社会保障工作全面上水平——在 2017 年广州市人力资源和社会保障工作会议上的讲话》，http://www.hrssgz.gov.cn/zwxxgk/jhzj/zjbg/201703/t20170320_257318.html，2017 年 2 月。

3. 扶贫（农村转移劳动力）就业培训

扶贫就业培训主要指为就业困难群众或家庭提供优惠或免费的就业培训，帮助其实现技能就业和脱贫。2008 年 5 月广州发布的《关于推进产业转移和劳动力转移的决定》提到加强对农村劳动力的技能培训，农村贫困家庭子女入读技工院校可免除学杂费和补助生活费，农村劳动力可进行免费的职业技能培训。广东省户籍贫困家庭参加职业培训的学员，实现技能晋升并获得资格证书的，给予生活费补贴①。针对不同类型的农民开展不同的就业创业培训，帮助农村转移劳动力尽快实现就业。广州扶贫就业培训政策也得到各区的大力响应，2015 年 1 月天河区帮扶就业困难人员开展"送教进村"技能培训工作；同年 8 月番禺区开展"私人定制"帮扶活动，以及安排就业困难人员参加社工就业辅导、技能培训、创业培训和入职前培训等活动，扶持更多的就业困难人员实现就业；2016 年完成了就业精准扶贫试点，技工院校招收扶贫生 204 人，建立了劳务输出精准服务对接制度。

4. 企业职工培训

企业职工培训政策主要分为两方面，企业新型学徒制培训的实施发展和化解过剩产能企业职工的特别职业培训计划。

企业新型学徒制培训指企业和技工院校合作，推行"招工即招生，入企即入校"的企业职工培训新方式，2015 年 8 月和 2016 年 7 月人力资源社会保障部办公厅、财政部办公厅先后出台了关于开展第一批和第二批企业新型学徒制试点工作的通知，《2016 年广州市人力资源和社会保障工作要点》和《2016 年广州市职业能力建设工作要点》分别提到要大力支持企业新型学徒制培训，促进企业新型学徒制发展。

化解过剩产能职工培训指对在产业转型过程中出现的失业人员和转岗职工进行职业培训，主要是为了下岗人员有能力实现再就业，而转岗职工更快地掌握新的工作技能及适应新的工作环境，针对不同的职工人群进行不同的

---

① 《关于印发〈广东省省级劳动力培训转移就业专项资金管理办法〉的通知》，http：//www.gdhrss. gov. cn/publicfiles/business/htmlfiles/zwgk/1294/201507/52724. html，2014 年 6 月。

职工培训。2016 年《广东省人力资源和社会保障厅关于化解过剩产能企业职工特别培训计划的实施方案》《广州市人力资源和社会保障局关于转发做好化解过剩产能企业职工特别职业培训计划实施工作的通知》，旨在于2016～2020 年整合培训资源，完善培训体系，提出全民技能提升储备培训，鼓励企业在职员工参与劳动力技能晋升培训，有针对性地对失业人员、转岗职工和有创业意愿的职工进行对应的就业创业培训，使企业职工更好地再就业创业或转岗工作。

5. 人力资源从业人员培训

人力资源从业人员的工作能力和素质对社会就业服务的质量有很大的影响，为确保公共就业服务水平的提高，人力资源从业人员的专业培训必不可少。2013 年 8 月广东省人力资源和社会保障厅出台了《关于开展全省人力资源服务从业人员培训工作的通知》，对人力资源服务从业人员进行培训来提高就业服务水平。广州市各区也争先开展了各种就业服务培训班，如从化市举办"一窗多能、综合服务"业务培训，白云区就业中心举办了就业服务业务培训班、社工就业辅导业务培训班和 2015 年劳动保障就业服务培训，番禺区人社局举办了全区就业服务工作培训班等。广州就业服务能力水平不断提高。

（三）人力资源市场服务

中国经济正面临急剧转型期，广州作为发达地区转型速度只会更快，转型中出现的问题更加显著。近年广州劳动力市场结构性矛盾愈加严重，包括劳动力技能结构、学历结构、年龄结构和本地人口与外来人口就业的供需矛盾等。加快建设人力资源信息体系，缓解就业结构矛盾，提高就业服务水平成为解决就业的重要课题。

1. 人力资源市场供需情况

2016 年广东省人力资源市场供需情况升幅不大，市场用工需求 280.69 万人次，进场招聘 262.40 万人次（见图 1），广东省 2016 年求人倍率①除了第一

---

① 求人倍率是市场需求数与供求数（求职数）之比。

季度达到 1.1 外，剩下三个季度保持在 1.07，人力资源市场虽然需求大于供给，但总体供需趋于平衡，处于常态水平。相比之下，珠三角的求人倍率又稍稍高于广东省总体水平。另外由于技能结构供需矛盾，广东省技工求人倍率远远高于总体水平，2016 年广东省技工最紧缺的岗位分别有电子元件、器件制造工，裁剪缝纫工，工程技术人员，检验、计量人员，营业、收银人员等，技工供给趋紧。从行业看，2016 年广东省交通运输、仓储及邮电通信业，居民服务和其他服务业用工需求较大。① 而作为广东省中心城市的广州，市场供需矛盾更加严重，求人倍率一直远高于广东省同期水平，近年市场持续供不应求。

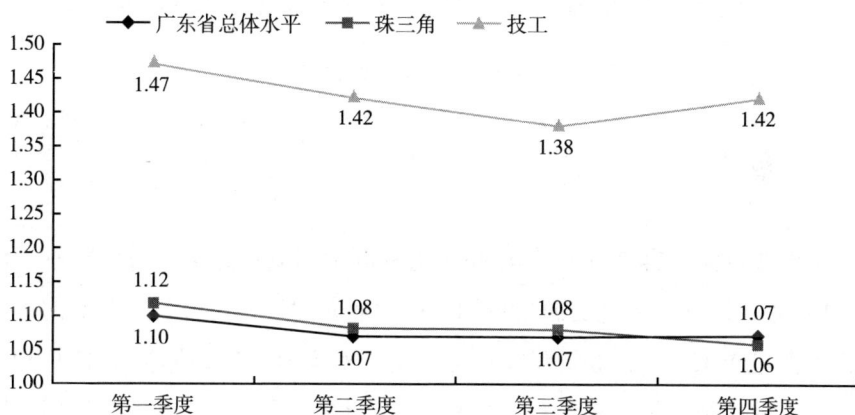

图 1　2016 年 1～4 季度人力资源市场求人倍率

广州方面，人力资源市场近年来总体供需失衡，如图 2 所示，2009～2010 年广州人力资源市场登记供求数还在上升阶段，但 2010 年后广州人力资源市场登记招聘和登记求职的人次逐渐减少。而求人倍率 2009～2016 年曲折徘徊，供不应求。

---

① 2016 年一至四季度广东人力资源市场供求和企业用工监测情况统计，资料来源于广东省人力资源和社会保障厅网站，http：//www. gdhrss. gov. cn/publicfiles/business/htmlfiles/zwgk/1315/201702/60260. html，http：//www. gdhrss. gov. cn/publicfiles/business/htmlfiles/zwgk/1315/201611/59401. html，http：//www. gdhrss. gov. cn/publicfiles/business/htmlfiles/zwgk/1315/201611/59400. html，http：//www. gdhrss. gov. cn/publicfiles/business/htmlfiles/zwgk/1315/201608/58385. html。

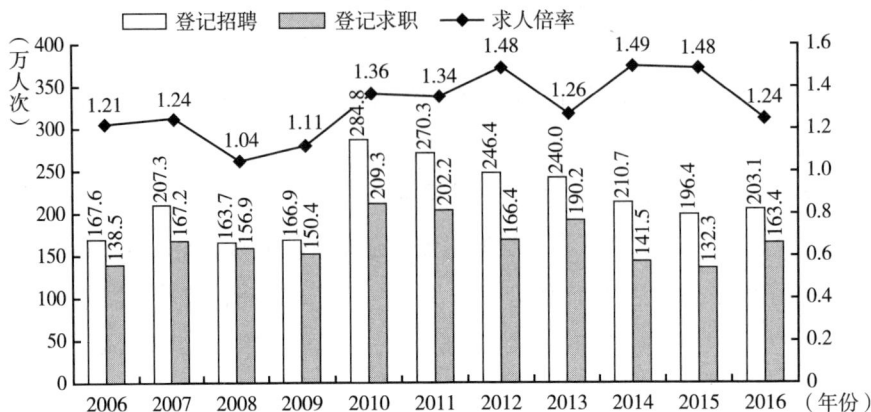

图2 广州市人力资源市场供需情况

资料来源：李汉章、刘伟贤、何楷《2015 年广州人力资源市场供求状况分析及 2016 年展望》，载《广州经济发展报告（2016）》，社会科学文献出版社，2016，第 106～107 页；广州市人力资源市场服务中心课题组：《2016 年度广州市人力资源市场就业供求状况发展报告》。

从图2可知，直至 2016 年广州人力资源供不应求趋紧才有所缓解。截至 2016 年，广州市人力资源市场纳入原职业介绍机构统计口径范畴的人力资源服务机构 433 家，登记供求的总量为 366.5 万人次，同比增加了 39.8 万人次，其中登记招聘 203.1 万人次，登记求职 163.4 万人次，分别同比增加了 6.7 万和 31.1 万人次，而求人倍率为 1.24，与 2015 年相比降低了 0.24，广州人力资源市场供不应求趋势有所缓解。

2. 人力资源市场管理规范化历程

一是不断建设完善人力资源市场管理体系。2007 年 8 月 30 日通过了《中华人民共和国就业促进法》，广州市根据该法律，于同年出台了《就业服务与就业管理规定》《关于做好 2008 年公共就业服务专项活动的通知》《关于抓紧做好"就业促进法"贯彻实施工作的通知》等，并以这些法律法规为基础，开始建设广州市人力资源市场就业服务管理体系。广州市根据《2008 年广东省劳动和社会保障事业发展计划》和《关于印发〈二〇〇八年人力资源和社会保障工作要点〉的通知》，大力落实贯彻就业法，促进广州就业工作。

二是规范管理就业服务中介机构。就业服务中介机构主要为求职者提供职业介绍、就业信息、就业培训和就业指导服务等一系列服务，达到促进再就业的目的。2014 年 12 月 25 日，国家出台了《关于加快发展人力资源服务业的意见》，对人力资源服务机构进行引导和整顿。2015 年广州就先后颁布了《关于委托下放人力资源服务许可事权工作的通知》《关于印发〈广州市人力资源服务机构诚信体系建设实施方案〉的通知》《广州市人力资源服务行政许可规程》《关于印发〈广州市人力资源和社会保障局规范行政许可自由裁量权规定〉的通知》《转发关于做好职业机构设立审批下放衔接工作的通知》等，对人力资源服务机构进行严格审核，规范服务机构的运行和服务质量，提高服务水平。2015 年广州人力资源服务机构共 870 个，同比减少了 26 个，其中人社部门所属的机构同比减少了 30 个（见表 1）。2016 年广州市城镇新增就业人数 31.25 万，在广东省就业目标考核中排名第一，但城镇失业率从 2015 年的 2.20% 上升到 2.41%，同比增加了 0.21 个百分点。①

表 1　2015 年劳动力市场情况

项　目	2014 年	2015 年
人力资源服务机构数(个)	896	870
人社部门所属机构	220	190
非人社部门所属机构	676	680
年末城镇登记失业人员(人)	57597	53090
城镇登记失业率(%)	2.26	2.20

资料来源：广州市人力资源和社会保障局。

三是不断完善规范人力资源市场秩序。2015 年广州市发布了《关于进一步加强人力资源市场监管有关工作的通知》和《关于加强统一管理切实维护人力资源市场良好秩序的通知》，对市场进行动态监管，强化了人力资

---

① 《着眼民生福祉　增创人才优势　努力推动人力资源和社会保障工作全面上水平——在 2017 年广州市人力资源和社会保障工作会议上的讲话》，http：//www.hrssgz.gov.cn/ zwxxgk/jhzj/zjbg/201703/t20170320_ 257318.html，2017 年 2 月。

源市场的秩序，2016 年出台修订版的《就业服务与就业管理规定（2015 修订）》，对失业管理、就业援助、职业中介服务、公共就业服务和求职招用等都制定了严格的准则，更加全面地完善市场条例和规范了市场秩序。

3. 市场就业服务平台便捷化

人力资源市场的就业服务包括很多方面，有就业咨询、就业指导、职业介绍、就业委托、就业信息登记、市场工资指导价位发布、就业管理服务和就业信息服务等，这就需要人力资源市场的就业服务平台不断建设完善，给予就业者最及时、准确地帮助，近年来广州人力资源市场的就业服务平台不断升级完善，实现信息化管理服务。本文将人力资源市场就业服务的网络信息平台分为三部分，包括就业服务管理体系、就业信息管理体系和市场信息交流平台。

就业服务管理体系。2000 年后，劳动力就业服务体系开始建立。2005 年"新三化"建设公共就业服务管理体系，就业体系制度化，就业服务社会化，服务实现专业化信息化管理。2008 年的"新三化"提出加快推进人力资源市场建设，提高信息服务能力，为城乡劳动力提供优质的公共就业服务。"十二五"中期公共就业服务业务已经逐步下沉至街（镇）平台，实现窗口服务、网上服务、预约服务等多种方式相融合的新模式。①

就业信息管理体系。广州市人力资源和社会保障局 2013 年印发了《就业失业登记办法》，2016 年 12 月颁布了《就业服务与就业管理规定（2015 修订）》，完善就业信息和就业服务具体管理条例，致力于使城乡劳动力就业市场并重，将农村转移劳动力和就业困难人群等信息都纳入人力资源市场管理，完善劳动力市场信息系统，使就业服务的提供更加方便，提高对就业信息的分析研究水平。

市场信息交流平台。近几年广州不断完善公共就业服务功能和市场信息公开、监测预测能力，开设了多样化的就业服务和信息平台，定期对市场职业需求进行调查和预测，动态监控，及时公开到网络上。2016 年广州更是率

---

① 《广州市人力资源和社会保障事业发展第十三个五年规划》（讨论稿），2016 年 1 月。

先推出了事业单位校园招聘"优才计划"的品牌标识和微信公众号，创新了市场的就业信息服务模式。2016 年 12 月，广州响应国家政策号召，转发《人力资源和社会保障部办公厅关于加快推进公共就业服务信息化建设和应用工作的指导意见》，努力实施建设就业服务信息化网络工程，健全完善就业信息网络管理和就业服务信息化机制，使就业信息网络服务更多样化和更便利化。

四　广州就业服务的特点与面临的挑战

（一）广州就业服务的特点

近年来，为持续保持就业形势的稳定，广州以做好高校毕业生、城镇就业困难群体和农村富余劳动力转移就业工作为重点，实施积极的就业服务政策。主要呈现出以下几方面特点。

1. 不同群体的就业扶持体系逐渐完善

广州市就业扶持主要针对就业困难群体，除了针对"4050"人员、零就业家庭等城镇就业困难人群，近年来主要强调对高校毕业生和农村转移劳动力的扶持，对不同群体实施的具有针对性的扶持工作也在逐渐完善，目前残障人士、城镇就业困难者、高校毕业生和农村劳动力等的就业扶持都在形成体系且不断完善，高校毕业生就业扶持着重在创业培训和见习补贴，"农转居"等城镇就业扶持着重在就业补贴和再就业培训，返乡劳动力的就业扶持着重在创业扶持，残障人士就业扶持则着重在安置和就业心理辅导方面，不同的群体都可申请得到与之相对应的具有针对性的就业扶持。

2. 就业培训重心从再就业培训转向劳动力技能晋升

广州就业培训帮扶的重点群体是高校毕业生、农业劳动力、失业人员等就业困难人员，包括下岗工人的再就业培训、创业培训建设等。近几年为了解决人力资源市场的技能结构矛盾，就业培训重心转向提升劳动力的技能水平。一方面为加强高技能人才队伍建设，加大投入支持高校毕业生就业创业培训；另一方面为缓解普通技工紧缺趋势和提高劳动力质量，全覆盖实施劳动力技能晋升培训计划，两方面的就业培训都给予就业困难者一定的就业培训补贴，逐渐提高城乡劳动力的素质。

3. 覆盖面更广、更加便捷的就业服务平台

城乡统筹，广州市提出就业服务也要城乡一体化，建设了区、镇（街）、村（居）三级社保经办服务体系，扩大了广州市就业服务的覆盖面，使就业服务惠及更多的人。另外，"十二五"时期广州市的公共就业服务业务已经逐步下放到街（镇）平台，就业服务融合了窗口服务、网上服务、预约服务等多种方式，[①] 广州又努力实施"双到双零"和"就业服务进家到户，就业岗位进街到村"等就业援助工作[②]，大大缩减了就业服务距离，使就业服务更加多样化，求职者申请和享受就业服务更加的便捷。

4. 就业创业扶持覆盖外来务工人员

广州作为沿海发达城市，是外来务工人员集聚的大都市，虽然近年来穗务工的人员比重有下降趋势，但目前广州市的劳动力供给主体还是外来务工人员。面对外来务工人员广州给予最大的善意，对待来广州打拼的外来务工者，广州持续举行慰问和送温暖行动，如2015年天河区举办了"业来业好"帮扶异地务工人员服务，春节时举行了留穗过节异地务工人员慰问活动等。而对待有返乡创业愿望的外来务工者，广州遵循2016年3月公布的《广东省人民政府办公厅关于进一步支持异地务工人员等人员返乡创业的通知》，为其提供创业扶持和培训补贴，鼓励外来务工人员返乡创业，并作为两地经济联系的纽带，促进两地经济共同发展。

5. 完善孤残青年的就业安置工作

广东省青年就业保障的特色是对孤残青年的就业安置工作，拥有完善的孤残青年就业安置系统。广州市的社会福利院建立了专门的青年公寓供孤残青年居住，完善规章制度，规范管理，还专门设置了"生活指导员"的岗位进行专门管理，福利院对孤残青年进行心理辅导，志愿者对孤残青年进行

---

① 《广州市人力资源和社会保障事业发展第十三个五年规划》（讨论稿），2016年1月。
② 《增城区加强劳动就业工作》，2016年5月，http：//www.hrssgz.gov.cn/qxdt/zcs/201605/t20160503_245198.html。

一对一帮扶，教授专门的就业技能和对青年进行就业指导，促使孤残青年走向社会，实现就业。[①]

6. 人力资源服务市场创新设立十个扶持专项

广州人力资源服务机构数量与北京、上海差距不大，但行业产值差距很大，截至 2015 年北京和上海行业产值规模为 1400 亿元和 2000 亿元，而广州只有 415 亿元。所以 2016 年 11 月广州创新出台了《加快发展人力资源服务业的意见》，旨在到 2020 年将广州建设成华南地区和东南亚的人力资源服务和配置中心，使广州行业总值达到 800 亿元。其中设立了 10 个扶持专项，对人力资源服务机构的上市、品牌发展、创业贷款、办会展和引进出色人才等提供支持，扶持人力资源服务产业园区的建设、运营，鼓励引进人力资源服务行业著名企业和媒体机构，引进行业领军人才等，最高可补贴 500 万元，大力提高广州市人力资源服务产值。[②]

（二）广州就业服务面临的主要挑战

1. 经济新常态下就业结构矛盾凸显

经济新常态下，广州经济发展减缓，就业压力加大，产业转型，各种就业矛盾问题加剧。广州产业转型使市场供需不平衡的问题凸显：技能结构、年龄结构、学历结构、本地人和外地人的就业结构矛盾凸显；技能型人才供不应求，在岗职工大龄化，大学生就业难，外来务工者占劳动力市场主体。就业结构矛盾加剧且难以解决，对广州就业保障与服务工作带来了很大的挑战。

2. 就业服务政策宣传力度不足

广州市政府尽管出台了很多惠民的就业服务政策，但由于宣传渠道单一和宣传覆盖面狭窄，信息传递不通畅，真正享受到就业服务的居民还只占少部分，如广州国税局 2002 年陆续出台了对下岗工人和高校毕业生的税收优

---

① 温海红：《全球化背景下中国青年群体就业保障制度研究》，西安交通大学出版社，2012，第 138～139 页。
② 《广州市出台发展人力资源服务业意见设 10 个扶持专项最高补贴 500 万》，金羊网，2016 年 11 月，http://news.163.com/16/1117/22/C640N5F100014AEE.html。

惠政策，但由于宣传不到位，政策颁布一年后享受政策的大学生只有一人，[1] 说明就业保障、就业服务政策宣传效果较差，政策普及率低严重影响了就业政策的实行效果。

3. 人力资源市场灵活安全性有待提高

灵活安全这一概念最初由德国柏林的社会研究科学中心提出，"灵活"指松弛的就业保护，企业可通过市场、部门结构、技术和商业模式的变化来灵活调整自己的队伍；"安全"是指就职或求职人员的安全，包括政府对失业者的扶持。[2] 灵活安全性包含很多方面，与全国相比，广州市人力资源市场灵活性还有待提高。2014 年 12 月 10 日国家发布了《关于进一步加强流动人员人事档案管理服务工作的通知》，提出了对人力资源市场流动人员的人事信息加强管理，2016 年 5 月 25 日又出台了《人力资源和社会保障部办公厅关于简化优化流动人员人事档案管理服务的通知》，要求简化优化对市场流动人员的人事信息登记管理。

4. 就业服务统筹管理难度较大

广州是一个超过千万人口的大都市，随着城镇化进程加快，农村劳动力和外来务工人员都进入城市生活和就业，而目前广州的就业服务范围主要覆盖城市各社区，完善的就业保障体系也主要针对城镇居民，而包含农村人口和外来务工人员的就业服务还在不断建设，随着城乡统筹和公共服务均等化政策的落实，农村劳动力和外来务工的常住人口也会一起被纳入城镇就业服务的统一管理，加大就业信息登记和就业服务管理的难度。

五　广州就业服务的发展方向

1. 建立健全劳动者终身职业培训体系

建立健全劳动者终身职业培训体系是提高就业人员素质、能力，树立终身

---

① 吕钦：《广州市失业问题及其治理研究》，华南师范大学硕士学位论文，2004，第 40～41 页。
② 黄彬云、樊伟：《构建促进职业教育与技能需求匹配的灵活安全劳动力市场制度》，《劳动保障世界》2017 年第 5 期。

不断学习意识的重要手段。结合人力资源市场情况和科学理论知识，分析就业技能结构供需矛盾的成因、结构模式和具体供需矛盾情况，根据研究结果针对性地进行就业培训，完善就业培训体系，建立健全劳动者终身职业培训体系。一是人力资源市场响应国家供给侧改革政策，优化整合和利用就业培训资源，实现更高质量的劳动力供给。二是参考《2015年职业能力建设工作要点》，培养就业人员终身职业培训意识，树立终生学习培训的价值观。三是完善就业培训体系，根据劳动者多样化、差异化的需求，针对不同人群、不同阶段设计对应的就业培训规划，实施职业培训包工作，使培训更具有针对性和实用性。

2. 加大就业服务政策宣传

政策宣传是政策实施的重要一环，好的政策宣传能准确地传达政策意图，促进政策的推广实施。2015年12月广州发布了《国家人力资源和社会保障部办公厅关于进一步加强就业政策宣传的通知》，提到要加大就业政策的宣传力度，也表明了政策宣传的重要性。就业服务政策宣传，要注重宣传的普及覆盖面、宣传政策内容的准确性、宣传的影响力、推广的实际效益等，创新宣传方式，有效使用各种宣传渠道，可运用新媒体广泛传播宣传，采用传统的官方发布的方式通知宣传，举办就业政策培训班深入讲解政策内涵，举办活动或大赛实地宣传影响等等。

3. 提高人力资源市场灵活安全性

是否签订劳动合同是判断非正规就业的重要依据，在2015年"广州社会状况综合调查中"①，当被问及是否与工作单位或雇主签订书面劳动合同时，110个受访者表示未签订劳动合同，占比27.6%，近三成的非正规就业人员的存在表明广州非正规就业越来越普遍。人力资源市场灵活性，可通过鼓励灵活的就业形式，加强市场动态监测和就业服务区域合作提高。非正规就业有助于提供更多就业机会，缓解就业压力，但也要注意到人力资源市场的安全性——非正规就业人员的就业保障，优化流动人员就业的人事管理，

---

① "广州社会状况综合调查"是广州市社会科学院开展的一项全市范围内的大型抽样调查项目，于2016年1～5月实施完成入户抽样调查。调查采取的是等概率分层抽样的方式，调查样本覆盖广州市8个区的50个街镇、50个社区，每个社区设计样本量不少于20个，最后实际有效回收问卷为1001份。

完善法律法规，精准加强非正规就业人员的就业保障，更好地鼓励灵活就业，使人力资源市场更好地调配资源。

4. 广州信息化就业服务全面化

城乡一体化是就业服务的核心，由于基础建设、人力资源差异和管理困难等问题，城乡就业服务水平差异大。随着城市服务化发展，越来越多的外来人员来穗工作，其就业服务和管理还有待提高。就业服务全面化是城市的必然发展，把农村留守人员、外来务工人员、残疾人、城镇居民、农村转移劳动力等所有广州就业者统一管理，并提供统一就业服务。响应国家政策，广州应抓紧落实《人力资源和社会保障部办公厅关于加快推进公共就业服务信息化建设和应用工作的指导意见》（人社厅发〔2016〕159号），建设统一的就业服务信息化网络平台和网络管理。

5. 完善政府购买服务，发挥社会组织作用

我国公共就业服务长期以来以政府为主导，市场和社会参与不足。而政府在公共就业服务管理中经常出现效率低下和信息交流不足等问题，市场又因其逐利性特点而导致其无法兼顾所有的公共就业服务。因此，提高就业服务的水平，应考虑提高社会参与公共就业服务的水平。社会组织是介于政府和市场之间的第三方力量，它具有运作灵活、贴近人民群众，因而能够更好地了解人民群众的需求的优势。广州应完善政府购买服务工作，让社会组织通过承接政府委托的公共就业服务或参与政府采购，加入政府公共就业服务体系，形成与政府助力互补、合作互动、共同发展的关系，以便满足社会对公共就业服务多样化、大量化和精细化的需求。

B.8
广州就业政策的评估与展望

田向东　尹志恒*

摘　要：　本文从广州就业现状和就业政策的主要内容出发，在总结
失业保险、就业服务体系、职业技能培训、高校毕业生就
业促进和创业带动就业五个方面近年来所取得的成效基础
上，对失业保险功能、就业保障理念、就业服务供求和质
量、政府角色等方面进行了反思。文章最后从就业促进政
策制度化、发挥失业保险功能、健全就业服务体系和职业
技能培训制度及促进高校毕业生就业等角度提出了相应的
建议。

关键词：　就业保障　就业促进　就业政策　广州

一　国内就业现状介绍

（一）我国就业现状分析

我国就业总量呈稳步上升趋势，总体就业状况比较稳定。全国就业总人
数从 2010 年的 76105 万上升至 2015 年的 77451 万，从图 1 可以看出，其中
城镇就业人员从 2006 年的 29630 万稳步增长至 2015 年的 40410 万，就业人

---

* 田向东，广东金融学院公共管理学院副教授，研究方向为社会保障、社会网与职业流动；尹
志恒，广东金融学院公共管理学院 2013 级劳动关系专业大四学生。

员持续增加。随着服务行业的发展和城镇化的推进,城镇吸纳就业的能力进一步提高,劳动力转移数量增加,农村就业人口逐渐下降。从 2006 年到 2015 年,农村就业人员比重从 60% 下降到 48%,城镇就业人员比重则从 40% 上升至 52%。就业人口规模的扩大,很大程度反映了 2008 年以来国家在增加就业投入、开发就业岗位、加强就业服务和职业培训等积极就业政策的贯彻实施上取得了较好的成效。但也应该看到,人口众多、丰富的劳动力资源使就业问题依然突出。

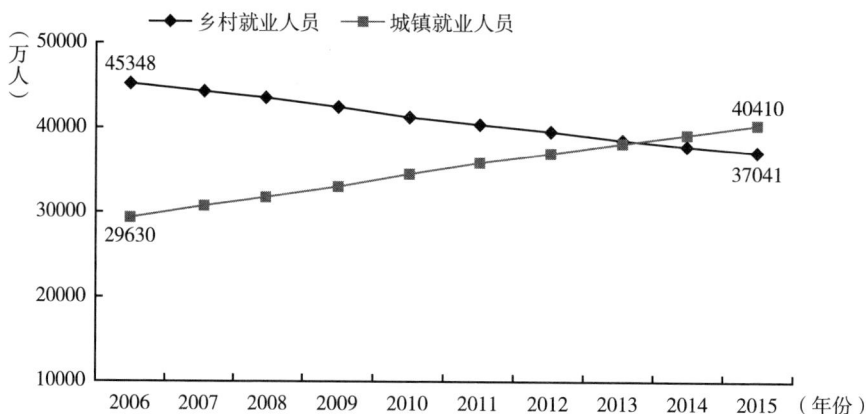

图 1 2006~2015 年全国城镇和农村就业人数

资料来源:国家数据网,http://data. stats. gov. cn/easyquery. htm? cn = C01。

从失业情况来看,随着社会经济结构的转型,越来越多的农村富余劳动力向城市转移,城镇失业人口也逐渐增加,失业问题日益突出。全国城镇登记失业率从 2008 年金融危机时期的 4.2% 上升到 2009 年的 4.3%,2010~2015 年维持在 4.1%,均超过 4% 的自然失业率警戒线,这些数字中还不包括城镇未登记失业人员、农村失业人员以及隐性失业人员(见图 2)。随着全球经济增速放缓,中国 GDP 增速已从 2010 年的 10.6% 放缓到近年来的 7%,2016 年降到 6.68%,进入经济新常态的时期,靠劳动密集型、低端产业拉动就业的方式不再适应当前环境,对劳动力的要求越发提高,使在劳动力总量矛盾突出的情况下，结构性矛盾越来越突出，就业问题也随着这两个劳动力供求矛盾变得严峻。

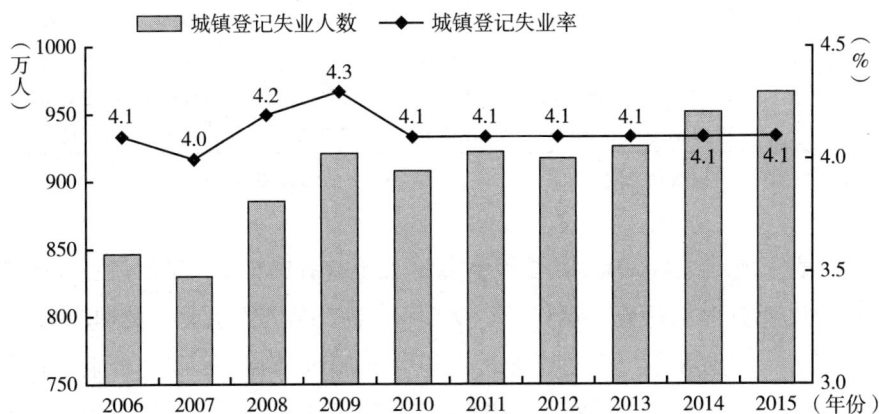

图2　2006～2015年全国城镇登记失业情况

资料来源：http：//data. stats. gov. cn/easyquery. htm? cn＝C01。

（二）广州就业现状分析

通过第六次人口普查数据看出，全市常住人口为1270万，从年龄结构来看，15～64岁人口为1040万，占到81.91%。从受教育程度来看，具有大学（指大专以上）学历的人口为244万，占常住人口比例为19.23%；具有高中（含中专）学历的人口为291万，占常住人口比例为22.92%①。从普查数据可以发现，广州市总体上劳动力资源丰富，且绝大多数正处于劳动年龄，但人力资源质量仍有较大提升空间。广州市经济在全国排名一直比较靠前，早期劳动密集型产业对劳动力的吸收有着重要作用，全市各行各业都提供着大量的岗位，2016年第4季度就业登记在场人数为775.28万，同比增加5.55%。截至2015年，广州市劳动力在三次产业中的分布如表1所示。

① 中国统计信息网，http：//www. tjcn. org/rkpcgb/rkpcgb/201112/22590. html。

表1　2010~2015年三次产业提供就业情况

单位：人

年份	2010	2011	2012	2013	2014	2015
第一产业	784817	629012	647755	646758	627996	628668
第二产业	3129030	2829341	2817179	2631214	2842800	2869003
第三产业	3977214	3973402	4048063	4321323	4377562	4612210
总计	7891061	7431755	7512997	7599295	7848358	8109881

资料来源：广州统计信息网，http://data.gzstats.gov.cn/gzStat1/chaxun/njsj.jsp。

如表1所示，从2011年到2015年这五年的数据看出，第三产业在吸纳劳动力就业方面保持着关键作用。从2015年三次产业从业人员构成来看，广州市第一产业从业人员约62.8万，基本与2014年持平；第二产业从业人员约286.9万，比上年末增长0.92%；第三产业从业人员约461.2万，比上年增长5.3%。改革开放以来，广州市的第三产业从业人员比重从24.2%上升到2015年的56.8%，提供的就业岗位是过去的两倍有余。2016年第4季度广州市第一、第二、第三产业的需求①之比为0.17∶33.40∶66.43，第二、第三产业对劳动力需求量分别为12.99万和25.84万，同比分别上升了12.94个百分点和12.36个百分点。② 第三产业从业人员数量已经超过第一、第二产业的总和，并且差距在逐年增大，虽然第三产业吸收劳动力的潜力依然巨大，但是近年来随着产业升级，对劳动力素质要求越来越高，第三产业实际吸收能力相对大量农村劳动力的涌入来说较为有限，农村劳动力转移压力渐渐加大。

自2012年以来的五年，广州市累计新增城镇就业146万③，从2014年起城镇新增就业人数保持增长（见图3）；自2010年起城镇登记失业人员总

---

① 根据《转发部就业促进司关于调整人力资源市场职业供求状况季度分析上报时间的通知》（粤就局〔2011〕20号）要求，数据采集时段为："上季度最后一个月的21日起至本季度最后一个月20日。"2016年第四季度数据采集时段为2016年9月21日至2016年12月20日。

② 资料来源：《2016年第四季度广州市人力资源市场供求状况分析报告》。

③ 资料来源：《政 府 工 作 报 告》，http://zwgk.gd.cn/007482532/201701/t20170118_690427.html。

体呈下降趋势（见图4），截至2016年减少7.05万人①。总体上广州市就业形势比较稳定，但劳动力市场供求的矛盾依然是就业问题的主要根源，由此衍生的许多就业问题仍需要政府通过继续探索和健全就业政策来解决，更好地保障民生。

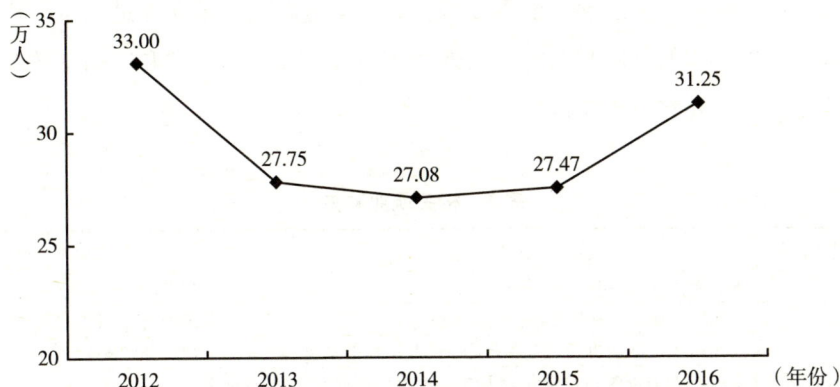

图3　2012～2016年广州市城镇新增就业人数

资料来源：《广州市国民经济和社会发展统计公报》，广州统计信息网，http：//www. gzstats. gov. cn/tjgb/qstjgb/；《2016年广州市十件民生实事全部完成》http：//news. xinhuanet. com/2017－01/04/c_ 1120243367. htm。

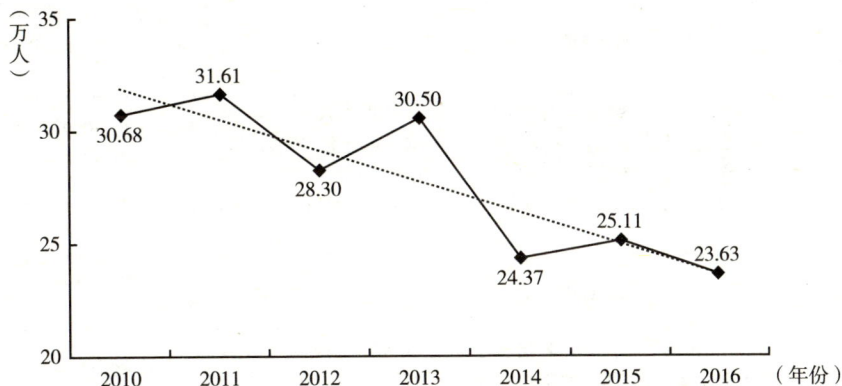

图4　2010～2016年广州市城镇登记失业人数

资料来源：《广州市国民经济和社会发展统计公报》，广州统计信息网，http：//www. gzstats. gov. cn/tjgb/qstjgb/。

---

① 资料来源：广州市劳动就业服务管理中心提供的资料。

二　广州市就业政策实施回顾

随着改革的进一步深化，国家在多个工作报告和会议上都强调，要突出扩大就业在经济社会发展中的重要地位，要实施积极的就业促进政策。广州市就业促进工作的开展与取得的成效，离不开国家、广东省和广州市政府的政策支持。主要有以下文件。

表 2　相关就业政策

主要内容	文件标题	文号
就业促进	《国务院关于做好促进就业工作的通知》	国发〔2008〕5 号
	《广东省实施〈中华人民共和国就业促进法〉办法》	2010 年 1 月 1 日施行
	《广州市人民政府办公厅〈关于促进就业工作的意见〉》	穗府办〔2009〕50 号
	《广州市人力资源和社会保障局关于印发〈广州市就业困难人员就业援助实施办法〉的通知》	穗人社发〔2014〕4 号
	《广州市人力资源和社会保障局　广州市财政局关于印发〈广州市促进困难群体就业补贴办法〉的通知》	穗人社发〔2013〕29 号
失业保险	《劳动和社会保障部　财政部关于〈适当扩大失业保险基金支出范围试点有关问题〉的通知》	劳社部发〔2006〕5 号
	《广东省失业保险条例》	广东省第十二届人民代表大会常务委员会公告第 6 号
	《广东省人力资源社会保障厅　广东省财政厅关于印发〈广东省进一步扩大失业保险基金支出范围试点方案〉的通知》	粤人社发〔2009〕77 号
	《广州市人力资源和社会保障局　广州市财政局　广州市地方税务局关于转发〈扩大失业保险基金支出范围试点有关问题〉的通知》	穗人社函〔2013〕1079 号
就业服务	《就业服务与就业管理规定》	劳动和社会保障部令第 28 号
	《广州市劳动和社会保障局关于印发〈广州市完善公共就业服务功能工作方案〉的通知》	穗劳社函〔2007〕779 号
	《人力资源和社会保障部关于修订〈就业服务与就业管理规定〉的决定》	人力资源和社会保障部令第 23 号
职业技能培训	《广东省人力资源和社会保障厅关于〈进一步明确农村劳动力培训转移就业有关问题〉的通知》	粤人社函〔2015〕1006 号
	《广州市人力资源和社会保障局关于印发〈关于加强职业技能培训质量管理工作的指导意见〉的通知》	穗人社函〔2010〕2223 号

主要内容	文件标题	文号
高校毕业生就业促进	《国务院办公厅关于〈加强普通高等学校毕业生就业工作〉的通知》	国办发〔2009〕3 号
	《广东省人民政府办公厅关于〈促进普通高等学校毕业生就业工作〉的通知》	粤府办〔2009〕34 号
	《广州市人民政府办公厅关于〈进一步促进高校毕业生就业工作〉的通知》	穗府办〔2009〕40 号
	广州市人力资源和社会保障局 广州市财政局关于〈进一步落实高校毕业生就业创业补贴政策〉的通知》	穗人社发〔2014〕29 号
	《广东省人力资源和社会保障厅关于〈实施广东省大学生创业引领计划(2014～2017 年)〉的通知》	粤人社发〔2014〕182 号
	《广州市人力资源和社会保障局 广州市财政局关于印发〈广州市高校毕业生就业见习基地管理办法〉的通知》	穗人社发〔2015〕27 号
创业带动就业	《广东省人民政府办公厅关于〈鼓励创业带动就业工作〉的意见》	粤府办〔2009〕9 号
	《广州市人力资源和社会保障局 广州市财政局关于印发〈广州市创业带动就业补贴办法〉的通知》	穗人社发〔2015〕57 号
	《广州市人力资源和社会保障局关于印发〈广州市创业带动就业(孵化)基地认定管理办法〉的通知》	穗人社发〔2013〕33 号
	《广州市人力资源和社会保障局 广州市财政局关于印发〈广州市创业(孵化)基地场租补贴办法〉的通知》	穗人社发〔2013〕77 号
	《国务院关于〈进一步做好新形势下就业创业工作〉的意见》	国发〔2015〕23 号
	《广东省人民政府关于〈进一步促进创业带动就业〉的意见》	粤府〔2015〕28 号

资料来源:广州市人力资源和社会保障局,http://www.hrssgz.gov.cn/zcfg/index.html;广州市劳动就业服务管理中心,http://gzjy.gzlm.net/fagui;广东省人社厅,http://www.gdhrss.gov.cn/publicfiles/business/htmlfiles/gdhrss/index.html;中华人民共和国人力资源和社会保障部,http://www.mohrss.gov.cn/SYrlzyhshbzb/jiuye。

1998 年以来,我国就业矛盾日渐突出,主要表现为农村剩余劳动力与国有企业下岗职工并存,党的十六大报告更是把就业提到了"国家战略"的高度,党中央国务院为此制定了一系列政策。主要表现为消除体制下就业障碍,为充分就业提供广阔空间;高度关注失业弱势群体,不断加大扶持力度两个方面。特别是 2007 年《中华人民共和国就业促进法》通过并发布,实现促进就业政策法制化,明确政府在政策支持、公平就业、就业服务和管理、职业教育和培训、就业援助五个方面着力，促进失业保险、社会救助与促进就业工作的有机结合，形成促进就业的激励约束机制。2008年国务院发布《关于做好促进就业工作的通知》，明确以完善失业保险制度为基础，具体通过建立公共就业服务体系、职业技能培训、促进高校毕业生就业和创业带动就业等措施来实现促进就业的目标。围绕中央政府所定政策的变化，广东省、广州市结合实际情况，也制定了上述6个方面的实施细则，其主要涉及下列五个方面的政策。

（一）失业保险制度

自1994年《广州市职工失业保险规定》颁布以来，以及1999年《社会保险费征缴暂行条例》的实施、2002年《广东省失业保险条例》（以下简称《条例》）通过，广州市失业保险制度体系逐步完善。2010年，《关于贯彻实施〈广东省失业保险条例〉有关问题的意见》提出失业保险金的负责发放机构、外地户籍人员可选择享受待遇的地点以及参加医疗保险的规定；在2013年《条例》修订后，最显著的变化是农民工与城镇职工待遇差距的进一步缩小，农民工的失业保险待遇大幅提高，实现农民工与城镇职工的缴费标准一致，享受同等待遇。

1. 失业保险覆盖面扩大

在《条例》、《劳动法》和《劳动合同法》的法律支持下，以及随着失业保险制度执行力度的加大，覆盖面越来越广，从2010年到2016年，失业保险的参保人数和享受失业保险金的人数都呈上升趋势，覆盖面比20年前的103.29万人扩大近4倍（见图5）；另外，截至2016年受益人数比2010年扩大5倍有余，与城镇登记失业人数近年来整体下降的趋势形成的"剪刀差"越来越小，进一步说明受益率[1]的扩大（见图6）。[2]

2. 失业保险待遇提高

从2010~2016年的数据来看，广州市失业保险金标准随着企业职工最

---

[1] 计算公式：受益率（a）=（享受失业保险人数/城镇登记失业人数）×100%。受益率（b）=（享受失业保险人数/失业保险参保人数）×100%。

[2] 陈心颖：《福建省失业保险制度状况评价》，《华东经济管理》2011年第8期，第49~52页。

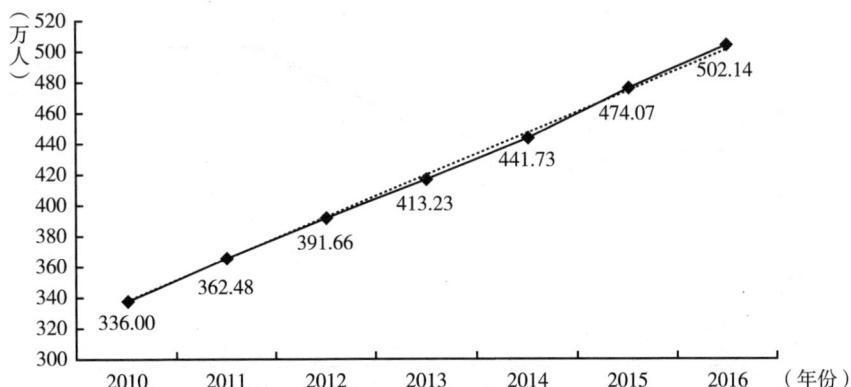

图5 2010~2016年广州市失业保险参保人数

资料来源：《广州市国民经济和社会发展统计公报》，广州统计信息网，http：//www. gzstats. gov. cn/tjgb/qstjgb/。

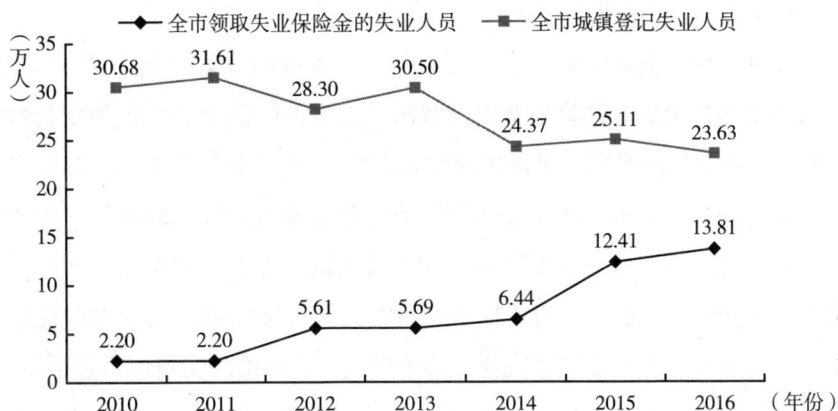

图6 2010~2016年广州市享受失业保险金的失业人员

资料来源：《广州市国民经济和社会发展统计公报》，广州统计信息网，http：//www. gzstats. gov. cn/tjgb/qstjgb/。

低工资标准的提高也经过数次提高，从2010年人均每月880元增加到2016年人均每月1516元（见图7），此外，医疗补助标准也从2010年人均110元提高到2011年的人均130元。失业保险待遇水平的调整，一方面保证失业保险金与工资收入联系起来；另一方面使失业保险金的发放适应广州市的经济和就业现状，保证失业保险制度能够针对实际情况发挥作用。

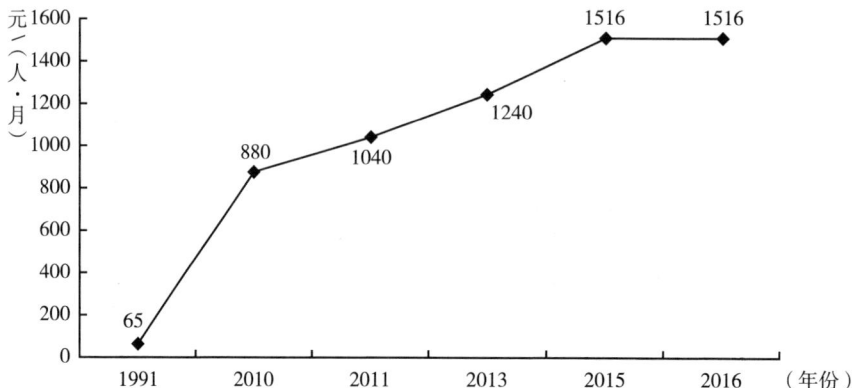

图7 广州市失业保险金调整情况

资料来源：2010~2016年《广州市关于调整本市失业保险金标准的通知》。

3. 失业保险基金支出范围扩大

失业保险促进就业的支出项目原来仅有职业介绍和职业培训两项，2006年《关于适当扩大失业保险基金支出范围试点有关问题的通知》规定新增了岗位补贴、社会保险补贴、小额担保贷款贴息三项，另外2013年又新增了小额贷款担保基金支出项目来配合创业带动就业政策的实施；2009年《关于印发〈广东省进一步扩大失业保险基金支出范围试点方案〉的通知》明确了在确保失业保险待遇足额发放的前提下，从结余资金中安排"失业保险促进就业资金"用于预防失业、促进就业，给予就业促进政策的实施更多资金支持，更充分地发挥失业保险促进就业的功能。不仅保证了城镇登记失业人员就业率维持在71%以上，其中2016年广州市城镇登记失业人员就业率为71.18%（见图8），也使近年来安置城镇登记失业人数和农村劳动力的转移量总体呈减少趋势，其中2016年帮扶16.82万城镇登记失业人员实现再就业（见图9）。

（二）就业服务体系

2007年发布，2015年修订的《就业服务与就业管理规定》（以下简称《规定》）从制度层面规范广州市公共就业服务机构和职业中介机构的运作，并明确了就业服务的主要提供项目。就业服务主要是通过提供信息、就业援

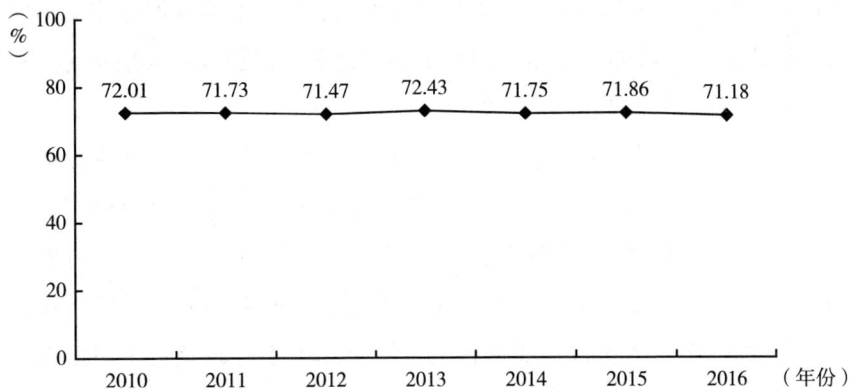

图8　2010～2016年广州市城镇登记失业人员就业率

资料来源：《广州市国民经济和社会发展统计公报》（2010～2016年），广州统计信息网，http：//www. gzstats. gov. cn/tjgb/qstjgb/。

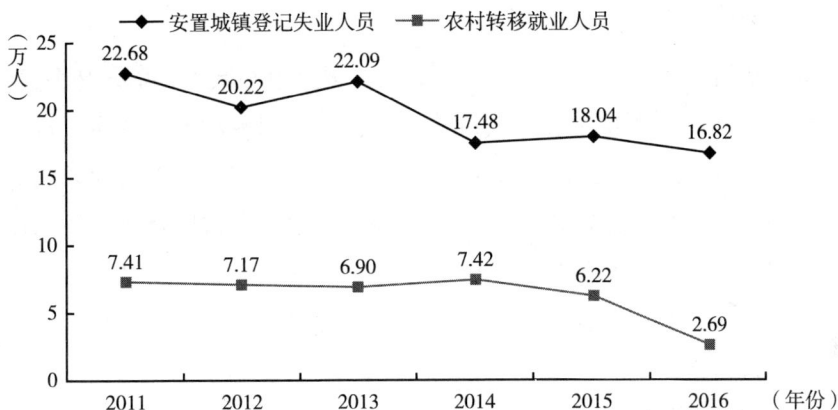

图9　2011～2016年广州市城镇失业人员安置人数和农村转移就业人数

资料来源：《广州市国民经济和社会发展统计公报》，广州统计信息网，http：//www. gzstats. gov. cn/tjgb/qstjgb/；《2016年广州市十件民生实事全部完成》，http：//news. xinhuanet. com/2017－01/04/c_ 1120243367. htm。

助和开展职业培训，为求职者和企业牵线搭桥，从而减少劳动力市场信息不对称、劳动力供给不平衡。

1. 公共就业服务

公共就业服务作为就业服务体系的主要组成部分，是由劳动行政部门等公共机构根据政府制定的计划覆盖城乡的就业服务，其具体服务主要有就业咨询、求职服务、收集与发布劳动力市场信息等咨询服务和资格鉴定、技能培训等职业技术培训服务。

2007 年广州市劳动和社会保障局公布《广州市完善公共就业服务功能工作方案》，规定广州市劳动力市场服务中心成为职业介绍示范性单位，自 2002 年开业到 2016 年，共向社会发布了 324 万条岗位信息，成功举办了 2000 多场大型招聘会，为超过 17 万家企业提供了招聘服务，求职者接受就业服务共 435.67 万人次，建成远程见工网点 104 个；此外，作为培训与创业服务示范性公共就业服务机构——广州市职业技能培训指导中心，多年来指导全市 104 所定点培训机构开展技能培训服务，2016 年资助劳动力技能晋升培训 7.45 万人[1]。并且通过落实大学生创业引领计划，每年覆盖人数均超 3 万人次[2]。

2. 就业援助

为贯彻落实广州市委市政府"全面建设国家中心城市、率先转型升级、建设幸福广州"新型城市化发展战略，实施更加积极的就业政策，进一步加大对本市就业困难人员的就业援助力度，促进帮扶重点群体实现就业，广州市人力资源和社会保障局制订了《广州市就业困难人员就业援助实施办法》。2016 年，在开展的"就业援助月"专项活动中，共举办了 324 场"零距离"就业招聘会，帮扶 10.97 万名就业困难人员就业，促进 16.82 万名失业人员实现再就业。

3. 职业中介服务

1999 年《广州市人才市场管理条例》对设立职业中介机构做了明确规定，进一步规制和加强劳动保障部门管理，由于竞争和市场的选择而努力提高服务质量的职业介绍和人才中介机构不断发展壮大。从广州人才市场中介服务

---

① 《2016 年广州市国民经济和社会发展统计公报》，广州统计信息网，http://www.gzstats.gov.cn/tjgb/qstjgb/，2016。

② 广州市人力资源市场服务中心，https://www.gzlm.net/menu.php/menu_doAction_about.html，2016。

行业协会建立伊始的 83 家[①]，发展到 2016 年经人力资源和社会保障部门批准的 942 家（见图 10）。2016 年广州市约 433 家人力资源服务机构设立了 366 个固定招聘场所，举办招聘会 5787 场次，招聘会提供岗位数 118.3 万个，参会求职人员 123.5 万人次，现场招聘会岗位空缺和求职人数之比为 1∶1.04。[②]

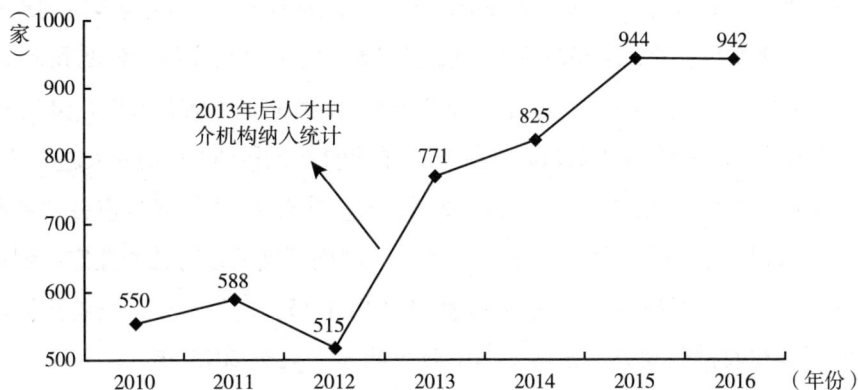

图 10　2010～2016 年广州市经人社部批准的人力资源服务机构数量

资料来源：《广州市国民经济和社会发展统计公报》，广州统计信息网，http://www.gzstats.gov.cn/tjgb/qstjgb/。

另外，线上市场蓬勃发展。2016 年，广州市人力资源服务机构建立了人力资源服务网站 163 个。433 家人力资源服务机构通过招聘网站发布岗位信息 105.1 万条，发布求职信息 42.4 万条。体现了广州市职业中介服务的市场需求逐渐增大。同时以提供营利性服务为主，接受补贴提供公益性服务为辅的理念，也体现了职业中介提供的专业性和针对性服务是对公共就业服务的重要补充。[③]

（三）职业技能培训

职业技能培训是失业保险制度发挥促进就业功能的关键，是帮助失业人员

①　广州人才市场中介服务行业协会，http://www.hrssgz.gov.cn/gzpigov/rcscgl/rczjjj.htm。

②　广州市人力资源市场服务中心提供的资料。

③　广州市人力资源市场服务中心提供的资料。

重新进入劳动力市场和就业人员适应灵活劳动力市场的重要措施，对促进就业有着重要的意义。2010 年广东省人社厅发布的《关于进一步明确农村劳动力培训转移就业有关问题的通知》，规定了给予农村劳动力补贴的范围和标准，并且明确定点培训机构和职业技能鉴定的管理条例，提高农村劳动力转移的效率。广州市政府于 2010 年公布《职业技能培训券管理暂行办法》，结合本市的现实状况，就培训券发放、组织培训和监督管理等八方面进行详细的说明和要求。对比过去培训一般面向的对象是下岗或转岗职工，培训券政策首次把在岗职工、农村劳动力等纳入培训对象范围，是广州市在职业技能培训方面的一大进步。

2011～2014 年累计发放培训券 33 万张①，共有 28.4 万名本市劳动者参加持券培训，培训项目涵盖七十余个工种；同期开展的还有技能鉴定和创业培训考核管理，2012～2014 年全市鉴定量共计 15.21 万人次。职业技能培训的开展在农村劳动力的转移工作中效果明显，截至 2015 年，广州市培训农村劳动力 29.96 万（见图 11）。

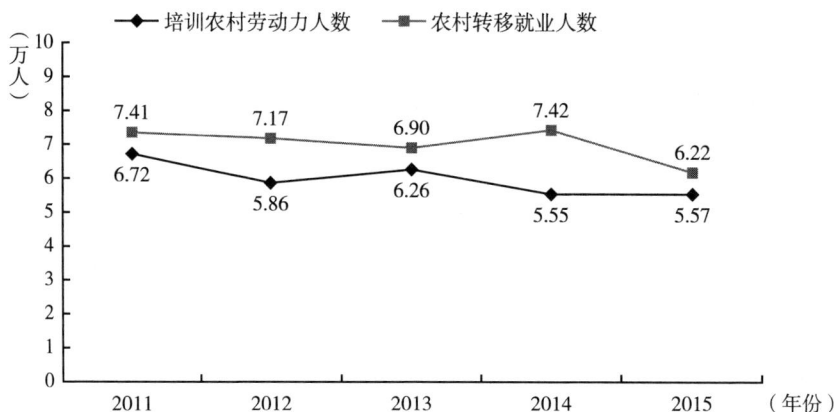

图 11　2011～2015 年广州市培训农村劳动力和农村转移就业人数

资料来源：《广州市国民经济和社会发展统计公报》，广州统计信息网，http://www.gzstats.gov.cn/tjgb/qstjgb/。

———————

① 2011～2014 年《广州市人力资源和社会保障局年度部门决算》。

（四）高校毕业生就业促进

高校毕业生是补充社会劳动力的新鲜血液，通过高等教育掌握专业的实操技术和理论知识，但作为社会劳动力供给的重要力量，高校毕业生却面临着巨大的就业压力，针对近几年"就业季"没有最难只有更难的现象，国家、广东省和广州市为大学毕业生提供大量的就业政策支持。2004～2016年，国家、省和市共发布了多达39项相关就业政策，其中广州市针对高校毕业生就业促进发布的就有15条，可见解决高校毕业生就业问题的任务之重和工作力度之大，从广州市自2012年完成本地生源就业率保持90%以上的民生目标也可见一斑（见图12）。

图12　2012～2016年广州市生源高校毕业生就业率

资料来源：《广州市人力资源和社会保障局年度部门决算》（2012～2016年）。

2009年制定的《促进就业创业地方税（费）优惠政策指引》（穗地税发〔2009〕135号）、2014年发布的《关于进一步落实高校毕业生就业创业补贴政策的通知》（穗人社发〔2014〕29号）、2015年发布的《关于对我市为高校毕业生就业提供公共服务的机构给予专项补贴的通知》（穗人社发〔2015〕54号）等政策，通过对公共就业服务机构赴外省举办招聘会、人事档案保管、为高校毕业生提供就业创业服务等进行补贴，从过去接收毕业生这种直接提供工作的方式逐步转变为协助毕业生实现自主就业的方式促进大学毕业生就业。在鼓励大学生创业解决自身就业问题之余，广州市还通过创业带动就业创造更多就业岗位来促进就业，其中2015年在成功扶持创业的2.7万人中就有3000名大学毕业生；另外，截至2015年，广州市已认定269家大学毕业生就业见习基地，于同年公布的《广州市高校毕业生就业见习基地管理办法》（穗人社发〔2015〕27号）明确见习单位在见习期间为实习大学生提供不低于本市最低工资标准80%的生活补贴，当前见习补贴标准达到1516元/（人·月），从2009年算起至2015年，累计发放就业见习补贴5300万元，对就业促进有所帮助。

（五）创业带动就业

2008年，国家发布《关于推动建立以创业带动就业的创业型城市的通知》后，各级政府将鼓励和帮扶创业作为常态化工作开展，甚至将其列入当地政绩考核的标准，广州市政府近年来对小额担保贷款的年均财政投入超过5000万元，其中2012年和2013年两年累计发放总额是前八年发放总额的1.63倍。2009年，广东省政府发布《关于鼓励创业带动就业工作的意见》，强调大力推进创业带动就业的意义、指导思想和目标，并且明确高校毕业生、农民工、留学人员、失业人员、军转干部五大受惠主体以及放宽限制、资金支持和创业服务等指导性意见，为广州市落实创业带动就业政策指明了方向。

从2013年到2016年广州市人社局和财政局陆续出台一系列关于创业孵化基地建设、失业人员创业扶持补贴和创业培训的促进创业政策，此外《广州市创业带动就业补贴办法》设置自主创业补贴、一次性创业带动就业扶持补贴、创业企业招用工补贴等多种经济支持，助创业者一臂之力，使其实现创业梦。在经济增速放缓的背景下，创业除了激发广州市的经济活力外，在解决就业问题上也有突出成效，近年来带动就业人数增长4~6倍，同时创业孵化基地的建设也为在广州市创业搭建了重要平台。

广州市仅 2016 年就建设了 253 个创业基地[①]，全市各级公共就业服务机构共扶持 3.2 万人创业，创业带动就业 13.43 万人，分别完成全年目标任务的 128% 和 134.3%（见图 13、图 14）。新建设市级创业（孵化）基地 30 个，入驻创业人员 1396 人，创业带动就业 1.67 万人[②]。

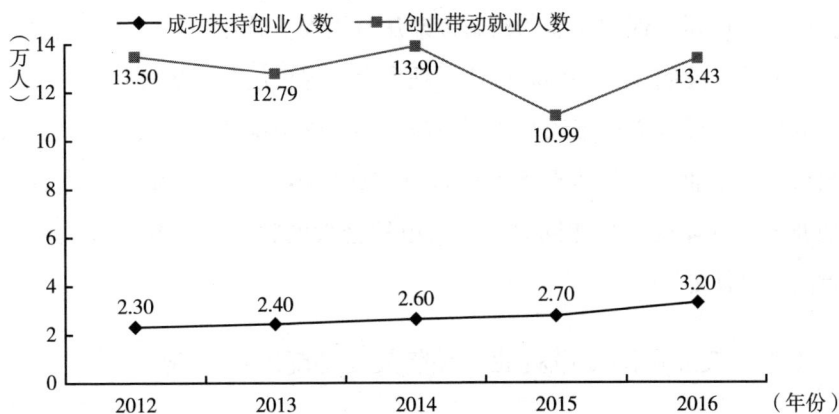

图 13　2012～2016 年广州市成功扶持创业和创业带动就业人数

资料来源：2012～2016 年《广州市人力资源和社会保障局年度部门决算》。

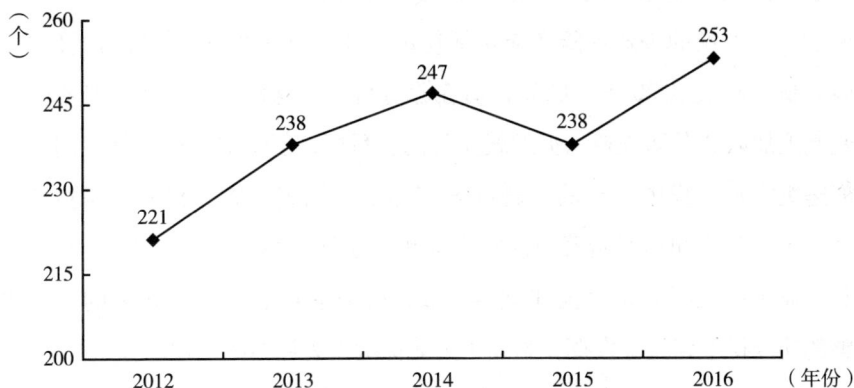

图 14　2012～2016 年广州市创业孵化基地数量

资料来源：2012～2016 年《广州市人力资源和社会保障局年度部门决算》。

---

① 资料来源：广州市人力资源市场服务中心提供的资料。
② 资料来源：广州市劳动就业服务管理中心提供的资料。

三 广州市就业政策面临的问题和挑战

在经济结构转型、市场起决定性作用以及职能型政府向服务型政府转型等背景下，广州市促进就业的措施逐渐从直接提供就业岗位、人才引进等扩展为以失业保险制度为基础和就业专项资金为保证的就业服务体系、促进高校毕业生就业以及创业带动就业等适应广州具体情况的就业政策体系，这是广州市实施就业政策的重要实践，也是广州市落实《关于做好促进就业工作的通知》的体现。与此同时，广州市社会救助制度也面临着较大的问题和挑战，具体如下。

（一）失业保险促进就业、预防失业功能发挥不充分

在劳动力总量矛盾和结构性矛盾并存背景下，随着经济转型升级的步伐日益加快、改革力度的日益加大，就业问题依然是关系社会稳定和发展的民生大事。因此，保障失业人员基本生活的基础功能已经不足以应对当下的就业问题，全方位的失业保障还应包括稳定就业和预防失业。[①] 虽然《广东省保险条例》已经在2013年的修订后在原有目标"保障失业人员的基本生活"的基础上加入"预防失业，促进就业"的新目标，但是对目标具体实施方案，如何解决实施过程中存在的问题都没有详细的规定，缺少相关的实践经验。比如，2011年广州市开始着手建立失业预警系统，然而现阶段的失业动态检测和失业预警机制尚未完全建立，导致预防失业仍然停留在政策的条文中。完整的功能得不到充分发挥，影响了失业保险作为社会减震器的作用。

失业保险基金的使用信息不够公开和缺少有效的绩效评估机制。广州市失业保险的资金规模逐渐扩大，但是对失业保险的收支、结余却没有专门的统计和公开，甚至在每年的《广州市国民经济和社会发展统计公报》中也

---

① 赵蔚：《失业保险预防失业和促进就业功能问题研究》，山西财经大学硕士学位论文，2015。

没有体现。另外，从 2002 年到 2016 年，广州市失业保险基金支出项目已由最初的 2 项扩充到 6 项，并且有些项目已经开展多年，然而对支出项目的运行情况鲜有公布，而且针对就业措施促进就业的效果没有建立评估机制，不仅不利于社会监督，还会造成后续就业政策的改进和完善缺少现实依据，从而制约失业保险在促进就业上的探索。

灵活就业人员失业保险缺位。随着教育和技术快速发展，产业的优化升级和科技化、信息化进程的加快，灵活就业者在就业队伍中的比重也在逐年上升，但是目前广州市还未将灵活就业人员纳入失业保险体系，阻碍失业保险扩大覆盖面，还导致就业困难人群不认可"灵活就业"形式而对灵活就业产生抵触情绪，① 不利于就业困难人员就业渠道的拓宽和方式的丰富。

（二）就业服务的职业介绍质量有待提高

笔者通过筛选 2014 年中国劳动力动态调查的数据②，筛选出 416 位广州市的受访者并针对就业服务的相关题目进行分析以得出受访者对就业服务的使用和作用的评价。由于数据是 2014 年的，会与现状有时效偏差，但是考虑到样本的权威性及代表性，以及本部分是总结就业服务过去的成效，所以数据总体能反映就业服务存在的问题。

从图 15 可以看出，在被访者获取就业信息的七种主要渠道中，接近一半的劳动者是靠亲友介绍，比例为 47.4%；其次是通过报纸、电视台及互联网等媒体，比例为 36.5%；第三位的是就业广告和招工单位发的招工启事，比例为 16.7%；包括学校及政府部门在内的公共就业机构仅为 10.4%，

① 卜尚萩：《广州市大龄失业人员的就业援助政策研究》，华南理工大学硕士学位论文，2014。
② 该项目由中山大学社会科学调查中心举办，聚焦于中国劳动力的现状与变迁，内容涵盖教育、工作、迁移、健康、社会参与、经济活动、基层组织等众多研究议题，是一项跨学科的大型追踪调查。为保证样本的全国代表性，CLDS 的样本覆盖了中国 29 个省份（除港澳台、西藏、海南外），调查对象为样本家庭户中的全部劳动力（年龄 15～64 岁的家庭成员）。在抽样方法上，采用多阶段、多层次与劳动力规模成比例的概率抽样方法（multistage cluster, stratified, PPS sampling）。

由于毕业生是初次就业的主要群体，扣除通过学校、街道求职的 6.8% 后，依赖政府劳动部门的仅有 3.6%。

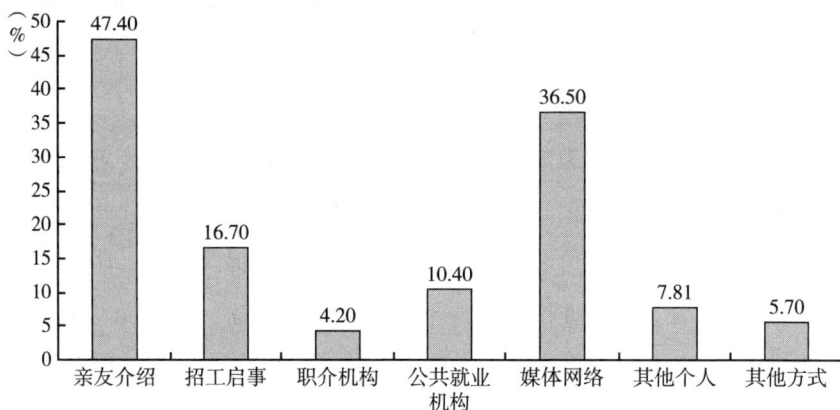

图 15 广州市被访者求职过程中的就业信息获取渠道

资料来源：中国劳动力动态调查（CLDS）2014 年数据。

被访者认为对他们就业最有作用的信息渠道是亲友介绍，比例为 44.6%；其次是通过报纸、电视台及互联网等媒体，比例为 28%；最低的是职业介绍机构，仅仅为 3.1%（见图 16）。

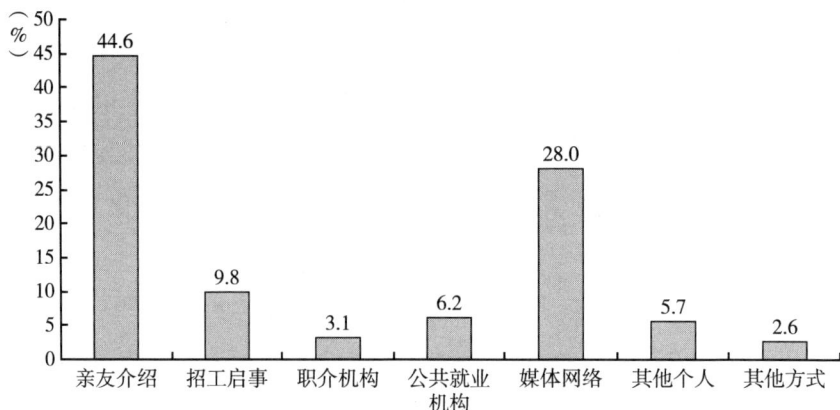

图 16 被访者认为求职过程中最有用的就业信息渠道

资料来源：中国劳动力动态调查（CLDS）2014 年数据。

从结果可见公共就业服务机构不是被调查者获取求职信息的主要渠道，其提供的就业信息服务对求职者就业的指导作用不大，特别是对于非初次就业的被调查者而言更是如此；职业介绍机构提供的信息服务对就业的促进作用得不到充分发挥，难以体现其专业性和补充的角色。以就业咨询、求职服务、收集和发布劳动力市场信息等为主导业务的职业介绍机构、公共就业服务机构却不是求职者获取信息的主要渠道，其即使提供了就业信息，对求职者的作用也不大。笔者认为求职者不选择就业服务机构是因为其得不到求职者的信任，并且其所发布的信息对求职作用不大，导致求职者对信息的内容和质量不满意，从而影响就业服务体系促进就业的作用，制约就业服务产业化的发展和公共就业服务的完善，最终影响健全就业服务体系的形成。

（三）职业技能培训覆盖率及效果不佳

CLDS 2014 年的调查数据显示，过去 2 年，被访者很少参加专业技术培训，只有 21.9% 的人表示参加过至少 5 天的培训，而大多数则没有。

表 3　被访者参加专业技术培训情况

单位：人，%

有无参加过至少 5 天的专业技术培训	频数	有效百分比
否	325	78.1
是	91	21.9
总计	416	100.00

资料来源：中国劳动力动态调查（CLDS）2014 年数据。

通过表 3 的统计结果可以发现，对劳动者进行专业技术培训还远远不够。尽管 2011 年正式执行的《广州市职业技能培训管理暂行办法》有了对培训补贴的明确规定，但是在"培训券"政策实施过程中仍然存在培训供求不匹配、满意度不高和培训结果与政策目标存在偏差等问题。还因管理引导不到位，导致大多数培训机构以经济利益为主导，组织上追求短平快，甚至出现"被培训"的现象，与《国务院关于加强职业技能培训促进就业的意见》中的精神不相符，违背了职业培训政策的初衷。李佳的调查发现，在参加培训的 498 名学员中，199（40%）人表示不知道培训券的政策，却有 323（64.9%）人表示意愿去申领培训券参加职业技能培训，进而提升就业能力和从业水平。这说明目前广大市民还是有较强烈的培训需要的，可是培训券政策的宣传力度未能满足扩大职业培训影响的要求。①

（四）高校毕业生就业促进作用仍需增强

广州市针对促进高校毕业生就业方面出台了较多相应的政策措施以保障其就业，比如广州市在补贴基层就业和创业补贴上的措施比较明确和有效，使高校毕业生的就业渠道更为宽广，可是创业毕竟不是各类资源相对缺乏的高校毕业生就业时的主流选择，尤其有资金这一关键要素的限制，但广州市目前的税收政策对大学毕业生的照顾力度比较弱和标准尚待提高；同时，对基层就业的毕业生出路没有明确的指引，还停留在笼统的规定上，缺少具体方案，政策的后续实施程度低。

另外，就业服务机构存在一定程度的缺位。从问卷调查数据发现，32.33% 的大学毕业生认为学校与社会能够提供更好的就业指导和服务以解决就业问题，47% 的大学毕业生认为通过政府相关就业政策的支持可以解决大学毕业生就业问题，有 18% 的大学毕业生认为在大学期间通过自身能力的培养来解决就业问题（见图 17）。从调查结果可看出高校毕业生对公共就业服务的作用有着较高的期待，同时也反映了他们对公共就业服务的需求较大以及对服务质量要求较高，但作为主要服务机构的高校就业指导中心和广州市人社部普遍存在工作内容多范围广、难以抓住重点的问题，势必会影响服务质量。而职业中介机构作为对公共就业服务机构的补充，也由于管理制度不完善、政府监管不力出现欺骗毕业生的现象，不仅没能提高寻找工作的效率，反而侵害了毕业生的合法权益，消耗了社会对职介机构的信任，阻碍就业服务产业化的发展，从而削弱了就业服务对促进高校毕业生就业的作用。

---

① 李佳：《广州市"职业技能培训券"管理问题研究》，暨南大学硕士学位论文，2015。

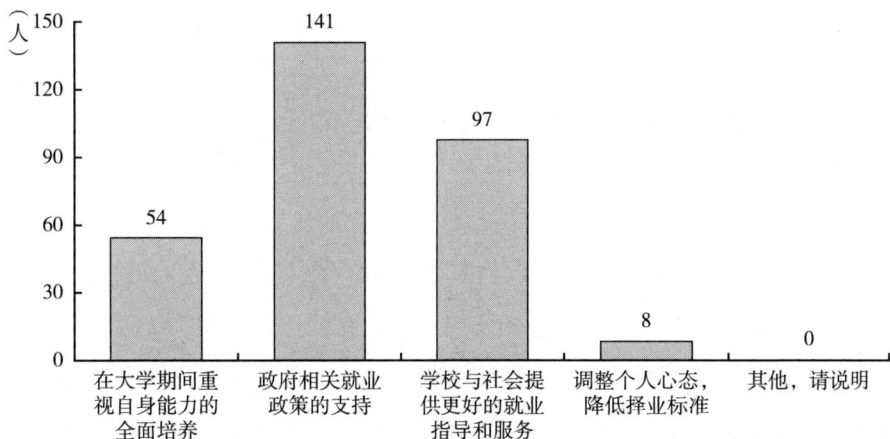

图17　被调查者认为解决就业问题的有效办法

资料来源：宁卫俊，《广州市大学毕业生就业促进的问题与对策研究》，华南理工大学硕士学位论文，2015。

四　完善广州市就业政策的建议

通过对国家和广州市就业状况的简要介绍，笔者发现随着改革的深化和产业结构的转型，劳动力结构性矛盾更加突出，就业问题依然严峻。广州市为了解决就业问题，在过去数年通过完善失业保险制度、健全就业服务体系、加强技能培训、继续促进高校毕业生就业以及探索创业带动就业来促进就业，就业政策体系更为完善，取得了不错的成效。但通过其他学者的社会调查、文献的收集以及国内外就业政策的对比，本文总结出广州市失业保险功能发挥不充分、就业服务质量不够高、职业技能普及力度不足以及高校毕业生就业促进作用不够强等问题。对此，笔者通过借鉴国外促进就业的策略，结合广州市的实际情况，从五个方面对广州就业政策的完善提出建议。

（一）进一步推进就业政策法制化

通过总结各国有效的就业政策和成功的实践经验可以看到一个共同点，政策都是在多部具体的劳动和就业法律的配套及其配合的基础上制定并实施的。我国目前的就业法律体系主要是由《就业促进法》、《社会保险法》、《劳动法》和《劳动合同法》构成。

2008 年《就业促进法》开始实施并于 2015 年进行了修订，虽然保证了就业促进政策的规范化、制度化，但法律是面向全国的宏观制度，缺乏针对性；尽管广州市政府于次年发布《关于促进就业工作的意见》（穗府办〔2009〕50 号）提出了比较具体的实施措施，但至今已有 8 年时间，缺乏时效性。同时，广州市还没有针对本市就业政策的实施细则，在就业政策的系统性建设和法制化方面的进展远跟不上社会现实的变化。对此，建议在国务院发布的《关于做好促进就业工作的通知》和《就业促进法》的基础上，与中央的精神接轨，结合广州的具体情况，制定实施细则，保证就业政策具有针对性、时效性和实效性，便于学习、理解和实施，从而提高本市就业促进的成效。

（二）扩大失业保险覆盖面，充分发挥其应有功能

随着失业保险制度的完善，参保和受益人数不断增加，但仍有部分城镇就业人员没有参保或无法参保，笔者认为国家应该扩大失业保险的覆盖面，将灵活就业人员、大学生、农民工等群体纳入失业保险保障范围，做到"应保尽保"。①广州可以借鉴荷兰的"非正规就业"正规化就业政策，通过使日渐庞大的灵活就业队伍享受失业保险的保障来促进失业人员对灵活就业形式的认可，有助于失业人员实现再就业。

尽管 2013 年的《广东省保险条例》明确了失业保险促进就业和预防失业的作用，但广州市在运用失业保险金预防失业和稳定就业上仍缺乏实践。因此，建议在保障失业人员基本生活的前提下，应增加支出项目支持促进就业，并且制定项目评价标准以评估项目的成效；同时为尚未健全的失业动态监测和失业预警机制以及稳岗补贴提供资金支持，发挥预防失业的功能。另外，建议广州市适当丰富失业保险金的发放形式，比如，为企业提供培训职

---

① 胡长静：《我国失业保险制度的发展及反思》，《特区经济》2012 年第 3 期，第 136 ~ 138 页。

工的补贴，使其提高职业技能，既提高企业效率又提高员工的就业能力，实现稳定就业和预防失业。

（三）健全就业服务体系，提高服务质量和效果

我国"十三五"规划建议指出要完善就业服务体系，提高就业服务能力。2015年人社部对《就业服务与就业管理规定》进行了修订，对就业服务和就业管理进行新的规定。但由于就业服务主体单一、服务人员专业性不强、评价系统不完善和监管力度不够，广州市公共就业服务的效率和质量不能满足日益增大的需求，以及参差不齐的职业中介机构也耗散着产业形象。

有鉴于此，建议广州市人力资源和社会保障部门要加强服务人员的培训，同时根据服务对象需求提供个性化的就业服务，按需求分阶段分层次提供；引导优质私营机构加入公共就业服务体系，可借鉴英国将公共就业服务外包给私营机构的做法，形成公私共同合作的局面；政府应该对职业中介机构和私营机构进行监督管理，定期对服务供应商进行绩效评估，并进行星级评选，评选结果与经营资格挂钩；另外，推动公共就业服务产业化，引入竞争机制形成行业标准，保证职介机构的长远发展。

（四）增强培训意识，完善职业培训制度

从国外经验可以发现，在就业政策中职业教育和职业培训都是处于重要的地位，因为提高劳动者的就业能力是应对劳动力结构性矛盾的关键对策之一，实现"授之以渔"的效果。

因此，建议广州市借助推行培训券政策的契机，加强对职业技能培训项目的宣传，提高社会对职业教育和职业培训的重视程度；[①] 同时开展长效的技能培训需求分析，要求培训机构定期对企业、行业进行调研，与劳动力市场紧密合作，从而提供有针对性的技能培训项目；同时，政府管理机构要完善管理规章，对培训机构的权、责、利进行约束，加大对培训机构的监管力

---

① 李佳：《广州市"职业技能培训券"管理问题研究》，暨南大学硕士学位论文，2015。

度，规范培训机构的经营。① 另外，及时收集培训对象的评价和进行后续调查，准确评估培训项目的效果，为优化培训项目提供经验参考。

（五）改善就业环境，促进高校毕业生就业

促进高校毕业生就业需要高校、企业和政府等多方努力，通过扩大需求、保证供给质量、加大创业优惠力度以及充分发挥公共就业服务作用等方式营造良好的就业环境，帮助高校毕业生实现就业。

对此，首先建议广州市政府规范高校发展专业，保证高校设置专业、培养职业技能、开展课程等符合社会发展的需求，尤其是劳动力市场的需求；其次，鼓励社会企业吸收大学毕业生，同时积极发展中小企业，通过增加就业岗位扩大社会对大学生的需求；再次，通过放权、加大投入来建设校园就业指导中心，在提供信息和举办招聘会等基础上，还要加强校企合作、提高就业创业指导师资专业性以及多角度丰富指导内容；最后，鼓励高校毕业生创业，实现带动就业的目的，通过创业教育保证创业方案的可行性，然后从税收、补贴方面加大创业优惠力度，降低创业门槛，提高成功率。

参考文献

Lang, D., "Can the Danishmodel of 'flexicurity' be amatrix for the reform of European labour markets?", *Working Paper of GRES*, 2006.

岑华锋、石伟平：《当前西方"灵活安全性"就业政策研究》，《职教论坛》2013 年第 13 期。

刘怡：《国外促进大学生就业政策的比较研究》，东北师范大学硕士学位论文，2008。

来鹏程：《服务型政府导向下的就业促进研究》，首都经济贸易大学硕士学位论文，2014。

刘洋：《政府在再就业培训中的定位和职能》，首都经济贸易大学硕士学位论文，2012。

黄少冰：《天河区失业人员创业帮扶状况及对策研究》，华南理工大学硕士学位论文，2015。

---

① 万孟琳：《广州市异地务工人员就业培训服务的政府购买研究》，华南理工大学硕士学位论文，2015。

B.9
社会性别视角下广州女性就业保障分析

丁瑜　肖礽*

摘　要：　保障女性就业是关系每一个家庭切身利益的大事，是社会共同
的责任。本文旨在探讨广州地区女性就业保障的政策措施和实
践情况，采用比较研究的方法，与香港和台湾地区的女性就业
保障情况进行对比、解读，并从社会性别视角分析女性就业保
障领域中理论模型和实践的有效结合，为广州女性就业保障实
践提供借鉴和参考，以促进广州女性就业环境的优化发展。

关键词：　就业保障　性别视角　广州女性

男女平等是我国的基本国策。党的十八大报告首次将此基本国策写入全
国党代会报告，并明确提出"坚持男女平等国策，保障妇女儿童合法权
益"。保障妇女权益，促进妇女的全面发展，动员全市广大妇女参与劳动是
广州建设枢纽型网络城市、推进国家重要中心城市建设全面上水平的重要一
环。根据《中华人民共和国妇女权益保障法》，以《中国妇女发展纲要
(2011~2020年)》、《广东省妇女发展规划（2011~2020年)》为指导，结
合广州市妇女发展的实际情况，广州市人民政府于2012年发布《妇女发展
规划（2011~2020年)》（以下简称《规划》），并将"妇女与经济"、"妇
女参与决策和管理"以及"妇女与社会保障"等列入7个优先发展领域。

---

*　丁瑜，中山大学社会学与人类学学院社会工作系副教授，硕士研究生导师；肖礽，广州市社
会科学院国际问题研究所实习研究员。

《规划》强调，要"坚持妇女参与，促进妇女与经济社会同步发展。依法保障妇女平等参与经济社会发展的权利，引导和支持妇女在推动我市经济建设、政治建设、文化建设、社会建设以及生态文明建设的实践中，实现自身的进步和发展"，并将"保障妇女平等获得经济资源和参与经济发展，妇女的经济地位明显提升"列入总目标，确保女性就业受到应有保障。

社会性别理论是把两性关系作为社会关系本质反映的社会学理论，从分析两性关系发现社会关系和社会制度的根源。社会性别理论包括社会性别差异、社会性别角色塑造和社会性别制度等重要方面，要求将女性看作发展的个体，反对孤立地研究性别问题，而应将问题放置于塑造社会性别的整体社会角色和权力结构中去考虑，从而消除性别不平等，促进男女平等。

2016 年是广州女性就业保障全面发展的一年，保障政策、服务体系、社会认可等方面都有了长足的进步，但仍有改善空间。本文将梳理广州女性就业保障政策及服务的发展脉络，参考香港特别行政区和台湾地区的女性就业保障体制和经验，探讨广州进一步改善女性就业环境的可行路径。

一 广州女性就业保障情况

女性就业保障是保障妇女经济地位、确保落实妇女权益和妇女发展的有机组成部分，也是促进广州社会经济良性发展的重要一环。随着广州经济产业的总体调整发展，女性就业形势也发生了较大变化。为更多女性进入劳动力市场提供支援服务，释放女性经济生产力，助力广州整体经济发展，是广州女性就业保障事业的总体目标。

（一）广州女性就业保障政策沿革

在过去十年，广州不断改善女性就业相关法律法规，探索女性就业保障实践。仅以 2016 年为例，加快实施二孩政策、全国首例就业性别歧视案件获胜、市妇联发布《广州女大学生就业创业状况白皮书》等事件接踵而来，引起全国关注，显示出广州在夯实女性就业保障基础，以创新的社会治理理念促进妇女就业等方面的持续努力与探索。但同时，就业性别歧视情况严重、女性劳动和生育权益缺乏保障、女性就业率和就业收入与男性差距增大等情况依然不断出现，说明广州在女性就业保障方面仍有较大的改善空间。

随着经济转型和国有企业改革，妇女就业难的问题日益显现。统计数据显示，长期以来广州女性城镇登记失业人数占全市总失业人数的一半以上，广州女性的就业难度明显高于男性。2003 年广州市下岗人数为 22 万人，其中女性占 53%。① 从 2004 年起，广州市开始为失业、就业困难妇女提供就业帮扶，持续有计划地制订妇女就业工作方案和目标任务。

表 1　广州女性就业保障政策一览

年份	政策内容	政策目标	实现情况
2004	"三三八"工程	2004～2007 年 3 年内为 3 万妇女提供技能培训，为 3 万名妇女实施再就业，为 8 万名妇女提供职介服务	培训 6 万人，实现就业 7.6 万人，提供职介服务 10 万人
2005	"六六八"工程	2005～2008 年 3 年内组织培训 6 万名下岗失业妇女和农村女性劳动力，帮助 6 万名下岗失业妇女和农村女性劳动力实现再就业，为 8 万名下岗失业妇女和农村女性劳动力提供职介服务	—
2008	"八八八"工程	2008～2010 年 3 年内为 8 万名妇女提供职业介绍服务，为 8 万名妇女提供公共技能培训，帮助 8 万名妇女实现就业	培训 30.46 万人，实现就业 23.24 万人，提供职介服务 57.91 万人
2012	"九九九"工程	2012～2015 年 3 年内为 9 万名妇女提供公共技能培训，为 9 万名妇女提供职介服务，帮助 9 万名妇女实现就业。同时培育 100 名巾帼自主创业带头人，创建 50 个"巾帼创业示范基地"	培训 283617 人，实现就业 326634 人，提供职介服务 290471 人；培育了 100 名创业带头人，63 个巾帼创业示范基地
2016	一条龙创业就业服务	—	举办 30 期技能和公益培训班，组织开展近 8000 人的职业技能考核鉴定，同比增长 4 倍；提供职业介绍 22200 人次

资料来源：广州市妇联。

---

① 《广州市妇女就业再就业工作报告》，载《"十五"时期广东妇女发展报告》，2007。

由表 1 可见,在过去十多年里广州重视妇女就业保障,有计划、阶段性地设计和实施加强妇女就业保障的措施,取得了良好成效。2004 年是开展妇女就业保障规划的第一年,仅用一年时间就超额完成了帮扶工程目标,成效显著。在此之后以三年为期广州进行一次帮扶工程,每次都比上一次在服务深度和广度上有所拓展,都能超额完成任务。

(二)广州女性就业保障的实践与特点

与国内其他地方一样,广州妇女工作的主管部门是妇联,其在制定政策、推行服务、关怀女性社群方面都有不可取代的重要作用。以下将以广州市妇联牵头为广大女性群体提供的就业保障服务为对象,逐一梳理广州女性就业保障的实践。

1. 积极打造"互联网 + 家政",形成"妇联家政"品牌

以促进大龄、失业妇女就业和满足用户需求为宗旨,广州市妇联自1984 年开始依托直属服务阵地(广州市人力资源市场妇联分市场服务中心和广州市妇联家庭服务中心),为市民提供家政类服务。经过 30 年的探索发展,家政服务业大力发展,逐渐形成"妇联家政"的独特品牌,并在行业中起到龙头引领的带动作用。

对参加家政项目的女性,妇联家政的相关服务中心提供"指导—培训—发证—职业介绍—跟踪管理"一条龙服务,根据"一人一档(卡、册、合同)"的动态管理制度,加强对就业女性的培训和管理。此外,关爱就业妇女的家庭和个人生活,提供免费体检、子女辅导、节日慰问、社会保险和商业保险等服务。

2. 推动创新,形成女性创业就业服务体系

响应国家"大众创业、万众创新"号召,广州市自 2011 年起认真落实由市妇联、市财政局和市人社局联合下发的《关于进一步完善小额担保贷款政策推进创业带动就业的通知》,加强相关部门的沟通协调,长期实施"创业创新巾帼行动""妇女创业小额担保贷款贴息项目",鼓励和支持成功创业的女性和企业加入女性就业保障的行列,建立"互联网 +"服务平台和女性企业网络，联结创业女性和相关企业，构建"3（'智慧女性创客空间'电子商务项目、早教创业就业平台项目、高级管家学历教育项目）+2（女性创业培训基地、女性就业培训基地）+1（创业导师支援团队）"女性创业就业服务体系，带动形成巾帼创业就业培训班、创业集市、创业基地、妇女创业项目库、妇女创业小额担保贷款、巾帼创业奖等创新创业链条服务。

3. 重视城乡就业差别，借力小额贷款促进妇女就业

为深入贯彻落实党的十七届三中全会和中央农村工作会议精神，加快实施扩大就业发展战略，进一步完善下岗失业人员小额担保贷款财政贴息政策，保障妇女发展权利，做好妇女创业就业工作，自2011年起，广州市妇联开始积极推动小额贷款工作，与市财政局、人社局联合下发《关于进一步完善小额担保贷款政策推进创业带动就业的通知》，开始针对农村妇女实施小额担保贷款资助，协助农村妇女自主创业就业。

表2　2011~2016年广州发放妇女小额担保贷款一览

单位：万元

年份	发放数额	年份	发放数额
2011	1396	2014	306
2012	1396	2015	947
2013	1139.5	2016	300

资料来源：广州市妇联。

4. 制定系列政策，保障女性就业权益

作为广东省省会城市，广州引领了地方女性就业保障政策法规的制定和落实。2008年，广东颁发《职工生育保险规定》，在中国生育保险制度发展史上首开父亲陪护假津贴的先河，鼓励男性更多地参与和承担生育责任，减轻女性的家庭压力（蒋永萍，2013）。2014年《广东省职工生育保险规定》通过修订，通过完善参保机制、规范待遇标准、强化法律责任和保障弱势群体功能等手段，进一步落实对女性劳动和生育权益的保障。

市妇联严格按照《劳动法》《妇女权益保障法》《就业促进法》《广东省职工生育保险规定》等法律法规实施对妇女就业权益的保障，积极组织学习和宣传《女职工劳动保护特别规定》等政策规定，加快相关政策的地方制定过程，对用人单位开展劳动保障监察，查处违法用工，加强对女性劳动执法的监督。

2011年广州出台《关于加强人文关怀改善用工环境的指导意见》，明确规定女性就业保障的相关内容，提出"企业应当依法公平招用劳动者，不得以性别为由拒绝录用女工或者提高女工录用标准""依法合理制定和严格执行有关女职工保健的规章制度""严禁性骚扰"等相关要求，保障女性就业权益，全面落实劳动保障法律法规。

5. 依托社会工作，推进社区妇女就业

广州社会工作行业发展将近十年，已形成广州模式，服务日趋成熟，服务范围也逐步拓展。随着社工服务逐步深入社区，社工成为社区妇女就业保障服务的重要链接者，为社区妇女提供就业指导、就业支援和就业保障服务。各区妇联、广州市中大社工服务中心、广州市北斗星社会工作服务中心、广州幸福里社会工作中心、白云区"妇女就业创业指导工作站"等机构和项目均提供由专业社工负责开展的妇女就业支援和就业保障服务。目前，广州已形成"政府—企业—基金会—社工"联动的社区妇女就业保障模式，主要以项目方式推进社区妇女就业保障工作，以多元化的深度服务将妇女就业保障政策落实到社区层面。

6. 广州市女性就业保障专门机构：广州市人力资源市场妇联分市场服务中心

广州市人力资源市场妇联分市场服务中心成立于2001年2月，是全国首家由地方妇联承办的具有女性特色的劳动力市场，是一所向社会提供劳动服务和劳动力资源的公益性服务机构。

广州市人力资源市场妇联分市场服务中心是市妇联开展女性就业保障的重要基地，承担着为广大女性提供就业指导、就业与再就业、技能培训等任务，并协助政府开展大量的妇女就业调研工作，及时向政府和相关职能部门反映女性就业需求，协调、研究妇女就业发展方案中心设有职业指导、就业推荐、技能培训、女农民服务、特困人员服务、劳动维权、心理辅导等多个服务功能区。

二　社会性别视角下广州女性就业保障形势和存在的问题

（一）广州女性就业保障的整体评价

从广州女性的就业统计数据看，广州女性就业形势相对较好，女性就业率长期达到73%的水平，比全国女性就业率（71.1%）[①] 高，再就业率高达70.84%。最新发布的《2017广州女性职场现状调查报告》显示，虽然广州地区遭遇性别歧视的女性群体所占比例仍然很大，但这一数据随着女性精英群体人数逐年上升而下降。另外，得益于更为公平开放的晋升竞争机制，广州女性的就业及晋升概率高于全国平均水平，仅有18%的广州女性认为当前的晋升状况存在严重的性别歧视，远低于全国水平。

通过广州市妇联的妇女就业保障政策和服务，我们可以看到广州在促进女性就业保障方面基础扎实，特别是在解决失业下岗妇女、困难妇女问题方面表现突出，领先全国。同时，广州也注重政策和服务的普及性，提出的新政策、新措施、新服务涵盖女大学生、女企业家、女创业者等不同女性就业群体。

从政策制定和服务方式上看，广州在推动女性就业工作方面有广泛的群众基础。广州女性就业保障由广州市妇联牵头，联合市工商局、人社局、司法局等政府公务部门以及主流媒体、部分优秀私营企业、社会工作服务机构等社会参与主体，切实落实政策和措施，形成大规模社会效应，建立了相对完善的女性就业保障体系。

---

① 《第三期中国妇女社会地位调查主要数据报告》，2011年11月。

（二）广州女性就业保障存在的问题

社会性别理论对女性就业有多种角度的分析，大致可以总结为以下三方面：就业机会、收入和无酬劳动。就业机会是指从男性和女性的劳动参与率变化对比中看男女在劳动力市场上就业机会的增减。收入是"反映结果平等，无论是教育结果还是就业结果平等的重要指标，是劳动价值和社会公正的体现"，两性之间的工资差距可能由能力差异造成，也可能由歧视造成，同等受教育程度下的工资差距则主要由性别歧视造成（刘伯红等，联合国妇女署，2015）。在新中国成立初期，受"男女平等"政策的倡导影响，家务劳动负担曾一度被政府通过"单位"实施的公共福利政策和公共服务"消解"；随着市场经济发展，单位制逐渐式微，很多单位功能逐步市场化，家务劳动负担重新落在女性身上，家务劳动再次成为"无酬劳动"，其所蕴涵的经济价值不被承认，同时还导致女性在进入劳动力市场时受到重重阻碍，女性在劳动力市场的地位进一步边缘化，加剧了性别不平等的状况。

从上述对广州女性就业情况的数据搜集和分析可见，广州女性就业保障领域相对集中，多是为了解决紧急的女性就业问题而制定保障政策和服务措施。在长久的政策实践中，这些措施确实提高了女性就业的能力和经济地位，但也造成了以下两方面的问题。

第一，服务质量以数据统计为主要衡量依据，而统计指标未及细致详尽，未能有效带动女性就业保障效率提高及解决女性就业的深层次问题。从表1可见，广州女性就业保障服务的受众人数每年均有一定增长。但就业数量上涨不等于女性就业问题得到解决，女性就业现实中出现的诸多问题如求职受歧视、男女收入差距扩大、二孩生育导致失业、生育假期和保险未能完全兑现等情况被增长表象掩盖，现有女性就业服务体系未能很好地回应这些问题。另外，目前公开的数据未能全面反映女性就业与生活的方方面面，如女性年龄分布、受教育程度、收入水平、职业技能、就业种类、家庭情况以及承担家务情况等，未能全面了解女性就业和生活之间是否取得了平衡。广州市有民调和研究机构对部分女性的就业情况做了统计和分析，但仅限于一定范围内的妇女（如女白领、女大学生等），并未能完整把握全市女性就业的整体情况，包括非正式就业女性、农村女性等群体。

第二，政策制定缺乏长远规划，保障服务治标不治本。女性就业保障政策应以重视女性的经济效能、提高女性经济地位、全面发展女性潜能为目的，通过持续可行的服务工作，最终消除就业环境中的性别歧视现象，实现"男女平等"的基本国策。广州市女性就业政策更多是为了解决眼前的女性就业问题，为其提供方便快捷的就业培训和机会，使女性尽快进入或再进入劳动力市场。以培养家政人员为例，广州的女性就业保障服务促使大批闲散女性进入家政行业，同时容易通过将家务劳动的有偿转移形成阶层分化，无益于提升受助妇女地位，也无法进一步提升女性整体的社会地位。

（三）广州女性就业保障的社会性别视角分析

广州市目前开展的女性就业保障服务以宣传学习、补贴资助、就业培训、法律维权等方式、内容为主，确保女性就业保障政策的落实。然而，这种保障方式的实际成效有待商榷，缺乏基于性别平等视角的社会性规制和支援手段，女性在此类服务中较为被动，其自身就业的积极性和自主性未能有效激发，女性就业保障服务的受众群体难以扩大，容易导致未主动求助的就业女性群体和未被纳入女性就业保障服务的女性群体中隐性的就业不平等现象。要进一步扩大女性就业保障的受众群体和提高女性就业保障程度，可从丰富女性就业保障方式、提高统筹层次、完善生育保险制度等方面加以实现。

三 香港地区、台湾地区女性就业保障情况及其 对广州的借鉴意义

基于联合国在1979年提出的《消除对妇女一切形式歧视公约》，世界大部分国家和地区有相应的女性就业保障政策和服务设施，其中性别平等程度较高的地区如北欧、北美等地发展出较完善的政策及保障措施，而亚洲的

新加坡，中国香港、中国台湾等地也在性别平等方面有较出色的表现。考虑到文化等方面的相近性，本文选择香港和台湾作为比较案例，为广州改善女性就业保障政策提供借鉴。

（一）香港女性就业保障情况与案例

1.香港女性就业保障政策和实施

香港劳工署设立 12 个就业中心、"互动就业服务"网站以及多个就业空缺搜寻终端机，为妇女免费提供方便快捷的就业服务。除一般就业服务之外，有针对失业女性提供深度面谈就业辅导和职位选配的"就业选配计划"，还有为 40 岁及以上女性提供在职或职前培训的"中年就业计划"。此外，劳工署也持续观察招聘活动中是否带有性别歧视的成分，如有，则建议雇主修改招聘要求，否则将拒绝公开登载该招聘公告。

表3　香港女性就业保障服务人数及占比

单位：人，%

服务类型	服务总人数	服务女性人数	服务女性占比
一般就业服务	181468	96202	53
特别就业计划	10508	5816	55.3
中年就业计划	47430	27077	57.1
就业困难人士津贴计划	3001	1716	57.2

资料来源：香港特区妇女事务委员会，2016。

收入保障方面，香港于 2011 年开始推行法定最低工资制度，在此政策下，女性就业人数的增幅占总体就业人数增幅超过六成，其中主要是年长女性和低技术女性就业的增长。2016 年 5 月开始实行"低收入在职家庭津贴"计划，为没有领取综援的低收入在职家庭提供支援。该项计划为符合资格的单亲家庭带来津贴收入，预计将有 20 万个基层家庭（共 70 万人，预计超过七成为女性）受惠。

此外，为保障两性共同分担家庭责任，让市民在工作、家庭和生活之间取得平衡，香港妇女事务委员会推动"家庭友善雇佣政策及措施"落实。

从 2014 年起，香港妇女事务委员会联合劳工署、香港人力资源管理学会、香港人才管理协会及香港社会服务联会研究"照顾者津贴"的发放计划，并于 2014 年 6 月和 2016 年 10 月分阶段落实和推广，并持续监察相关服务的实际执行过程。

2. 香港女性就业保障机构：妇女就业资讯站

妇女事务委员会于 2014 年设立妇女就业资讯站，进一步整合就业资源，为有意求职和在职妇女提供一站式资讯平台，包括就业服务、志愿服务（托儿服务及护老服务）及培训进修等相关资源。

作为政府部门下属机构，妇女就业资讯站对劳工署、平等机会委员会、生产力促进局、雇员再培训局、强制性公积金计划管理局、个人资料私隐专员公署等政府部门内部与女性就业保障相关的信息和资源进行搜集整理，形成统一出口和宣传平台，让希望求助和获取信息的市民能一站式了解相关政策服务，提高政策服务的普及性。

妇女就业资讯站作为香港政府统一的政策出口，强化了政策的传递落实，同时在香港妇女事务委员会的倡导下保持社会性别视角，为女性就业人员提供量身定做的就业服务，确保女性就业权益得到保障。

（二）台湾女性就业保障情况

1. 台湾女性就业保障政策和实施

法律方面，台湾 1984 年开始实施"劳动基准法"（简称"劳基法"），提供带薪产假和母性保护[①]；1992 年开放家庭外籍看护工，希望释放更多承担家庭照顾角色的女性进入劳动市场；2002 年开始实施"性别工作平等法"，与"性别教育平等法""性骚扰防治法"一起形成了全面的性别平等法律保障，推动社会性别主流化进程；2009 年开始提供育婴留职停薪津贴；

---

① 母性保护又称生育保护，旨在对孕产妇提供保护，以确保母体及所生子女的健康。母性保护覆盖面广，不仅包括妇女分娩，还涉及生理期、妊娠、哺育等和母性机能有关的方面。国际劳工组织（ILO）在第 103 号修正案中将其定义为：女性在法定期间内所享有的产假权、母性受益权、安全工作权及平等工作权。

2011 年 7 月和 2014 年 5 月分别实行了国民年金和劳保，提供二胎或以上的双倍或以上生育给付。

此外，台湾"行政院"于 1997 年 5 月 6 日成立"行政院妇女权益促进委员会"，2012 年 1 月成立性别平等处，并将"行政院妇女权益促进委员会"扩大为"行政院性别平等会"，统合跨部门的各项性别平等政策，督导全面落实性别主流化，使政府整体施政能落实性别平等及纳入性别观点，并持续观察检讨不符合性别平等对待的法规，迅速加以修正。

在就业服务方面，"行政院性别平等会"联合台湾"劳动部"共同推出主要针对妇女的三大类服务，包括提供就业机会、提供就业资讯和提供津贴补助，其中包括优先选用女性弱势就业群体（如承担家计的妇女、中高龄妇女等），增强妇女使用就业服务资源的可达性，为弱势就业群体提供交通补助、生活津贴和就业指导等措施，促进其迅速就业。

除了完善就业保障体制外，台湾"行政院性别平等会"在社会整体意识上推动性别意识觉醒和性别主流化进程，从促进性别平等、消除性别歧视、改善性别职业隔离、减少性骚扰和家务劳动有酬化等方面开展宣传活动，提升社会大众对妇女劳动力的认可和尊重；同时着重提出妇女劳动力是社会经济发展的一大动力，鼓励女性就业创业。

2. 台湾女性就业保障机构："妇女新知基金会"

"妇女新知基金会"于 1987 年成立，作为台湾知名的妇女运动组织，多年来推动多项法案的修订和实施，其中包括著名的性别工作平等法。同时，"妇女新知基金会"还致力于开发妇女潜能、培训义工、提供女性相关法律的免费资讯和转介服务。

作为一个交流平台，政府工作人员、专业研究者、社会工作者和受助对象均可通过"妇女新知基金会"发表自己对某个性别议题的看法，从而形成针对特定社会问题的社会反响，加快立法修法的进程。同时，"妇女新知基金会"是一个助力女性获得相关保障的信息来源。以女性就业保障为例，"妇女新知基金会"在其网站上清晰列明"性别工作平等法"、"职场权益"、"职场性别歧视"和"育婴假与津贴"四大类别，对女性就业过程中可能遇到的问题进行更新报道和传播；设置"性别与工作法律Q&A"专栏，邀请专业律师、政府资深工作人员以及专业研究者对女性在职场遭遇性别歧视或其他权益侵害问题进行支援性解答，同时为雇主和雇员提供保障就业权益的教育。

作为发展型女性权益保障平台，"妇女新知基金会"从社会性别视角重新反思现行法律和女性保障制度，并从女性生存角度对现行规章制度提出修正建议，实现从女性出发、为女性发声的目的。

（三）港台经验：基于性别视角的女性就业保障

1. 先进的女性就业保障理念模型

从上述香港和台湾地区的女性就业保障体系可以看到，香港和台湾地区的女性就业保障体系有着相似的脉络，即从社会性别视角出发，主要由就业机会的性别差距、就业收入的性别差距与无酬照护劳动三方面组成，从处理性骚扰、家务照护、法律转介、女性移民、意识提升等女性就业保障等多方面开展相应的支援服务，最终促进社会性别主流化的进程，全面提高妇女地位。有系统、多角度、发展性的女性就业保障体系可为广州整合发展本地女性就业保障体系提供参考。

2. 完善在地的女性就业保障政策措施

香港和台湾两地的女性就业保障政策有着类似的愿景和目的，但在转化为实际保障措施时却各有不同：香港以提供完善的政府行政保障为主，台湾则倾向鼓励女性自身提高保障意识和形成社会行动力量。这与港台两地不同的社会福利生态相关，香港更多思考社会资源的分配，而台湾则有深厚的市民参政议政基础。

此外，香港和台湾两地的女性就业统计数据均由地区行政机构公开，对数据进行多角度（包括对女性家庭构成、职业种类、民族、受教育程度、阶层等）、细致、公开的处理和分析，同时也为社会民众监督政府行使职能提供了畅通渠道，进一步保障政策的有效形成和落实。

有鉴于港台两地的做法，广州在执行本地女性就业保障政策时一方面应注重地区条件，结合广州女性就业群体的本土特点，探索出有广州特色的女性就业保障路径；另一方面可参照港台实践，进一步加强对女性就业数据的搜集和跟踪，确保女性就业保障政策落到实处。

3. 全面连贯的女性就业保障链条

香港、台湾的女性就业保障政策涵盖范围较广，从女性教育、培训、就业机会、职业种类、就业收入到育儿、家庭、退休养老等方面均有相应的政策措施，体现出较强的连贯性，不同的政策之间和女性独特的生命历程与所需保障形成较为紧密的衔接，为女性规划职业生涯的发展道路提供了参照，具有鲜明的政策指导意义。广州可学习借鉴进一步强化女性就业保障链条的关联度，让不同年龄层的就业女性都能获得充分的就业保障。

四 改善广州女性就业环境的对策与建议

以广州女性就业保障工作与香港和台湾两地的对比情况来看，广州地区的女性就业保障工作更为艰巨，成效更为显著，相关工作值得肯定；但缺乏对女性就业保障工作的整体把握，数据、政策和服务趋于同质化，在提高妇女经济能力和社会地位方面还有较大空间。

（一）宏观把握女性就业环境改善的政策设计

首先，加强女性就业保障体系的社会性别意识，充分关注就业问题中的两性现实差异和女性特殊需求，订立长远且可执行的愿景规划。广州可参考香港和台湾的女性就业保障政策措施，以推行"性别主流化"和提高女性地位为长期目标，从女性生活角度思考女性就业与女性地位之间相辅相成的关系，发现女性就业过程中遇到的细节问题，并通过政策和服务的支援保障加以改善。同时，将社会性别意识和女性就业保障政策融合联结，进一步提高政策的前瞻性和社会倡导作用，为广州地区促进男女平等国策的进一步实施提供广阔的政策平台和广泛的群众基础。此外，广州可学习港台地区细化就业方面的性别统计制度，进一步加入年龄、家庭、地区、城乡、民族等维度，从而为确立发展型社会政策的价值理念和政策方向提供更多维度的数据支持。

其次，扩大女性就业保障政策的涵盖范围，让更多女性个体受益。从广州地区的女性就业保障现状来看，女性就业保障政策一般针对困难妇女、下岗失业妇女和农村妇女，保障服务也较多集中在为其提供家政服务和自主创业培训上，服务类型相对单一。2014年，广州市妇联针对女大学生群体进行了调研并形成《广州市女大学生调研报告》；从2015年起，市妇联深入流动妇女生活群体建立妇联组织；2016年，市妇联承办首个家政人员维权服务站，开展"红棉睿丽"双创计划。以上种种活动表明，妇联逐渐开始将女大学生、女白领以及流动女性群体纳入服务对象范围，并根据不同群体的女性特色思考和设计相应的就业保障政策和服务。随着女性就业和女性群体的日益多样化，广州女性就业保障政策和措施也应增强适用性，覆盖更广大的女性群体。

最后，进一步完善女性就业保障政策的落实和执行。广州应进一步加强各级行政单位的工作监督，跟踪了解女性就业保障的实施情况，开展女性就业保障政策和服务的有效评估并形成政策调整机制，创新女性就业保障服务的实施方式，呼吁形成关注女性就业平等的社会风气，推动社会性别主流化的进程。

（二）建立有效的女性就业保障机制

目前，广州地区的女性就业保障实践形成了"政府牵头—服务辅助—企业合作—媒体响应"的保障路径，可以有效调动社会政策资源，满足女性就业的显性需求；但隐性问题如遭遇就业歧视、性骚扰以及假期、保险和津贴等应有权利受到损害则不容易被发现和解决。

广州下一步可以开拓发展政府、企业、媒体和社会服务结合的创新方式，打造一站式女性就业保障平台，进一步整合女性就业保障资源，统一服务口径，为有需要的女性就业者提供快捷、方便、全面、多元的就业服务支援。同时完善女性就业保障服务链条。一方面可从企业入手，加强企业内部的就业情况反馈，建立女性工会，引入企业社工，及时准确地反映女性就业人员在就业期间遇到的问题，并给予适当的支援和服务；另一方面在社区服务中确保女性就业保障的实施，建立健全社区保障体系，统合运用现有的社区服务资源如地方妇女联合会、家庭综合服务中心、居委会、街道妇女干部以及社区学校、星光老年之家、卫生院等基础设施，为就业女性提供更多关于育儿、扶老、处理家务和家庭关系等方面的协助与支持，并持续在社区推广女性就业平等保障的相关政策和法律。最后，倡导社会性别主流化，提高社会整体的性别意识水平，提升全社会对性别不平等现象和损害女性就业权利的敏感性，结合广大群众的力量保障女性就业向进一步的平等友善方向迈进。

参考香港和台湾的经验做法，同时得益于广州社会组织发展的日趋成熟完善，广州可尝试进一步发挥社会组织在女性就业保障服务体系中的能动性，形成由妇联牵头、多主体多层次多领域社会组织共同构成的女性就业保障网络平台，建立完善的互联互通机制，畅通信息和资源的流通，同时建立及时有效的需求反馈模式，为日益多元化的女性群体提供全方位、可持续的就业保障服务。

（三）打造"女性友善"的就业保障服务平台

要鼓励女性更大程度地加入劳动市场，提高劳动力水平，首要条件是为女性提供没有歧视、注重平等和尊重的职场环境。妥善处理女性关于就业权利的诉求，建立能快速响应的申诉制度和处理机制；为企业雇主提供性别教育培训，鼓励企业发掘女性作为劳动力和女性就业所带来的附加价值，正确认识女性的需求和特点；推广弹性工作制度和其他可以协助女性平衡家庭和工作的措施；落实和完善生理假、产假、陪产假、哺乳等服务待遇；加强服务可达性（迅速找到相关资料），为希望就业、再就业、创业和寻求就业支援等有不同就业诉求的妇女提供清晰专门的指引；进一步加强建立就业女性社群，容纳更大的女性就业群体，形成就业女性鲜明积极的形象。

女性就业保障是确保女性经济权益得以实现的重要手段。广州目前的女性就业保障事业基础扎实，针对性强，并随着社会潮流的变化而不断完善和强化，为更多就业女性提供适当的就业保障政策和服务。通过对比本地与邻近地区关于女性就业保障体系的异同，总结过往经验的成果和不足，提出借力社会组织的发展路径，广州可借此推动建立体现社会主义核心价值观的性别平等社会，进一步往"性别友善"的方向迈进，实现"推动妇女和经济社会同步发展，共享改革发展成果"。

参考文献

刘伯红等：《联合国妇女署报告》，《中国经济转型中的性别平等》，2015。

香港特别行政区政府统计处：《香港的女性及男性主要统计数字》，2016。

"行政院"主计总处：《妇女婚育与就业调查报告》，2013。

智联招聘：《广州女性职场现状调查报告》，2017。

蒋永萍：《社会性别视角下的生育保险制度改革与完善——从〈生育保险办法〉（征求意见稿）谈起》，《妇女研究论丛》2013 年第 1 期。

全国妇联、国家统计局：《第三期中国妇女社会地位调查主要数据报告》，2011。

广州市妇联课题组：《广州市妇女就业再就业工作报告》，载于《"十五"时期广东妇女发展报告》，2007。

B.10
广州残疾人就业服务的现状与挑战

廖慧卿　叶素素　汪秋丽*

摘　要： 本文通过介绍广州残疾人基本情况和残疾人就业服务现状，综
合分析广州残疾人就业服务政策的主要内容和服务的供给状
况；指出了就业服务覆盖面不够广、就业服务的资金投入不
足、专业化服务人员欠缺以及工作场所支持缺乏等问题；提出
了完善残疾人就业优惠政策，孵化残疾人就业服务机构及引导其
规范化建设，完善就业服务网络并提供各种形式的就业信息和就
业岗位，重点普及就业培训及就业康复服务的对策与建议。

关键词： 广州　残疾人就业服务

一　研究背景

　　劳动就业权是宪法赋予每个公民的基本权利，残疾人也不例外。对残疾人
就业权利的保障意味着各国政府除了要鼓励有劳动能力的残障者进入公开劳动力
市场，还应积极采取一系列保障与援助的社会政策保障残障者的工作内权利。[①] 联

---

　 *　廖慧卿，博士，华南农业大学公共管理学院副教授，硕士生导师，研究方向为社会保障、
社会政策；叶素素，华南农业大学公共管理学院社会工作专业 2013 级本科生，广州市扬爱
特殊孩子家长俱乐部社工；汪秋丽，华南农业大学公共管理学院社会工作专业硕士，2016
级研究生。
　 ①　Kiernan, W. E., D. S. Gilmore & J. Butterworth, Integrated Employment: Evolution of National
Practices. Integrated Employment: Current Status and Future directions, 1997, pp. 17 – 29.

合国《残疾人权利公约》提出各国政府除了要推行工作岗位供给这一传统就业社会政策外，还必须确保残障者在工作场所能够获得必要的环境设施与社会服务：①就业服务；②提供或协助提供就业岗位；③提供工作场所合适的辅助设施；④推行各类型的职业康复计划。上述权利的保障都意味着政府需要推行一系列积极的就业保障政策，特别是提供适宜的就业服务。超越工具理性和功利主义，从社会属性和制度主义角度理解，就业关乎残障者的贫困消除、个体尊严、社会参与、社会流动、社会融合与其他社会权利的实现。[①] 残疾人参与就业对于残疾人本人、残疾人家庭以及社会都具有十分重要的意义。对于残疾人及残疾人家庭而言，残疾人就业不仅可以减轻家庭的负担，实现经济独立，还可以通过自己的生产劳动实现自身价值，获得社会认同。对于社会而言，促进残疾人回归社会，解决残疾人就业问题，有利于促进社会公平和建设一个文明和谐的社会。

残疾人就业面临许多困境，使他们未能像非残疾人一样在平等的基础上充分地参与社会。这些困境包括残疾人就业保障体制发展不完善、残疾人就业岗位供给不足、残疾人就业社会服务不到位、社会仍然存在就业残障歧视问题、残疾人职业技能水平有待提升等。

解决残疾人就业困难问题是建设文明社会的重要考验，文明社会需要发展一套完善的残疾人就业服务体系，从各个方面支持残疾人就业。残疾人就业服务是指由政府或者其他第三方机构提供的，旨在解决残疾人就业的公共服务，包括残疾人职业介绍、残疾人职业指导、残疾人就业训练、社区残疾人就业岗位开发服务和其他服务内容，其核心任务就是通过多方合作的方式把残疾人就业市场组织起来，使之能够确保残疾人广泛地参与到社会生活中并能够解决其就业问题[②]。发展残疾人就业服务对实现残疾人就业起到举足

---

① Kelly G. M. , Employment and Concepts of Work in the New Economy. *International Labour Review*, 139 (1), 2000, p. 9；王国羽、林昭吟、张恒豪：《残障研究理论与政策应用》，巨流出版社，第 59~192 页。

② 杨振婷：《上海市社会组织参与残疾人就业服务研究》，上海师范大学硕士学位论文，2015。

轻重的作用。相关政府部门及社会组织提供完善的残疾人就业服务，以期残疾人能够通过接受残疾人就业服务并根据自身个别化优势发展，提升个人能力从而获得就业机会，实现就业。因此残疾人就业服务是实现残疾人就业和提升残疾人就业率的有效途径。

近年来，我国政府也意识到了就业对于残疾人的意义，大力发展残疾人就业服务，并相应出台了不少促进残疾人就业的相关政策。我国的残疾人就业服务包括职业培训服务、职业介绍、职业康复、辅助性就业服务、就业场所的无障碍设施建设服务、灵活就业支持服务等。

广州市为进一步落实扶持残疾人就业服务，在国家政策的指导下，结合广东省相关残疾人就业政策，出台了一系列符合广州市残疾人就业现状的相关就业政策，这些政策是残疾人就业服务顺利开展的有效保障。残疾人有效享受政策赋予的权利和残疾人就业服务，在一定程度上能够解决残疾人就业问题。

近年来，广州市残疾人就业服务不断发展。一方面残疾人个体及家庭获得帮助，另一方面残疾人就业服务为社会带来一定的效益。但残疾人就业服务的现状仍然不尽如人意，如何让就业服务更好地发挥其功能是值得社会深思的问题。

二　广州残疾人就业基本状况

（一）广州残疾人基本状况

据广州市残疾人联合会的数据，2016 年 6 月 30 日在广州市户籍人口中，有残障人士 18 万左右①，约占户籍人口的 2.3%。其中持二代证残障人口数是 14.48 万，男性 8.32 万，女性 6.16 万，分为肢体、视力、听力、语言、精神、智力、多重等七个类别和一、二、三、四共四个等级。按中国残

---

① 2006 年第二次全国残疾人抽样调查主要数据公报的数据显示，广州残疾总人口为 52.12 万，这是抽样调查的推算数，而广州市残疾人联合会统计的 18 万左右是持证人口数（含一代证）；两个数据的差距在于一是前者并非精确数，且统计口径包含了非持证残障人士；二是在于部分残障人士，如精神障碍者，不愿意申请残疾证。

疾人联合会颁布的残疾程度评定标准，一、二级残疾人为重度残疾人，三、四级残疾人为中轻度残疾人，具体分类及特征参见图1、图2①。

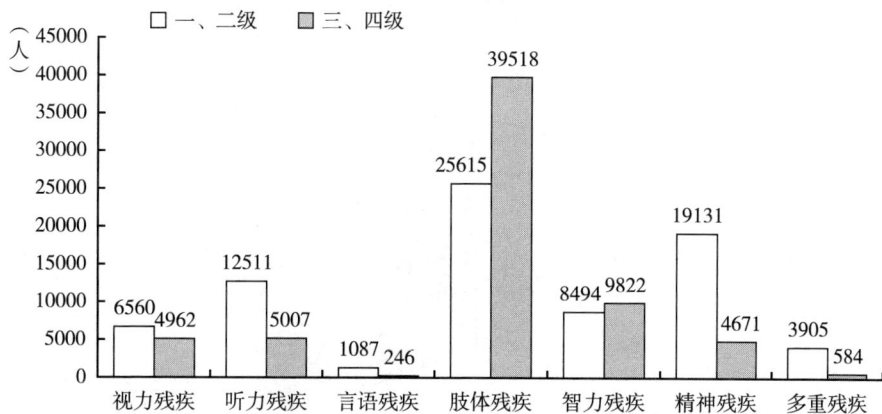

图1 残疾人类别与等级构成

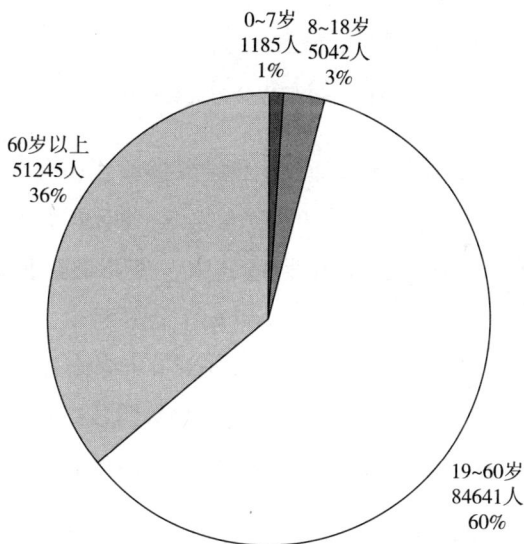

图2 残疾人年龄构成

① 此处的数据参照蔡玲《广州市残疾人社会保障现状、问题及对策探讨》，《广州社会保障发展报告（2016）》，社会科学文献出版社，2016。

从年龄构成来看，广州市 18 岁以下残疾人占持证残疾人总数的 4.0%，就业年龄段残疾人占持证残疾人总数的 59.56%，老年（60 周岁以上）残疾人，占持证残疾人总数的 36.26%。

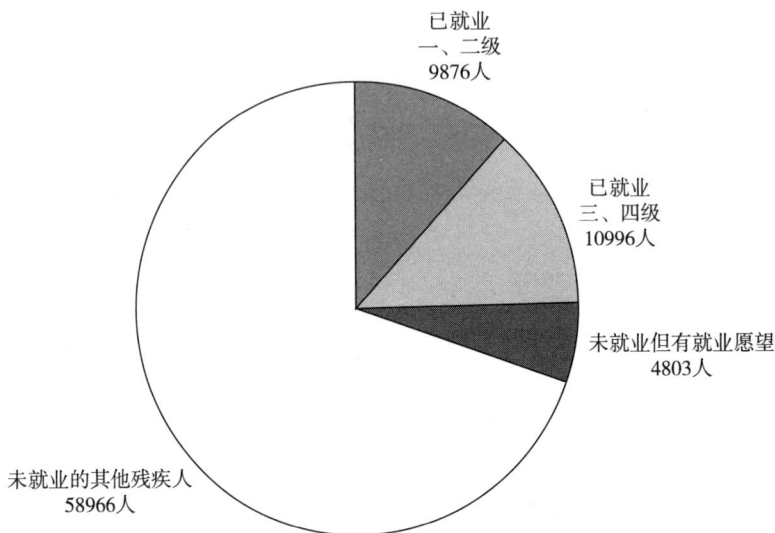

图3　18~60 周岁残疾人就业构成

在广州市残疾人就业年审证库中，就业年龄段残疾人 84641 人中，已就业 20872 人，这其中一、二级为 9876 人，三、四级为 10996 人，未就业 63769 人当中，有就业愿望但未就业 4803 人，另外未就业又没有就业意愿的是 58966 人，其中稳定就业的占 24.66%（见图3）。

综上可见，广州残疾人总体呈现的特征是：年龄分布呈年轻的少、老年人多且年龄大，老年残疾人占比高，老龄化趋势明显；残疾人就业意愿不明确，就业能力弱，稳定就业残疾人占该就业年龄段的 24.66%。

（二）广州残疾人就业状况与存在问题

《广州市残疾人联合会 2016 年工作总结及 2017 年工作计划》① 显示，

---

① 广州市残疾人联合会：《广州市残疾人联合会 2016 年工作总结及 2017 年工作计划》，广州残联网站，http://www.gzdpf.org.cn/Article/A2D/17195.html，2017 年 2 月 13 日。

2016 年广州市新增残疾人就业人数 1593 人，稳定就业残疾人数量达到 3.6 万，提供就业服务 4843 人次。广州市残疾人就业总体状况体现出残疾人就业数量有所增加，但仍存在就业率有待提高、就业面窄、就业层次低、就业收入水平低、就业稳定性差等问题。

第一，残疾人就业率有所提高，但仍然比非残疾人低。根据广州市残疾人联合会提供的数据，截至 2016 年 12 月 31 日，广州市城镇就业年龄段的女性（16～55 岁）约 2.8 万，男性（16～60 岁）约 5.1 万。而城镇残疾人有就业要求、有就业能力但未就业的实际人数约 5000 人，因此，广州市 2016 年城镇残疾人的就业率是 93.679%。根据 2010 年广州城镇登记失业率 2.20% 推算，广州正常情况的就业率达到 97.8%，相比之下，残疾人的就业率依然低于非残疾人。

第二，残疾人就业面狭窄，就业层次较低。多数残疾人从事的是"次级工作岗位"[①]，即那些低技术含量、低收入、工作环境恶劣、晋升机会很少的工作，如一般工人、保安、清洁员等。《广州市残疾人就业问题抽样调查》[②] 结果显示，在占就业残障人口 70% 以上的他雇就业形式中，普通员工和勤务、杂务人员就占了 92% 左右。而自雇就业形式则以个体户为主，占 82.9%；"有雇工"的比例为 17.1%，他们大多从事杂货店、书报亭等小规模经营。

第三，就业后收入水平低。以集中就业为例，2009 年的数据显示，广州市当年有福利企业 40 家，聘用了 1220 位残障人士，残疾职工月均收入是

[①] 研究就业歧视问题的学者将现代劳动力市场的工作分作两类，一类是一级工作（"Primary" sector jobs），其特征是高技术水平、高工资、优越的工作条件和诸多晋升机会，如工程师、技术人员、医生等；次级工作（"secondary" sector jobs）则是低技术含量、低收入、恶劣的工作环境和很少的晋升机会，如一般工人、保安、清洁员等。McCrudden, C., Employment in Divided Societies: Northern Ireland and South Tyrol: Papers Read to a Seminar at the New University of Ulster, 12th June 1981。

[②] 张湖东、葛燕：《2011，促进残疾人就业的公共政策研究——基于广州调查数据的分析》，http://2011old.cdpf.org.cn/jiuy/content/2011-10/13/content_30358051.htm，2011 年 10 月 13 日。

1347.9 元①，而广州市人力资源和社会保障局公布的 2009 年广州市社会职工平均工资是 4120 元/月，最低工资标准则是 860 元/月，残障职工的收入水平略高于最低工资标准，远低于社会平均水平。

第四，就业稳定性差，有些残疾人实现就业不久后便被辞退。部分用人单位聘用残疾人以免缴就业保障金，但是却没有事先了解残疾人是否与岗位匹配，最后只好将残疾人辞退。除了残疾人个人及用人单位的原因外，导致残疾人就业稳定性差的原因是法律法规制度不健全。尽管法律法规体现了残疾人就业的内容，但是并没有涉及严惩违反这些法律法规行为的条文，也没有相关的部门负责这项工作。

三 广州残疾人就业服务政策与服务现状

（一）广州残疾人就业服务内容与政策

广州市残疾人就业服务的内容多样，根据不同类型残疾人及个体发展需要，残疾人可选择自身合适的就业服务内容。广州市残疾人就业服务大致分为职业培训服务、职业介绍、职业康复、辅助性就业服务、就业场所的无障碍设施建设服务、灵活就业支持服务。这些就业服务内容是有利于残疾人发展的，帮助他们提升就业技能水平及其他能力，以期他们能够参与就业和回归社会。

广州市残疾人就业服务由市政府以一定的组织形式，通过适当的渠道提供给有需要的残疾人，它以广州市残疾人的需求为导向。根据 2008 年《残疾人保障法》的立法规定，由残疾人联合会举办的残疾人就业服务机构，除了要为残疾人组织开展免费的职业指导、职业介绍和职业培训之外，还需要为残疾人就业和用人单位招用残疾人提供服务和帮助。

广州市残障人士的就业服务主要是由市、区/县残联通过它们的残疾人

---

① 资料来源：广东省民政厅。

劳动就业服务中心和培训中心提供和管理。主要由就业服务中心和培训中心直接提供服务，或者它们委托其他各种职业服务机构、教育机构或培训中心进行具体服务递送的两种方式。目前，广州市有市、区/县残疾人劳动就业服务中心 12 个，有市级残疾人职业培训中心 1 个①。而依法征收的残疾人就业保障金则专项用于残疾人入职培训、残疾人就业服务以及就业援助。对于集中使用残疾人的用人单位，国家不但依法给予税收优惠，还将在生产、经营、技术、资金、物资、场地使用等方面给予扶持。

1. 加大资金保障和支持力度

广州市政府加大了残疾人就业服务的资金支持力度，保障残疾人就业服务有效进行。资金保障主要有以下几方面，一是对残疾人提供就业专项资金，按规定予以补贴，以此鼓励残疾人积极参加职业培训，并减轻残疾人家庭负担。二是对残疾人保障金严格管理，用于残疾人就业和培训工作。三是鼓励社会捐赠用于残疾人职业培训，对于提供捐赠和资助的企业或个人，予以税收优惠。

除此之外，残疾人参与培训可获得受训补贴。在由培训中心委托的机构培训，按出勤天数计算，参加职业适应性训练的残疾人可获得 10 元/天的训练补贴；参加用人单位举办的各类短期岗位能力提升或指定岗位技能培训的残疾人，每人可享受 20 元/天的补贴；参加创业培训的残疾人每人可享受 20 元/天的补贴。

残疾人培训津贴促进残疾人积极参与培训，但提供培训的部门应设立参与准则。难免有一些不适合参与某类培训的残疾人为了获得津贴而占用培训名额，使真正适合接受培训并有机会通过培训提升能力的残疾人失去培训机会。这时需要提供培训的部门或机构设立门槛，严格把关，根据残疾人的类别、能力以及兴趣设定准则。

2. 开展就业失业登记工作

根据《就业促进法》、《残疾人就业条例》、《就业服务与就业管理规定》

---

① 廖慧卿：《寻找公平与效率的支点：广州市残疾人就业社会政策评析》，《广州社会保障发展报告（2013）》，社会科学文献出版社，2014，第 153～178 页。

以及广东省残疾人联合会、省劳动保障厅《关于开展城镇残疾人员失业登记工作的意见》（粤残联〔2007〕164 号）精神，广州市人力资源和社会保障局早在 2008 年就和广州市残联联合制定了《关于残疾人就业服务机构开展城镇残疾人员就业失业登记工作的通知》（穗劳社函〔2008〕545 号），全面开展残疾人（包括视力残疾人员）的失业登记工作。2013 年 7 月，广州市人力资源和社会保障局出台《广州市人力资源和社会保障局关于印发〈广州市就业失业登记办法〉的通知》（穗人社发〔2013〕80 号）继续对残疾人开展就业失业登记工作。

3. 开展职业培训服务

残疾人职业培训是提升残疾人职业技能水平和参与社会活动的有效途径，因此提供职业培训服务有助于残疾人提升自身技能，也为其参与社会活动奠定基础。

广州市残疾人的职业培训服务内容主要分为两大块，一是分类组织残疾人职业培训，二是加大资金保障和支持力度。分类组织残疾人职业培训就是根据不同需求提供残疾人就业服务，其形式多样，为不同类型残疾人提供不同的选择。但是这些培训服务也存在一定弊端，例如非广州市户口的残疾人士不能接受培训和培训的内容很少涉及专业化和高科技的内容。

广州市开展残疾人就业培训服务主要思路是分类组织残疾人参加职业培训，即根据不同类别残疾人的需求，分类组织职业技能培训，重点开展就业技能培训、岗位技能提升和创业培训。开展职业技能培训即是依托残疾人培训和实训基地及学校等，提供实习培训以提升残疾人就业素质；根据用人单位需求对残疾人开展定向培训；开发残疾人培训新项目，普及残疾人就业服务；建立培训监管机制且做好就业跟踪服务。岗位技能培训即是鼓励企业在上岗前为残疾人提供岗前培训或学徒培训和在岗位上提供岗位技能提升培训。创业培训内容包括要求各级人力资源和社会保障部门大力协助残联开展创业培训、建立孵化基地和项目库与开展提高残疾人创业管理能力的培训班。

残疾人可获得每年一次免费培训机会。残疾人可免费参加培训中心及网络培训机构举办的各类残疾人职业技能培训和培训中心委托其他培训机构或与用人单位联合举办的残疾人职业技能培训，如网络管理、计算机办公软件应用、图像制作、计算机绘图、插花和保健按摩。职业技能培训通过后残疾人还能获得职业技能证书，技能培训不但帮助残疾人掌握实用技术，还进一步提升了残疾人在就业市场的竞争力。

但广州市提供的残疾人就业培训服务还存在一些问题。第一，提供免费培训次数太少。每年仅仅提供一次免费培训机会确实是不能从本质上提升残疾人的技能。很多残疾人由于经济原因只能参加这次免费培训，而没有继续接受培训。第二，不具有广州市户籍的残障人士则无法得到学费减免的优惠。第三，培训内容虽然涉及很多方面，但是都是一些简单的、没有技术含量的培训，缺乏专业化和高科技的培训项目。

4. 职业介绍服务

职业介绍是残疾人就业服务的主要内容之一，服务提供者将职业信息传递给残疾人，加快信息传播速度，有利于资源共享。其主要内容是各级残联通过纸质或网络的方式为有就业需要的残疾人登记，并通过发布招聘信息、直接推荐、组织招聘会、电子简历等方式为残障人士提供职业介绍服务。其政策支持有：第一，公共就业服务机构需要为残疾人免费提供就业政策法规咨询。第二，职业供求信息以及职业介绍等服务。第三，有就业需要的残疾人可以在本地区的残联了解相关的信息，通过就业培训服务中心发布的招聘信息或者开展的招聘会寻找自己满意的职位。

但是在提供职业介绍服务过程中还需要更加注意信息的及时性及准确性。一般情况下，广州市残疾人就业培训服务中心通过网上发布招聘信息及招聘会的形式为残疾人提供职业介绍服务。然而对于一些缺乏计算机技能的残疾人而言，他们无法通过网络获得信息。就业服务人员也不能每次都及时而准确地通知到每个残疾人，因此如何让信息又快又准地传播是职业介绍服务面临的一大挑战。

5. 职业康复服务

残疾人迫切需要职业康复服务。相对于轻度残疾人而言，中重度的残疾人需要花费更多时间和精力才能进入劳动市场。在待业过程中，他们无收入，生存完全依赖家庭。为了满足无法直接进入劳动市场的残疾人的就业需求和解决其生存问题，制定职业康复的相关政策并提供服务是政府非常迫切的任务。

广州市在政策上对职业康复的扶持多以提供康复经费为主，但是这些文件也不多，而且描述得不详细。例如，根据残疾人康复类型，制定不同的康复资助补贴标准，市和区/县各按辖区户籍人口每人每年不低于4元的标准安排康复经费。政策没有说明根据何种标准来制定不同残疾人康复的资助补贴标准，而且不低于4元的标准过于笼统，参考价值不高。

6. 辅助性就业服务

辅助性就业服务就是指组织就业年龄内有就业意愿，但难以进入竞争性劳动力市场的智力、精神和重度肢体残疾人，从事生产劳动的一种集中就业形式，在劳动时间、劳动强度、劳动报酬和劳动协议签订等方面相对普通劳动者较为灵活。

广州市对辅助性就业的扶持政策主要在《关于发展残疾人辅助性就业的意见》（残联发〔2015〕27号）中体现，可归纳为以下七方面。

第一，提供硬件资金扶持。对残疾人辅助性就业机构的一次性建设、场地租金、无障碍环境改造、生产设备和辅助器具购置及残疾职工社会保险等支出给予相关资金扶持。

第二，用地和场所支持。用地成本是残疾人辅助性就业机构发展的主要困难之一，因此政策从几个方面对辅助性就业提供用地扶持。一是政府可以划拨方式为非营利性社会福利机构提供土地使用权，符合划拨土地使用条件的可无偿或低价划拨供地。二是采用有偿方式供地的，在地价上要适当给予优惠，对市政基础设施配套建设费应酌情减免。三是属出让土地的，土地出让金收取标准应当适当降低。四是尽可能在靠近社区、交通便利、环境良好的区位安排用地，施工中要严格按照无障碍标准及规范实施，建成后任何部门和单位不得挤占。

第三，税费扶持。符合税费优惠政策条件的辅助性就业机构，可以按照国家有关规定享受税收优惠和城市建设与公用事业收费优惠政策。

第四，劳动生产项目扶持。从目前各地辅助性就业机构实际运行情况看，缺少就业项目、产品销售不畅等问题是辅助性就业机构生存与发展的主要困难，必须通过补贴或奖励予以解决。对为辅助性就业机构提供就业项目、经营场地等的企业或单位，给予补贴或奖励。

第五，搭建平台和载体。通过发展残疾人托养服务为残疾人辅助性就业搭建平台，使其成为促进残疾人辅助性就业持续健康发展的有效载体；通过推进辅助性就业工作为残疾人托养服务的发展提供良好的政策支持，成为推动残疾人托养服务迈上新台阶的机遇和动力。

第六，将残疾人辅助性就业服务纳入政府购买残疾人服务项目。在残疾人辅助性就业机构中为残疾人提供服务的岗位，其从业人员为符合条件的就业困难人员的，可安排当地政府开发的公益性岗位。辅助性就业机构因其安置残疾人的特点需按人员比例配置一定的专业专职工作人员，其经费可以采用政府购买服务的形式解决。各地要注意培育面向辅助性就业的民办社会服务组织，同时要与各类慈善组织、残疾人家长组织加强合作，解决专业人员队伍建设问题。

第七，其他扶持政策。用电按当地最优惠价格收费，用水按居民生活用水价格收费；使用电话等电信业务给予优惠和优先照顾等。

广州市的辅助性就业服务政策内容齐全且针对性强。辅助性就业服务的政策包括许多方面：资金支持、场地支持、无障碍措施支持、税费支持等，这让广州市的辅助性就业服务得到迅速发展。辅助性就业服务的典型载体——康园工疗站遍地开花，通过其他形式提供辅助性就业服务的载体也不断出现。除此之外，《关于发展残疾人辅助性就业的意见》专门针对辅助性就业制定政策，具有很强的针对性。

7. 就业场所无障碍环境设施服务

研究表明，无障碍环境于残障者而言，意味着工作机会的可及性和机遇的自主性。无障碍通道或者无障碍电梯的缺失对残障者可能意味着工作机会的匮乏。而进入工作场所之后，无障碍环境的完备程度显著影响残障员工的工作成效、工作时间的充足程度、薪酬水平、晋升机会乃至其他的生活机遇①。因此，残疾人就业率偏低也是有原因的。

制定就业场所无障碍环境设施服务政策，让残疾人减少迈向职场的阻力。联合国《残疾人权利公约》②的第二十七条提出，缔约国要确认残疾人在与其他人平等的基础上享有工作权。其中的工作权主要有两点，一是让残疾人能有机会在开放、具有包容性及对残疾人不构成障碍的劳动力市场和工作环境中就业；二是让残疾人拥有为谋生自由选择或接受工作的权利。

8. 个体创业服务

个体创业服务政策主要有四项内容，一是鼓励和扶持残疾人自主择业和自主创业。二是对残疾人从事个体经营的，应当依法给予税收优惠。三是相关费用减免，有关部门应当在经营场地等方面给予照顾，并按照规定免收管理类、登记类和证照类的行政事业性收费。四是提供残疾人创业技能培训。

残疾人个体创业政策鼓励残疾人自主创业，在一定程度上提升了残疾人的就业率，残疾人创业是一种灵活就业形式，残疾人通过自主创业实现就业，甚至能为其他残疾人提供就业岗位。

9. 支持性就业服务

支持性就业服务是针对残疾人的一种新型的就业方式。它是指将残疾人安置在一般就业环境中，在就业辅导员的指导下，残疾人尽可能地参与到竞争性的劳动市场中。广州市的支持性就业服务的主要对象为智障人士，广州市曾经出台的《智力残疾人支持性就业工作试行方案》③，对支持性就业予以多方面的政策支持。该政策实施无论在政策施行和服务提供上，对残疾人的支持都非常到位。

第一，为服务提供经费支持。市残疾人就业培训中心和区残疾人就业服务所为在服务中涉及的调查、评估、培训、宣传、聘请专家等提供经费支

---

① 廖慧卿、岳经纶：《工作场所无障碍环境、融合就业与残障者就业政策——三类用人单位的比较研究》，《公共行政评论》2015年第4期。
② 联合国大会：《残疾人权利公约》，2006。
③ 广州市残疾人联合会：《广州市智力残疾人支持性就业工作试行方案》，2014。

持，每服务一位心智障碍者就业服务机构可获得 1 万元左右的经费支持。

第二，为智障人士开发公益性岗位，创造就业机会。广州市残联通过对用人单位介绍智障人士就业工作经验、指导和开发汽车美容等岗位，并对智力障碍残疾人提供职业技能鉴定工作，提高成功就业概率。

第三，培养就业辅导员。2015 年，广州市残联将依托市残疾人就业培训服务中心和各区/县级残联及民办残疾人服务机构，学习、借鉴其他地区的工作经验，培训 20 名专兼职就业辅导员，支持 20 名智力残疾人公开就业，探索广州市智力残疾人支持性就业模式。

（二）广州市残疾人就业服务的实施现状

残疾人就业服务自施行以来为残疾人提供各种就业服务，确实为残疾人、残疾人家庭和社会带来一定的经济效益和社会效益。但是政策及服务并不是面面俱到，不能惠及每一个残疾人，残疾人就业政策及服务仍然存在着机遇和挑战。

总体而言，广州市残疾人联合会积极提供和支持残疾人就业服务，促进残疾人就业。《广州市残联残疾人基本公共服务目录（2016）》列示多项残疾人就业服务项目，如康园工疗站康复训练服务 4275 人次、康园工疗站机构指导督导与管理服务 4900 人次、智力残疾人职业康复训练 80 人次、精神残疾人职业康复训练辅助服务 140 人次、智力残疾人支持性就业服务 30 人次、残疾人职业技能培训 350 人次、无障碍环境督导服务等。残联设立的残疾人基本公共服务在一定程度上保障了残疾人的就业权益，让残疾人获得更多的就业技能提升和就业机会。

下文根据不同种类的残疾人就业服务，分析其各自的就业服务现状。

1. 职业培训服务人数呈增长趋势

近年来，广州市残疾人职业培训的受益人数和培训项目都有所增长。如2015 年，广州市本级开设残疾人职业培训项目共 22 项，市、区残联组织2970 名残疾人职业培训。到了 2016 年，全市新增培训 2566 人次，举办培训 47 期共 17 个专业，其中电商和微商企业班学员数量比上年增加一倍，并首次实施创业课下农村。

广州市的残疾人职业培训主要由人社局和残联分别提供。2015 年，广州市人社局市职能能力培训指导中心共吸纳了 120 名残疾人参加职业技能培训，包括保健按摩、芳香保健、计算机操作等方面培训，残疾人 IYB[①] 培训的人数为 17 人。2016 年广州市残疾人就业培训服务中心开展残疾人职业技能培训 350 人次，提供 2853 元/（人·月）的经费支持。此外，残联还提供支持性就业培训服务 30 人次，经费为 10000 元/（人·年）。

2. 通过多元途径进行职业介绍服务

2016 年，广州市残联下属的残疾人劳动就业服务中心通过服务窗口接待、招聘会、电话、短信、网络、上门等形式，为残疾人提供职业介绍、职业指导等服务 2715 人次，对外发布招聘信息 6532 条。通过与政府职能部门、用人单位的协调沟通、密切配合，该中心全年在市内多个地点组织举办残疾人专场招聘会 12 场，参会单位共 262 家，入场求职残疾人达 2235 人次，达成就业意向的有 518 人。[②]

广州市人社局主要是通过"就业援助月"的活动推动残疾人的职业介绍服务。2015 年就业援助月活动期间，共组织举行专场招聘会 26 场次，为 1276 名就业困难人员提供职业指导和职业介绍等就业服务，帮助 3283 名就业困难人员实现就业；对 3221 名重点援助对象人员发放慰问金和慰问品共计 64.67 万元。2016 年就业援助月专项活动期间，全市共组织举行专场招聘会 18 场；帮助 7097 名就业困难人员实现就业；对 2716 名重点援助对象人员发放慰问金和慰问品，共计 54.44 万元。[③]

3. 为心智障碍者提供职业康复服务

广州市残疾人联合会下属的展能中心和就业培训中心共同为残疾人提供三种类型的职业康复服务。2016 年广州市残疾人展能中心为残疾人提供康园工疗站康复训练服务共 4748 人次，每人每月经费标准为 600 元。广州市

---

① IYB：Improve Your Business，"改善你的企业"项目专称。
② 资料来源：广州市残疾人联合会数据。
③ 资料来源：广州市人力资源和社会保障局。

残疾人就业培训中心为精神残疾人提供职业康复训练辅助服务 140 人次，经费标准高达 87500 元。广州市残疾人就业培训中心为智力残疾人提供职业康复训练服务 80 人次，每人每月经费标准为 500 元。

4. 辅助性就业服务获得进一步发展

根据政策指导，广州市内提供残疾人职业康复和辅助性就业服务的机构及接受服务的残疾人可以享受政策优待。广州市提供职业康复与辅助性就业服务的组织主要有广州市残疾人联合会下属机构、工疗站、农疗站和庇护工场等。

（1）工疗站提供辅助性就业服务

工疗站的工疗是残疾人康复训练的主要途径，也是工疗服务的主要内容。农疗站与工疗站类似，农疗和职业训练作为其主要服务内容，在以下详述。工疗站的工疗康复训练是指通过承接信封、包装盒等简单的来料加工生产，残疾人增强劳动意识和掌握劳动技能。截至 2014 年广州市共建立了 183 个街镇工疗站，安置 5113 名残疾人，为残疾人回归社会实现就业提供了机会。另外每个参加工疗训练的残疾人根据其产出，每月能获得生产补贴 300～400 元，并且每天每位残疾人能获得 15 元补贴。因此工疗训练不但能提高其就业能力还能减轻他们的生活负担。

（2）庇护工场提供辅助性就业服务

截至 2016 年 12 月，春晖庇护工场服务人数为 132 人，人员在训总天数为 2667 天，其主要按照康复者的能力，提供包括手工加工训练、清洁训练、车缝训练、前台接待训练、艺术训练、手工艺品制作训练以及售货员训练，力求提高康复者职业能力。截至 2016 年 6 月，慧灵庇护工场在庇护性就业岗位的人数为 37 人，其通过为服务对象提供过渡性就业训练，协助服务对象在工作训练中提升职业技能，最终实现就业。

（3）残联扶持盲人按摩机构发展

2016 年，广州市残联完成了对 2 个共集中安置 31 名残疾人就业的盲人按摩机构进行资格认定，协助办理年退税额达二十多万元。

以上提及的提供职业训练和辅助性就业服务的机构，都在不同程度上获得政策支持。广州市残联下属的机构和广州市工疗站都由政府主导和出资，由广州市残联管理，其他未获得直接资金注入的机构也会有不定项的项目支持。在场地支持方面，残联下属机构获得残联免费提供的场地，工疗站使用场地由街镇无偿提供。一些社会资本注册的机构通过申请可减免租金，广州市慧灵智障人士服务中心就是其中一例。另外以上机构生产的产品能获得政府优先采购权并且免收税费。

辅助性就业服务能够解决残疾人就业问题，促进残疾人健康发展。辅助性就业服务主要通过就业安置实现残疾人就业服务，这种安置方式不仅为残疾人提供就业安置机会，同时还有职业重建、训练、过渡性就业与康复等功能。残疾人在接受辅助性就业服务的同时可以促进各方面能力提升，因此庇护性就业服务确实是残疾人的福音。

辅助性就业服务有一定的社会效益和经济效益。一是解决了一部分智障人士和自闭症人士的就业安置问题；二是全面服务内容使服务对象全面发展和进步；三是体现了服务对象的社会价值。服务对象在接受服务过程中作为生产力投入生产，他们占用资源、投入劳动并有所产出，使民办社会服务组织获得经济效益。

5. 支持集中就业场所的无障碍设施建设

2016 年，广州市残联为 4 家安置残疾人较为集中的企业提供了无障碍设施改造扶持资金近 15 万元，稳定了 113 名残疾人的就业。根据省残联基地建设标准建设残疾人就业基地 4 个，共安置 189 名残疾人就业，其中：工业基地 3 个，从业人员 137 人；农业基地 1 个，从业人员 52 人。[①]

6. 通过培训和补贴等方式支持个体创业服务

广州市内的个体创业培训服务主要由省残疾人就业服务中心职业培训科提供并执行，定期开展就业培训班，内容多种多样，包括淘宝微信创业培训班、SYB 创业培训班等。但是目前很少有服务机构专门为残疾人提供个体创业服务，残疾人获得支持较少。2016 年，广州市对 75 名符

---

① 资料来源：广州市残联数据。

合申请条件的残疾个体从业人员的社会保险补贴进行审核，补贴金额492473 元。①

7. 实施支持性就业服务的试点工作

从 2015 年开始，广州市开始实施支持性就业的试点工作。目前支持性就业的受益对象主要集中在有一定工作能力和工作意愿的心智障碍者，特别是智力障碍和自闭症患者。2015 年、2016 年两年里，广州市财政每年投入 200 万元资金支持上述目标群体的就业。主要是通过服务外包等形式，鼓励民间社会服务机构为他们进行职业重建工作，每年平均有 20 位心智障碍者通过该服务进入自由劳动力市场。此外，一支专业的就业辅导员队伍开始形成。

四　广州残疾人就业服务的挑战与对策

（一）广州残疾人就业服务的挑战

1. 就业服务覆盖面不广

广州市就业服务覆盖面不广体现在两个方面。第一，服务需求与供给不匹配，导致服务覆盖面不够广泛。广州市适龄就业残疾人人口数量大，服务需求大。但是服务供给不足，提供就业服务的机构有限，导致获得就业服务的残疾人占比不高。原则上每位残疾人应根据个人能力，接受适合的就业服务，但由于服务供给不足，并不是所有的残疾人能够获得就业服务。

第二，就业服务内容的覆盖面不广。广州市提供的就业服务已经很多，但是覆盖面仍然不够广，其主要体现在以下两个方面。一是残疾人就业培训项目内容不够广泛。市残联每年都组织残疾人培训，并提供培训鼓励金鼓励残疾人主动参与培训，甚至希望他们能主动考取职业资格证。但是市残联提

---

① 资料来源：广州市残联数据。

供的职业培训项目内容不是很多，也不是所有残疾人适合参与这些培训，所以应增加培训的内容，让培训内容覆盖面更广，惠及更多残疾人。二是残疾人就业服务仅仅提供工作能力提升服务。残疾人参与就业除了需要获得工作能力以外，还需要具备使用交通工具的能力、沟通能力、自理能力、情绪管理能力等。然而现在的就业服务很少涉及这方面的内容，尽管服务对象的工作能力有所提升，但是却因其他各个方面的能力不足而难以实现就业。

2. 就业服务的资金投入不足

资金投入不足是牵制就业服务发展的根本原因。服务机构缺乏资金支持，就业服务难以开展或扩展。许多提供就业服务的机构由于缺乏资金、缺乏场地、缺乏人力资源等，难以提供培训和开发岗位。然而这些都是促进就业服务发展的必要因素，只有投入足够的资金、场地、人力资源，服务机构才能提供服务，进而就业服务才能发展起来。

3. 欠缺专业化服务人员

在提供残疾人就业服务的过程中需要大量不同类型的专业人才，尤其是专业化的服务人员，但目前的就业服务却恰恰缺乏专业化的服务人员。服务人员有很多类别，例如提供培训的老师、就业辅导员、社工等。他们直接接触服务对象，需要很多专业知识和技巧。受服务内容的影响，他们各自的专业要求不同。

目前服务人员不专业体现在两个方面。一是现有的服务人员没有受过专业化的教育；二是缺乏其他类型的专业化服务人员。现有的就业服务人员多半没有受过专业化的训练和教育，缺乏专业知识和技能。在提供服务过程中，难免会出现问题，可能导致服务效率不高、服务递送出错、信息传递延误等问题。提供就业服务过程中还需要其他专业人士的帮助，例如医生、心理咨询师、管理人才、筹款人才等。只有不断吸引不同类型的专业人才，才能让服务发展得更好。

4. 社区融合度不足

目前广州市残疾人就业服务的一个缺陷是某些服务机构地点脱离社区，在偏僻的地方开展服务。这让外界很难进入服务区域，服务对象也难以与其他人接触。这将不利于服务对象融入社会，一方面是影响服务对象接受外界事物的能力和处理人际关系的能力，另一方面外界将缺少了解和接纳残疾人的机会。

5. 政府缺乏对就业场所无障碍环境设施进行支持的服务

不完善的就业服务环境最主要是无障碍环境方面。政府、残联部门以及企业单位，对残疾人就业环境中的无障碍设施建设不足。无障碍设施包括无障碍通道、电梯、楼梯、平台、房间、洗手间、席位、盲文标识和音响提示以及通信设施，在生活中更是没有无障碍扶手、沐浴凳等与其生活相关的设施。然而很少服务机构能够提供完善的无障碍环境，甚至有的机构完全没有实施无障碍的措施。

无障碍环境设施的完善对于残疾人来说有着非凡的意义，就业场所无障碍环境可以帮助残疾人充分发挥自己的能力，完成工作。但是国内尚未有任何法律、行政法规明确界定工作场所无障碍环境的政府责任和企业责任，也未有任何相关政策对此进行支持①。广州市也还没有出现关于残疾人就业场所无障碍建设的政策，缺乏针对性的服务递送，有就业需求的残疾人只能依靠自我调适去克服充满障碍的社会环境②。

无论是《残疾人就业条例》③ 还是《无障碍环境建设条例》④，都没有涉及残疾人就业场所的无障碍环境建设，而其他提及此方面的政策也只是一笔带过，并无详细的说明。比如2015年残联发布的《关于发展残疾人辅助性就业的意见》中的第八条，仅要求企业单位考虑残疾人的特殊情况和需求，尽可能在靠近社区、交通便利、环境良好的区位安排，施工中要严格按照无障碍标准及规范实施，并且对残疾人辅助性就业机构的无障碍环境改造给予相关资金扶持。然而关于具体的标准和规范均未提及，无障碍环境的改

---

① 廖慧卿、岳经纶：《工作场所无障碍环境、融合就业与残障者就业政策——三类用人单位的比较研究》，《公共行政评论》2015年第4期。
② 廖慧卿、岳经纶：《工作场所无障碍环境、融合就业与残障者就业政策——三类用人单位的比较研究》，《公共行政评论》2015年第4期。
③ 《残疾人就业条例》（中华人民共和国国务院令第488号），2007年2月25日。
④ 《无障碍环境建设条例》（国务院令第622号），2012年6月28日。

造也不一定得到好的监管，仍存在很多的企业即使聘请残疾人也不改造无障碍环境的现象。

无障碍环境的满足不是社会对残障者的恩赐，而是残障者可以主张的基本社会权利①。完善残疾人就业场所无障碍环境设施服务的递送系统，改善就业场所的无障碍环境，让残疾人能拥有平等的就业权，帮助他们消除环境障碍，以发挥他们的真正水平是十分必要的。

6. 支持性就业服务尚未全面铺开，受益群体规模小

目前广州市支持性就业服务惠及的服务对象数量较少，并且通过接受支持性就业服务且能成功就业的心智障碍者比例低。截至 2016 年底，广州市能够提供支持性就业服务的机构只有 4 个。总体来说，能够提供支持性就业服务的机构很少，服务惠及的对象也非常少，并且成功率仅为 50%。

（二）关于完善广州残疾人就业服务的政策

1. 完善残疾人就业优惠政策

残疾人就业服务发展离不开健全的就业政策，因此应尽可能完善残疾人就业的政策。完善残疾人就业优惠政策的主要措施是：第一，应该细化现有的残疾人就业政策。现有政策不少是纲领性的政策，这些政策对残疾人就业及服务起到一定的促进作用，但不能全方位地保障残疾人和促进就业。应该根据残疾人的就业需要将现有的就业政策细化，各自为不同类型残疾人和不同的就业服务制定详细的政策。第二，应完善鼓励社会其他力量提供就业机会和就业服务的政策。除政府以外的社会力量也能为残疾人提供就业服务，也应该出台和完善这方面的优惠政策。

2. 孵化残疾人就业服务机构及引导其规范化建设

残疾人就业服务机构是服务递送的主要载体，只有孵化更多残疾人就业服务机构并引导他们规范化建设，才能完善残疾人就业服务。

---

① 廖慧卿、岳经纶：《工作场所无障碍环境、融合就业与残障者就业政策——三类用人单位的比较研究》，《公共行政评论》2015 年第 4 期。

一是鼓励残疾人就业服务机构建立并提供专业的、免费的指导。专业指导包括机构运营、管理、资源配置等方面的内容，以促进机构持续发展与提供就业服务。二是对服务机构人员进行免费且持续培训。培训内容应多样化，包括服务人员从业道德素养与伦理方面的知识、专业服务知识、救助常识和政策解读等。三是定时对机构的服务进行评估检测与升级。要针对服务机构本身的服务进行评估检测和升级，定时抽查。四是健全残疾人就业服务机构管理的法律法规，加强监督。

3. 完善就业服务网络并提供各种形式的就业信息和就业岗位

将各个就业服务环节连成网络并使各个环节紧密相连，以此将服务不断扩大。在完善就业服务网络的基础上，进一步加强对就业信息传递的管理，及时处理就业及服务信息，并将信息传达给残疾人。

4. 重点普及就业培训及就业康复服务

残疾人不能实现就业的最重要原因之一是能力不足，提升残疾人的能力必须通过提供就业培训及就业康复服务来实现，因此应该重点普及就业培训及就业康复服务。一是加大残疾人就业培训和康复服务资金支持，投入资金以增加更多培训内容和康复项目。二是鼓励就业服务机构提供就业培训及就业康复服务。三是加强残疾人就业培训的政府引导。政府应在残疾人事业和残疾人就业培训及康复工作中，准确地进行角色定位，明晰工作重点。

参考文献

Kelly G. M. , Employment and Concepts of Work in the New Economy. *International Labour Review.* 139（1），2000，p. 9.

Kiernan，W. E. , Gilmore，D. S. , & Butterworth，J. , Integrated Employment: Evolution of National Practices. Integrated Employment: Current Status and Future Directions. 1997，pp. 17 – 29.

廖慧卿：《寻找公平与效率的支点：广州市残疾人就业社会政策评析》，《广州社会保障发展报告（2013）》，社会科学文献出版社，2014。

廖慧卿、岳经纶：《工作场所无障碍环境、融合就业与残障者就业政策———三类用人单位的比较研究》，《公共行政评论》2015年第4期。

王国羽、林昭吟、张恒豪：《残障研究理论与政策应用》，巨流出版社，2012。

徐倩：《我国残疾人就业服务现状、困境与优化》，《残疾人研究》2015年第3期。

杨振婷：《上海市社会组织参与残疾人就业服务研究》，上海师范大学硕士学位论文，2015。

张革成：《残疾人就业平等权利的法律与现实》，四川大学硕士学位论文，2007。

张湖东、葛燕：《促进残疾人就业的公共政策研究——基于广州调查数据的分析》，广东残联网站，http：//cjrjob.cn/html/18/n－42518.html，2011。

B.11
城市流浪乞讨人员就业帮扶

——社工介入的广州实践

彭杰　王连权*

摘　要：　广州市流浪乞讨人员较多，来源复杂且造成流浪乞讨的原因较多。在人数呈逐年增加、中青年人群占据相当比例的背景下，仅仅依靠目前的物质救助、协助返乡等方式，并不能从根本上解决问题，而就业帮扶作为近年来社工介入流浪乞讨人员工作的一种方式，能有效促进他们回归社会、自食其力。本文以广州市流浪乞讨人员为研究对象，基于社会工作介入就业帮扶的实践，分析广州社工介入流浪乞讨人员就业服务的现状，以探索流浪乞讨人员就业帮扶的模式。

关键词：　流浪乞讨人员　就业帮扶　社工介入

一　引言

　　流浪乞讨现象会影响城市环境、公共卫生及公共安全，会增加城市管理的难度和成本。自 2003 年"孙志刚事件"之后，我国颁布了《城市生活无着的流浪乞讨人员救助管理办法》，把以前的"收容所"变更为"救助站"，从强制收容改变成自愿救助的形式。这一大的改变表明我们国家对城市生活

---

* 彭杰，博士，华南师范大学政治与行政学院社会工作系，研究方向为医疗社会学、社会政策；王连权，广州市鼎和社会工作服务中心总干事。

无着的流浪乞讨人员的人性化管理。

朱力在《城市行乞者群体滋生的社会原因》一书中认为，农村贫困落后地区的外出流动人口是城市流浪乞讨群体的主体。书中将这类人群分为三种：第一种是农村妇女、老人、儿童甚至残疾人，因无劳动能力，只能以乞讨获取生活来源；第二种是农民进入城市后，暂时找不到工作，无法维持基本的生存，因而以乞讨为生；第三种是有劳动能力，但游荡成性、好逸恶劳者。流浪乞讨人员劳动力、语言、社会功能等方面的缺损使其不能从事一般的工作，而特殊的职业或专门的工作场所稀少。① 这些问题的存在更促使社工对需要工作、但又找不到工作的流浪乞讨者采取应对措施。

另外，在广州市越来越多的社会团体和社会组织对流浪乞讨人员进行关注，许多志愿团体只是单纯地提供物资，对表达需要找工作的，则介绍岗位让服务对象直接上岗，使得服务对象不珍惜就业机会，或者因为一些不良行为习惯以及沟通能力问题，致使服务对象坚持不久后，又回归流浪乞讨生活。

综上所述，将"供血"变为"造血"尤为重要，通过就业帮扶计划，提供职业教育和技术培训，增加乞讨者的知识和技能，提供适合的就业机会，努力帮助他们实现自食其力，总结前人探索的经验，摸索出就业帮扶的模式。

二　有关城市流浪乞讨人员就业帮扶的研究

笔者在撰写此论文时查阅了城市流浪乞讨救助领域相关的论文研究，发现大部分的论文研究针对流浪乞讨人员的现状及政府应对政策方面，如广州大学汤秀娟、王霞《城市流浪乞讨人员救助现状与对策研究》、汤秀娟《城市流浪乞讨人员救助管理政策的运行效应》都以广州城市流浪乞讨人员为例进行现状以及政策的研究，认为政府在城市流浪乞讨人员救助方面应该完

---

① 朱力：《城市行乞者群体滋生的社会原因》，《探索与争鸣》2004 年第 5 期。

善救助政策及健全农村保障体系①。而中国地质大学刘中兰等在《发达国家城市流浪乞讨救助政策及其对我国的启示》②中则对美国、英国、法国、日本等发达国家城市流浪乞讨救助政策进行分析研究以作为借鉴，我国可从完善法律法规、发挥非政府组织的作用、发展经济入手，优化资源配置，完善社会保障制度等。广东工业大学李国活等在《成年流浪乞讨人员就业技能培训模式初探——以广州为例》中进行了流浪乞讨人员就业帮扶的研究，主要围绕广州市救助站对成年的流浪乞讨人员进行技能培训展开。③

针对国内关于城市流浪乞讨人员救助的研究大部分从现状研究及社会政策方面进行研究，而从实务方面特别是就业帮扶实践服务方面的研究较少，本文以城市流浪乞讨人员就业帮扶实践作为研究探讨成年流浪乞讨人员就业帮扶模式。

三 广州市社工介入流浪乞讨就业帮扶的探索

从 2015 年起，广州市鼎和社会工作服务中心承接市民政局专项服务，在全市范围内开展流浪乞讨人员社工介入服务，并从弃讨返乡、就业帮扶等方面来着重开展针对这类人群的服务。在此之前，各区也有一些社工服务机构零星地进行流浪乞讨人员就业帮扶方面的探索。

（一）穗星社会工作服务中心

广州市穗星社会工作服务中心（以下简称"穗星"）是在市民政局正式备案登记的民办非营利性社会工作机构。业务范围包括承接政府机关、企事业单位、社会团体委托的各类社工项目，社会工作相关的咨询、培训、宣传

---

① 汤秀娟、王霞：《城市流浪乞讨人员救助现状分析与对策研究》，《广州大学学报》（社会科学版）2007 年第 8 期；汤秀娟：《城市流浪乞讨人员救助管理政策的运行效应》，《国家行政学院学报》（调查与思考版）2010 年第 2 期。

② 刘中兰、郝江军、丁继国：《发达国家城市流浪乞讨救助政策及其对我国的启示》，《城市社会：城市发展研究》2012 年第 8 期。

③ 李国活、唐永辉等：《成年流浪乞讨人员就业技能培训模式初探——以广州为例》，《市场周刊》（理论研究）2015 年第 1 期。

和交流活动等。近年来，"穗星"在广州市辖内的多条行政街，运作青少年、妇女、综合服务等多种服务项目，取得了一定成效，积累了丰富经验。

广州市穗星社会工作服务中心从 2014 年起开始实施"街有佳友——露宿者回归社会计划"，通过深入的个案工作，致力于帮助露宿者返乡、就业、就医等，让露宿者回归主流社会。项目社工共辅导 4 个求职类个案，运用专业方法成功帮助 2 名以上服务对象实现就业。由于成功就业的个案容易重新返回露宿，项目组尝试建立一套完备的露宿者就业培训系统。除了为有就业意向的露宿者做职业相关的知识技能培训外，更增加了沟通技巧、职业态度、改变不良习惯、待人接物方式等方面的培训。

（二）启智社会工作服务中心

广州市启智社会工作服务中心（以下简称"启智"）是 2012 年初在民政局注册的非营利、公益性民间组织。"启智"以"同心同路，服务社群"为宗旨，引入我国香港及新加坡等先进地区的社工服务理念和方法，提供全方位优质系统的社区综合服务，服务项目涵盖长者服务、青少年服务、家庭服务、残障康复服务、外来工服务、劳动就业服务、义工发展、社会工作专业咨询与培训等。

广州市启智社会工作服务中心开展了"福彩有爱，弃讨返乡"流浪乞讨人员社工救助项目，通过发动义工为流浪者寻找工作，为他们做职业推荐、职业培训，帮助他们重新回归社会。项目从 2014 年 8 月开始开展服务，为期一年，共有三人实现就业。

（三）心明爱社会工作服务中心

广州市心明爱社会工作服务中心（以下简称"心明爱"）成立于 2011年，是具有独立法人资格的民办非企业社工机构，是广州市首批获得"4A级社会组织"殊荣的专业社会服务机构。"心明爱"秉承"以人为本、奉献精神、互助友爱"的价值观，以妇女儿童及长者服务为基础，用创新公益慈善模式，致力于发展多元化及专业化的社会服务专业机构。目前机构拥有家庭综合、品牌养老、妇女儿童、司法矫正安置帮教四大类服务。

广州市心明爱社会工作服务中心承接广州市海珠区民政局购买项目，于2015年11月开始为海珠区流浪乞讨人员提供一系列的服务与援助。项目社工为流浪人员建立就业技巧提升小组，提升他们的面试技巧，并带领他们到异地务工人员专场招聘会现场进行现场应聘。

总体而言，广州市各社会工作机构为流浪乞讨人员提供的就业服务开展时间较晚，且都处于探索阶段。很多成功就业的流浪乞讨人员不久后再次回归流浪乞讨生活，服务的成效很难体现和巩固。诚然，帮助流浪乞讨人员就业是从根本上减少流浪乞讨现象的重要举措，同时也是十分困难的。但各方的努力和尝试并不是无意义的，它为日后有效实现该群体的正常就业打下基础，在不断探索和创新之下，寻找一条可持续的就业帮扶路径。

四　广州市流浪乞讨人员及就业帮扶的现状

广州市高度重视对流浪乞讨人员的救助管理工作。据不完全统计，2003～2015年广州累计救助生活无着落者和流浪乞讨人员逾44.5万人次，约占全省救助量的33%。[①] 为了进一步提升流浪乞讨救助服务，社会工作服务中心于2015年11月以政府购买的形式，在广州全市范围开展流浪乞讨人员社会工作介入服务项目。如广州鼎和社会工作服务中心（简称"鼎和社工中心"）承接市民政局购买的该专项服务。

广州市鼎和社会工作服务中心筹建于2012年，由具有多年公益服务经验的爱心人士发起、组建，该中心秉承尊重、责任、担当、奉献的使命感和价值观，致力于专业化社工服务领域工作。机构承接并完成多个社工专项服务，包括广州市越秀区东山福利院"全程关怀"项目、广州市越秀区社工文化沙龙、"集思公益　幸福广东"支持妇女计划（老人院女工支持计划）等。从2015年起，广州鼎和社工中心集中机构人力、物力致力于流浪乞讨

---

① 广州市民政局及广州救助管理机构统计资料。

社工专项服务。该项目自启动以来,受到媒体的广泛关注报道。新华社、人民网、《中国社工时报》、广东电视台、《南方日报》等三十多家媒体进行了近百次的报道。

(一)流浪乞讨人员就业能力与就业需求状况

根据"鼎和社工中心"的服务资料统计,截至2016年9月30日,广州市流浪乞讨人员社会工作介入服务项目已经为流浪乞讨人员建立档案627份,进行个案帮扶223例,成功促成弃讨返乡69例/76人,进行服务回访63例,提供转介服务29例,促使8人成功就业。

从建档数据中,社工发现有就业意愿的人员有143人,占总建档数的22.8%,其中有就业意向且身体健康的占63%,身体残疾的也希望能就业的占29%,8%是有病症和有疑似精神病的,就业比较困难(见表1)。通过社工对有就业能力的流浪乞讨者进行访谈发现,他们找不到工作存在以下问题:就业信息不畅通、好逸恶劳的惰性、文化水平比较低、身份证已经丢失、无就业技能、找工作存在眼高手低的现象、人际关系比较差等。

另外有29%的残疾人也希望能够就业,这部分残疾人相对比较年轻,因为家庭也比较困难,政府所给的保障补贴比较少,社会能够提供的岗位比较少,对残疾人工作接纳度不高。所以这部分残疾人则利用自身缺陷,博取社会人士爱心而赚取生活费,甚至有人以此作为其"职业"。

表1 15~50岁有就业意愿的流浪乞讨人员健康状况

单位:%

健康状况	百分比	健康状况	百分比
健　康	63	疑似精神疾病	1
残　疾	29	合　计	100
有疾病	7		(N = 143)

分析项目组从2015年11月中旬至2016年5月31日建立的111份天河区流浪乞讨人员档案,发现天河区的流浪乞讨人员以男性为主,占比为

81%，女性占19%；在年龄分布上，41～60岁流浪乞讨人员占到45%，18～40岁流浪乞讨人员占到26%，60岁以上老年群体也占到27%，而18岁以下的未成年人则较少，只有2名；从健康状况看，有17%的人员身有"残疾"，11%的人员患有"疾病"，6%的人员"疑似患有精神类疾病"，其他66%的人员身体状况良好。进一步分析这些人的未来的生活（或就业）意愿，有将近一半的人希望通过自身的劳动来养活自己。如表2数据显示：仅有31%希望继续乞讨，有28%的人希望有稳定的工作，6%的人希望以打短工来维持生计，有12%的人通过拾荒来生活。

表2　天河区流浪乞讨人员生活意愿

单位：%

生活意愿	百分比	生活意愿	百分比
打短工	6	乞讨	31
拾荒	12	其他	9
稳定工作	28	合计	100
弃讨返乡	14		（N=111人）

综上所述，相当一部分流浪乞讨人员表达希望能够就业，但因文化水平、工作技能、沟通技巧、身体残疾、就业岗位、自身原因和态度等问题未能就业，而造成流浪乞讨。故通过社会工作的介入，对有就业意愿的流浪乞讨人员进行就业帮扶，提升其认知、信心、能力，通过增强支持网络，协助他们通过就业回归社会，摆脱流浪乞讨的现状，有着积极的探索意义。

（二）广州鼎和流浪乞讨者就业帮扶模式

广州市鼎和社会工作服务中心"流浪乞讨人员社会工作介入服务项目"于2015年11月开展服务，并不断探索就业帮扶的模式，通过深入的个案辅导、小组辅导、链接企业资源等方式帮助多名流浪乞讨人员成功就业。项目组通过个案辅导，与流浪乞讨人员分析现状、提供就业信息；开展了就业辅导小组，为5名流浪乞讨人员提供情绪疏导、自我认知、工作适应、面试技能培训等支持,并陪同他们亲身体验现场招聘会的应聘过程;携手绣形绣色广绣艺术馆启动一绣一彩创业工作坊,为5名残障街友打造一个自力更生的平台;通过邀请艺术馆的老师亲临教授广绣针法技术,让街友学习到一门技术,再通过出售广绣产品获得一定的收入;通过项目组的宣传推广,工作坊受到了一定的关注。

1. 个案就业帮扶

个案就业帮扶采取信息采集—评估—就业及技能培训—面试—就业跟踪的介入流程。通过信息采集了解流浪乞讨人员的基本信息,了解其过去的工作经历、就业技能和就业意向。根据其就业意向提供适当的就业培训和就业技能辅导,协助他们寻找招聘信息和爱心企业资源,找到适合的岗位后陪同其前去面试。在面试前,社工会帮助提供面试技巧培训或模拟面试减轻其心理负担,另外还提供衣物和洗漱套装给其改善面貌和个人卫生。当他们成功面试后,社工会联合其就业单位负责人对流浪乞讨者进行动态观察,及时了解他们的动态。他们进入岗位后定时对其进行跟踪回访,根据他们适应岗位的情况适时提供情绪情感的疏导。

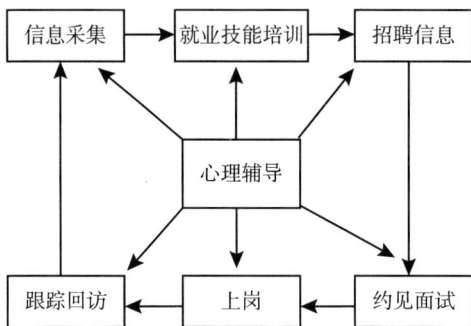

图1 流浪乞讨人员就业帮扶流程

在个案帮扶的过程中,社工有针对性地对这些群体进行深入的访谈和评估,深入具体了解其不能就业的原因,帮助其剔除不理性的想法,针对其具备的技能和兴趣合理介绍工作,目前也会针对无技能而又想就业的流浪乞讨者进行就业技能培训或辅导。一年下来,社工已辅导8个流浪乞讨者成功就业。其中一个二十多岁的小伙子，因为其本身掌握数控技术的技能，社工介入后，提供情感支持、现状分析、鼓励、简历制作、投递信息等服务，让其提高主动性，最终找到的工作待遇也比较好。相对而言，其他的就业流浪乞讨者大多只能坚持两三个月的时间，经过了解，其中原因是在工作过程中与同事相处不来，或者与老板的要求不合而被辞掉，普遍缺乏人际关系处理及交往技巧。有些本身缺乏技能的流浪乞讨人员，则因为工资比较少而放弃了继续就业的机会，返回流浪乞讨的生活。

2. 就业辅导小组

项目组通过前期对广州火车东站二楼平台的流浪乞讨人员建立档案和保持长期的接触，了解到有部分流浪乞讨人员有就业方面的需求，经过与这部分人员多次交流和深入的访谈后，项目组筛选了其中5名流浪乞讨人员开展小组工作。就业辅导小组提供包括情绪辅导、自我认知、工作适应、面试技能培训等支持，并陪同他们亲身体验现场招聘会的应聘过程。5名组员分别是20岁、34岁、35岁、42岁和50岁，来自广西、贵州和湖南三个省份，文化水平都处于小学和初中，除其中一名组员有轻度小儿麻痹症外，其他组员都具备正常的劳动能力。他们都只做过一些难度较低的工作，比如保安和流水线工作；意向岗位是保安、保洁等简单易操作的工种。

社会工作人员在小组工作过程中发现，他们都曾经在工作中出现不适应的情况，包括对工作内容的不适应和与其他同事相处中出现不适应；导致他们放弃工作而选择流浪乞讨的重要原因是，他们普遍缺乏遵守规则的意识，容易情绪化，面对困难习惯选择逃避的方式。在小组平等、包容和相互尊重的氛围下，组员都能分享自己的过往经历，能够相互支持与鼓励，有效舒缓内心的负面情绪，修正部分错误的认知和观念，而面试技巧的培训也让组员更有信心找到一份适合自己的工作。虽然在最后的现场招聘会中没有组员应聘成功，但是相对于小组工作开展前，组员能更明确自己的目标，也敢于主动争取工作机会。就业小组工作对于流浪乞讨人员是一种创新的服务方式，对于流浪乞讨人员实现就业有很大的帮助，也为流浪乞讨人员的就业服务提供极大的参考价值，需要我们继续尝试和不断反思改进小组的设计，以更符合小组组员的需求。

3.创业工作坊

前期经过社工对流浪乞讨人员进行调查发现，中青年的残疾人平时除了乞讨外，还会在家里做手工，串珠子挣钱。年轻残疾乞讨者希望通过做手工能够多挣点生活费，也希望能够通过自己的双手劳动挣钱，以摆脱乞讨者的身份。年轻残疾乞讨者自己会联系一些串珠子、刺十字绣、编织鞋子等容易简单的手工工作。这些手工活可以在家里做，而且是多劳多得，即使肢体有残缺，只要双手能做就可以完成。但是，做这些手工的时间比较长，能拿到的工资较少，难以维持生计，导致这个群体的人依然需要继续流浪和乞讨。

年轻残疾乞讨者虽有摆脱流浪乞讨困境的想法，但因身体的缺陷和文化知识所限制，要通过公司招聘、人才市场的面试等方式去争取工作存在一定的困难。所以流浪乞讨的残疾人想通过自己的双手挣钱，通过学习一门技术去持续发展是比较理想的状态，也符合年轻残疾乞讨者渴望学习技术，从而通过技术获取收入、维持生活的心理。

因此，社工以及广绣达人唐老师共同合作，通过爱心企业的资助，协助年轻残疾乞讨者创立广绣工作坊进行就业的新尝试。在这个工作坊中，主要由5名残疾人分工合作，根据他们每个人特长特性分配有主管、销售、技术员以及宣传这几个职位，大家互相合作学习广绣技术。前期主要不断练习针法和向一些爱心企业批发一些手工产品来维持生计，后期他们针法熟悉了，开始尝试针绣产品，以及结合社工的宣传活动义卖。通过持续的学习，随着练习的增多和针法的熟练，工作坊成员将逐渐学习广绣的主要技术，并运用学习到的广绣技术制造产品出去销售，以获取收入。经过三个月的尝试与探索，工作坊成员已能绣一些简单实用的小物品，受到很多社会爱心人士的关注。另外，工作坊也开始进入公益集市义卖行列，以维持工作坊的运作。

广绣工作坊目前基本状况良好，但仍然处于初始发展阶段，而广绣技术是需要时间的练习和技术的沉淀，三个月时间，工作坊成员虽然只是学会基本的一些针法，也只能绣出半成品，未能做出真正产品，但过程是艰辛的，也能展现出残疾流浪乞讨者积极、努力做出改变的一面。

工作坊的发展，仍然需要不断的探索和尝试，完善及明确成员分工，加强彼此之间的交流。项目组需要链接更多的资源，使工作坊获得更多的支持与关注。同时工作坊也需要做出吸引及符合市场需求的产品，鼓励更多流浪乞讨者参与，满足就业需求，为社企的创立提供基础。

（三）就业帮扶案例："弃讨就业、自力更生"

1. 个案背景资料

冀大哥，男，32岁。2015年8月从北京到佛山工作，被老板骗了，没有赚到什么钱，接着自己从佛山到广州以捡废品为生，偶尔也乞讨，他表示自己这样很丢人，自己又不想去救助站，（如果）被救助站送回去就太丢人了。服务对象表示自己以前都在北方工作，主要是北京，女朋友是柳州的，她希望能在柳州买房生活，由于双方没有谈妥导致分手，女朋友以前结过婚，分手后自己就跑了出来，现在已经差不多半年没有跟家里联系了。服务对象表示自己现在就想找一份工作，能自己挣回家的路费，如果工作好的话过完年就回来，如果不好的话年前挣点钱就回家，以后就不回来了。

2. 需求评估分析

通过社会工作者与服务对象的面谈以及其他的资料收集，社工总结服务对象遇到的问题有以下几个：由于没有工作也没有继续寻找工作，案主缺乏生活物资包括衣服、食物等；案主缺乏劳动技能也缺乏寻找工作的渠道；案主缺乏社会支持，没有家人的支持。

3. 介入目标

①案主能清除自身身体的异味；②案主能清晰分析自己的状况以及求职方向；③案主能联系上家人，并获得家人的支持；④案主找到一份合适的工作。

4. 介入过程

（1）与服务对象建立专业关系

社会工作者运用专注、倾听、同理心、鼓励和提供信息等技巧与服务对象建立关系，社会工作者也向服务对象具体描述自己的工作性质与内容，同时关心案主的现状以及身体健康情况，取得了服务对象的信任。社会工作者

211

派发服务救助卡,让服务对象知道当遇到困难时,可以通过拨打热线电话向社工求助。

(2)关注服务对象的外在形象并给予物质资助

在与案主的面谈中,社工发现案主身上有较浓的异味并且衣服比较破烂,便提醒案主自身的外在形象可能会影响其找工作,社工联系了机构为服务对象找了一些干净的衣物,并带领服务对象到关怀加油站洗澡以去除身上的异味。

(3)给予就业辅导服务,让服务对象理清自己的求职方向并提供招聘信息

服务对象向社工表达自己之前是有工作的,因为与老板的矛盾导致自己离职,社会工作者与服务对象分析过年前就业市场的情况以及服务对象自身的情况。在与服务对象的面谈中,社会工作者发现服务对象之前做过搬运、布展的工作,鼓励其留意相关的搬运工类的工作,并通过58同城帮助服务对象在网上投简历,在其找工作的同时社工也将部分的就业信息打印出来让服务对象参考,并与服务对象分析每份工作需要的技能以及工作内容。同时社会工作者也对服务对象进行面试培训,提醒其注意自身形象、态度等。

(4)协助服务对象联系家人,获得家庭的支持

社会工作者通过电话以及短信的方式尝试联系服务对象的家人,拨打当地村委会的电话希望能联系其家人,由于案主家人可能对广东人比较疑虑,社会工作者未能联系上其家人。服务对象最终表示通过自己的努力联系家人,其最终联系上自己的表哥以及弟弟,家人表示支持其工作并希望其回家。

(5)职业介绍

社会工作者得知一家爱心企业招募布展的工人,考虑到服务对象曾经做过相关的工作,也进行了一段时间的辅导,应该能胜任工作,社会工作者将服务对象带到白云区一布展公司上班,并给予服务对象衣物、洗漱用品等,让服务对象以新的面貌到用人单位上班。最后服务对象在该单位工作两个月后表示自己想重返佛山工作,并在佛山找到一份工作。

（6）回访

社会工作者通过回访跟进服务对象就业后的情况，社会工作者电话回访服务对象5次，面谈回访两次。通过回访社会工作者对服务对象就业后的生活适应、人际适应进行了辅导，并鼓励服务对象积极地面对工作，对自己的生活进行规划。

5. 服务成效

（1）服务对象获得了物质支持，改变了自身不整洁的形象；

（2）服务对象清晰了自己的求职方向，并大胆地去参与面试；

（3）服务对象与家人取得了联系，并得到了家人的接济以及精神的支持；

（4）服务对象找到了一份工作，并坚持做了一段时间，离职后有继续工作的意愿，并找到一份新工作。

五 小结

就业帮扶是指通过让流浪乞讨人员重新确立自我价值与认同、重获生活的意义等，试图使那些由于多种原因脱离"正常"生活的人重新回归主流社会。在具体的实践过程中，社工以其专业理念和专业工作手法介入，让流浪乞讨者以"返乡"、再就业等方式回归正常生活轨道。单就就业帮扶而言，"流浪乞讨人员社会工作介入服务项目"的经验从就业人数这一简单的结果中，显示了一定的优势。但由于流浪乞讨人群构成、乞讨原因复杂多样，再加上健康状况的限制，使得就业帮扶工作困难重重，有时甚至前功尽弃。因此，在就业帮扶工作中，社工应根据流浪乞讨人员的健康状况和就业需要进行类别化、差异化帮扶，同时，撬动各类社会资源加大就业帮扶的资源投入。

首先，根据流浪乞讨人员健康状况与就业需求状况进行帮扶。流浪乞讨人员的就业帮扶需要根据其具体的情况进行分层分类的帮扶。分层帮扶是将流浪乞讨人员按照年龄、身体状况、就业的能力进行分层分析加以帮扶，分类帮扶则是将就业意愿等主观的因素进行分类分析从而有针对性地帮扶。

例如18～50岁身体健康且有就业意愿的流浪乞讨人员，对于有就业能力、能在社会上找到工作的，主要考虑以个案辅导或者小组辅导的方法，通过协助其认清自身的情况及就业市场的情况、调节自身心理、提高技能等促进其找到工作实现就业，脱离流浪露宿生活。

对于受身体情况限制如身体残疾、疾病等较难在劳动力市场上就业而又有就业意愿的流浪乞讨人员，则主要考虑提升其就业技能，针对流浪乞讨人员的情况进行资源链接以进行劳动技能的提升，例如协调培训机构、联系需求企业等。

其次，要加大资源的投入用于流浪乞讨人员的就业帮扶。流浪乞讨人员大部分的救助资源还是集中在政府的手里，加强对流浪乞讨人员的就业救助，需要加大政府资源投入，同时也需要鼓励民间社会组织及爱心人士的参与。比如政府加大对社会服务项目的购买力度以增加对流浪乞讨人员就业帮扶的投入，鼓励建立社会企业以为流浪乞讨人员提供就业岗位。鼓励民间社会组织及爱心人士参与流浪乞讨人员救助，实现救助帮扶向更加专业化的方向发展，同时多方面的投入如技能培训资源的投入、辅导的投入等，都能有效地促进流浪乞讨人员实现就业，脱离流浪乞讨及露宿的状态。

综上所述，流浪乞讨人员就业，除了有助于减少流浪乞讨人员的数量以外，也能让流浪乞讨人员回归社会，自力更生；在减轻城市管理压力的同时，使流浪乞讨人员在回归社会后能有所作为，对城市的发展做出贡献；流浪乞讨人员通过工作回归社会，在收获自信之余，也能实现自身价值，为梦想奋斗。

社工介入流浪乞讨人员的就业帮扶虽然处于尝试和探索的阶段，但基于社会工作助人自助的价值观，人在情景中的理念，社会工作者以资源发掘、协调、统筹者的身份，在平等、尊重、个别化的态度下，能促进流浪乞讨者的认同和改变，也能提供相应的服务支持。社工介入流浪乞讨人员的就业服务，体现了城市文明发展需求和服务管理的进步。

就业保护篇

Employment Protection

B.12
就业保障导向下的广州失业保险发展

范璐璐*

摘　要： 本文介绍了广州市失业保险的发展历程及其在促进就业方面
的作用。结合失业保险就业保护功能的国际、国内经验，本
文提出了增强失业保险基金就业保障功能的建议。

关键词： 失业保险　就业保障　广州

　　失业保险是社会保障体系的重要组成部分，是由国家通过立法形式强制
实行的保障劳动者失业时基本生活的一种社会保险制度。自 1986 年以来，
通过三十年的努力，我国的失业保险制度为失业的受保人提供了较为有效的
生活保障，发挥着越来越大的作用。除此之外，失业保险还有就业保障的作

---

* 范璐璐，广州市社会科学院社会学与社会政策研究所助理研究员，社会学博士。

用，比如为失业者提供职业介绍和就业培训等再就业服务。本文论述失业保险就业保障功能的国际、国内经验，并结合广州市失业保险制度所取得的成绩和未来可改进的方向两方面来谈这些经验对于广州的启示。

一 广州市失业保险制度的发展历程和主要成就

广州市的失业保险制度是伴随着改革开放所带来的企业劳动人事制度改革建立起来的。改革开放后，国企终身雇佣的劳动用工制度开始被打破。这时，失业作为一种社会问题开始出现，并且，早期失业保险被待业保险的名称所替代。1986年国务院颁布了《国营企业职工待业保险暂行规定》，规定待业保险的覆盖人群、基金来源、给付范围、给付水平及给付期限。待业保险的覆盖人群主要包括：宣告破产的企业职工、濒临破产企业法定整顿期间被精减的职工、企业终止或解除劳动合同的工人、企业辞退的职工。在基金来源上，待业保险属于企业缴费形式，规定企业按全部职工标准工资总额的1%缴纳保险费。①

广州市的失业保险制度自20世纪90年代初开始建立。1992年9月23日，广州市政府召开"广州市企业劳动人事、工资分配、社会劳动保险制度综合配套改革动员大会"，提出两年内基本完成国有企业经营机制转换，力争3~5年基本完成全员劳动合同制配套改革工作。1993年1月，广州市集体企业实行待业社会保障统筹。1993年4月，广州市把失业保险范畴扩大到城镇集体企业和外商投资企业。1994年7月1日，广州市政府颁发《广州市失业职工失业保险规定》，把失业保险覆盖至全市各种所有制职工。1994年12月1日，广州市实施《职工失业保险规定》。从1996年7月15日起，新登记的失业人员核发失业证，停发待业证。1998年12月，广州市对失业保险费的缴纳做出重大调整，由原来用人单位负担改为单位、职工本

---

① 杨斌、翟绍果：《中国失业保险制度与就业服务发展研究》，《中国社会保障发展报告（2014）》，社会科学文献出版社，2014。

人双方共同负担，缴费率从 1%（失业保险费 0.7%，再就业附加费 0.3%）提高到 3%（个人缴纳 1%，单位缴纳 2%）。广州市这一规定在 1999 年全国的《失业保险条例》颁布之前就出台了，是走在全国前列的。2000 年 9 月，广州市劳动和社会保障局印发了《失业保险实施细则》。2000 年 12 月 8 日，广州市召开社会保险 15 周年暨扩面工作总结表彰大会。会议透露，广州市参保农民工可领取失业救济金等 6 大改革在全国领先，全市失业保险参保人数达 177.94 万。进入 21 世纪之后，广州市的失业保险覆盖范围持续扩大，失业保险待遇稳步提升，失业保险政策也日益便利化，更有效地保障了参保人员失业后的基本生活。

（一）失业保险覆盖范围持续扩大，保障作用越发凸显

由图 1 可以看出，2006～2016 年，广州市失业保险的参保人数有持续上升的趋势，而领取失业保险的人数则处于波动变化的状态。受世界金融危机影响，2008 年领取失业保险的人数比 2007 年增长 357.09%。2009～2011 年领取失业保险的人数又回落到了比较低的水平。2012 年领取失业保险的人数比 2011 年增长了 155%，2015 年领取失业保险的人数比 2014 年增长了 92.7%。失业保险对经济发展状况的反应比较敏感，其保障作用越发凸显。

图 1　2006～2016 年广州失业保险参保人数、待遇享受人数

资料来源：《广州市国民经济和社会发展统计公报》（2006～2016）。

（二）失业保险待遇稳步提升

1999 年的《失业保险条例》规定，我国的失业保险金水平由省、自治区、直辖市人民政府确定，其标准应当介于当地最低工资标准和城市居民最低生活保障标准之间。随着广州市最低工资标准的升高，广州市的失业保险发放标准也在稳步提升。自 2011 年开始，广州市每次调整失业保险金的水平都是按照本市最低工资标准的 80% 进行调整，2011 年广州市最低工资标准为 1300 元/月，失业保险金为 1040 元/月；2013 年广州市最低工资标准为 1550 元/月，失业保险金为 1240 元/月，2015 年广州市最低工资标准为 1895 元/月时，失业保险金调整为 1516 元/月（见表 1）。

表 1 2005～2015 年广州市失业保险金水平调整情况

单位：元/月

年份	2005	2006	2007	2008	2009	2011	2013	2015
金额	548	624	702	774 *	791	1040	1240	1516

说明：* 其中失业保险金 688 元，医疗补助金 86 元。

资料来源：《广州年鉴》（2006～2016）。

依据国务院研究室宋大伟、刘文海的研究成果，失业保险金标准占最低工资的 2/3 是比较合理的[1]，而广州市的失业保险金和最低工资的比值已经超过这一标准，并且显著高于北京、天津、上海等国内中心城市，可以更好地保障失业人员的生活（见表 2）。

广州市失业保险金的发放还兼顾了失业人员医疗保险、养老保险等需求。从 2009 年开始，广州市失业保险金也用于实现灵活就业的困难失业人员的养老及医疗保险费补贴，资助困难失业人员办理因病提前退休的劳动能力诊断及鉴定费。从 2011 年 7 月 1 日起，广州市将领取失业保险金期间的失业人员全部纳入基本医疗保险覆盖范围，失业人员应当缴纳的基本医疗保险费从失业保险基金中支付，个人不再需要缴纳基本医疗保险费。

---

[1] 刘喜堂、张琳、田晓婷：《关于城市低保标准的几个问题——中国城市低保标准国际研讨会综述》，《中国民政》2006 年第 9 期，第 38 页。

表 2　2016 年我国部分城市城镇失业保险金标准、就业人员最低工资标准及比值

单位：元/月，%

城市	2016 年城镇失业 保险金标准	就业人员最低 工资标准	城镇失业保险金标准/就业人员 最低工资标准
北京	1212～1321	1890	64.13～69.89
天津	1010～1050	1950	51.79～53.85
上海	941～1520	2190	42.97～69.41
重庆	805～875	1400～1500	57.5～58.33
广州	1516	1895	80

资料来源：北京、天津、上海、重庆和广州的政府网站。

（三）失业保险政策的便利化

2009 年 6 月 3 日，广州市劳动和社会保障局、广州市财政局印发《广州市社会养老、失业和工伤保险市级统筹的实施意见》，规定自 2009 年 7 月 1 日起，广州市实施失业保险市级统筹。花都区、番禺区、从化市、增城市实现了和广州中心城区同等水平的失业保险给付标准。自 2011 年 1 月起，广佛两地实现了失业保险关系无障碍转移，这也简化了务工人员在广佛两地转移失业保险待遇的程序。

二　广州市失业保险在促进就业方面的作用

（一）补贴失业和在职人员的技能提升培训

2009 年，广州市将失业保险基金使用范围扩大到本市所有曾经参加过失业保险的登记失业人员和正在参加失业保险的在职职工的技能提升培训和转岗培训补贴。2010 年，广州市发布《印发〈广州市进一步扩大失业保险基金支出范围试点实施方案〉的通知》，对本市职业（创业）培训补贴等 9 个项目允许使用失业保险基金。其中，高技能人才公共实训基地设备预算支出 18.42 亿元，劳动保障信息化建设预算支出 4.78 亿元。

（二）发放求职补贴，鼓励创业促进就业

2013 年，广州市新增了失业保险基金中小额贷款担保基金支出项目。在经过区劳动就业服务管理中心和市劳动就业服务管理中心的审核后，符合条件的下岗失业人员将会得到由失业保险基金担保的小额贷款资格。这一项目有效促进了失业人员就业。2014 年，广州市贯彻落实新修订的《广东省失业保险条例》，为失业人员发放求职补贴，以更好地保障失业人员的基本生活和促进就业。

（三）减轻企业负担，援企稳岗

2010 年，广州落实中央和省援企稳岗政策，贯彻执行"五缓四降三补贴"政策。本市失业保险综合缴费比例从 3% 下降到 0.3%。通过实施降低失业保险费率政策，2011 年 1 ~ 11 月为企业减负 26.43 亿元；审核通过 229 户企业援企稳岗补贴申请，发放补贴 3.51 亿元，比上年增长 2.11 倍。2013 年，广州市下调和实施用人单位失业保险浮动费率，减轻企业缴费负担。在 2013 年 4 月下调失业保险费率（单位由 2% 下调至 1.5%、个人由 1% 下调至 0.5%）的基础上，7 月开始实施用人单位浮动费率。用人单位在前五年的失业保险申领率如果低于当地平均水平的话还可以在原来缴费比例的基础上打折。至 2013 年底，广州市用人单位失业保险的费率共有 3 个，即 1.5%、1.2% 和 0.9%。

为了支持企业稳定岗位，广州市在 2016 年发放了 2014 年、2015 年度失业保险稳定岗位补贴。在本市参加了失业保险并采取有效措施不裁员、少裁员、稳定就业岗位①的企业，由失业保险基金给予稳定岗位补贴。稳定岗位补贴的金额为该企业及其职工上一自然年度实际缴纳失业保险费总额的 50%。

---

① 这一标准为上年度未裁员或裁员率低于本市城镇登记失业率。

三 失业保险就业保护功能的国际、国内经验

（一）失业保险就业保护功能的国际经验

发达国家为了激励失业者就业和发挥失业保险就业保护的功能，在失业保险制度上做了相应的设计。[①]

在激励失业者就业方面，主要采取了以下的制度设计。

第一，在失业保险的领取条件上做了比较严格的限制。比如美国、英国、法国等要求失业者必须在职业介绍所登记之后才有资格领取失业保险金，并且必须每周或者每两周报告一次找工作的情况。

第二，失业时间越长，给付标准越低。比如法国的首期失业金都为基准工资的57.4%，其后每四个月降低一次，这使得失业者产生再就业的紧迫感。

第三，将失业保险基金用于补助失业人员提前就业或从事临时性的非技能工作。比如在日本，失业保险金的支付期限为300天，失业人员重新就业后，剩余支付期限在150天以上的，可以按照剩余天数继续领取一定时间的再就业补助金。在法国，由于经济原因被裁员的失业人员在6个月内再就业的，可以由失业保险资金支付给其相当于原工资80%的转业安置津贴，6个月后仍未找到工作的，则可以登记领取失业津贴，在领取失业津贴期间愿意接受比之前待遇低的工作的，可以继续领取失业津贴。在发挥失业保险的就业保护功能方面，主要是将失业保险基金用于职业介绍、就业培训、创业补贴和创造公益性就业岗位，以及实行浮动性失业保险税和就业补贴来鼓励企业减少裁员和增加就业岗位。

第四，将失业保险资金用于职业介绍和就业培训。德国的失业保险基金

---

① 马永堂：《国外失业保险制度改革及对我国完善失业保险制度的启示》，《中国劳动》2015年第4期，第36~39页。

的支出中，有40%用于职业介绍和职业培训等。法国将失业保险基金的26%用作公共职业介绍机构的工作经费。英国和美国对于参加职业培训并取得资格证书的失业人员增加失业保险金的金额或者延长失业保险的给付期。德国和意大利为失业人员提供培训补贴。

第五，将失业保险资金用于发放创业补贴。在法国，失业者在创办微型企业的时候，将得到失业保险基金的担保，从而可以更为便捷地获得银行贷款。创业者在开业前的几个月里还可以享受失业津贴等各项社会保障。

第六，将失业保险基金用于创造公益性就业岗位。许多国家实行公益性就业岗位开发的资金除了财政补贴外，还有失业保险基金。有一些比较典型的项目，比如加拿大的"社区公益型岗位开发计划"，英国的"新政就业计划"，爱尔兰的"社区公益性就业岗位开发计划"和德国的"购买公益性就业岗位安置失业人员计划"。日本在征收失业保险费的时候会单独征收促进就业费，用于对因经济不景气而缩小规模的企业的工资补贴、对在就业特别困难地区开办的企业的奖励性补贴，以及创造出大规模就业岗位的企业的岗位开发补贴。

第七，实行浮动性失业保险税来抑制企业大规模裁员。美国联邦政府规定，企业需要缴纳失业保险税，基本税率为企业工资总额的5.4%，对于大批裁员的企业提高税率，最高达至基本税率的2倍，对于稳定用工的企业则降低税率。

国外失业保险的这些制度设计有助于我们拓宽发挥失业保险的就业保护功能的思路。

（二）失业保险就业保护功能的国内经验

在国内，失业保险发挥就业保护功能的主要措施包括以下几方面。

第一，对开发岗位的专项补贴。比如北京市陆续出台了11项失业保险促进就业政策，用于促进就业的支出占基金总支出的比例已超过50%。在对失业率较高的地区开发就业岗位的专项补贴方面，北京市的失业保险基金负担了80%的费用。①

第二，将失业保险用于失业人员的技能提升。以上海市为例，上海市利用失业保险基金购买培训成果、实施失业青年职业见习计划、实施托底安置等，取得了重大成效。国务院对进一步发挥失业保险促进再就业的功能给予了充分肯定，并确定了在东部7省市先行试点。

第三，以创业带动就业。湖北省积极促进创业带动就业，政策规定当享受失业保险待遇人员自主创业时，将其应当享受的失业保险金提前一次性支付给个人。②

四　对广州市失业保险金制度的改善意见

（一）公布失业保险金结余情况，吸收多方建言献策

从政府网站上的信息公开内容中、历年的《广州市国民经济和社会发展统计公报》以及《广州年鉴》笔者都无法了解失业保险金的历年结余情况，而是只有年末参保人数、全年享受人数、全年全社会保险基金收入和年末五种保险基金累计结余的数据。失业保险基金结余的情况对于评估失业保险金的使用情况、调整失业保险基金的用途至关重要，如能将每年广州市失业保险金的结余情况向社会公开，将会更好地帮助公众理解失业保险金的使用情况，更好地参与对失业保险金用途的建言献策。

（二）对于拓宽失业保险制度覆盖面的建议

2015年末广州市参加失业保险的人数为474.07万，同年城镇就业人数为1116.25万，两者之比约为0.42。在2015年广州市社会状况综合调

---

① 刘燕斌：《加快实现从失业保险到就业保障的转变》，《中国劳动》2009年第10期，第6～11页。

② 刘燕斌：《加快实现从失业保险到就业保障的转变》，《中国劳动》2009年第10期，第6～11页。

查中①，也只有 45.6% 的有工作的受访者参加了失业保险。国际劳工组织的《社会保障最低标准公约》规定，失业保险覆盖范围在全体雇员中的比例不应低于 50%。可见广州市失业保险制度的覆盖率还有待提高。根据 2015 年广州社会状况综合调查的数据，在各种工作单位类型中，私营企业的失业保险覆盖率最低②，但是其员工自我预估的未来六个月的失业可能性在各种单位类型中是最高的（见表 3），所以私营企业应该是扩大失业保险覆盖面最应该关注的单位类型。

表 3　单位类型、失业保险覆盖率与失业可能性

单位：%

工作单位类型	失业保险覆盖率	自我预估未来六个月的失业可能性
党政机关、人民团体、军队	84.2	5.6
国有企业及国有控股企业	82.9	5.7
国有/集体事业单位	87.1	9.7
集体企业	75.0	0
私营企业	5.0	16.5
三资企业	100.0	11.1
个体工商户	9.5	9.6
民办事业单位(民办非企业单位)	42.9	14.3
社区居委会、村委会等自治组织	47.8	8.9

在广州，有工作但是没有失业保险的人群中 61.5% 为初中以下学历；66.2% 在私营企业或者个体工商户单位工作；51% 为雇员，28.3% 为自营劳动者；60.8% 的无失业保险的受访者也没有劳动合同。受教育程度较低、在

---

① 本报告根据"广州社会状况综合调查"（Guang Zhou Social Survey，GZSS）所搜集的数据进行分析。"广州社会状况综合调查"是广州市社会科学院开展的一项全市范围内的大型抽样调查项目，于 2016 年 1～5 月实施完成入户抽样调查。调查采取的是等概率分层抽样的方式，调查样本覆盖广州市 8 个区的 50 个街镇、50 个社区，每个社区设计样本量不少于 20 个，最后实际有效回收问卷 1001 份。

② 根据广州市人力资源和社会保障局课题组的调查数据，2016 年广州私营企业在各分类型企业中参加社会保险的比例也是最低的，为 66.7%；其他相关数据见《2016 年广州人力资源和社会保障状况调查报告》。

私营企业工作的非正规就业人群、自雇者等是拓宽失业保险制度覆盖面的重点人群。

另一个影响劳动者缴纳失业保险积极性的因素是享受失业保险的条件，根据《广东省失业保险条例》，必须是非因本人意愿中断就业才可以享受失业保险待遇，这使得对工作环境和待遇不满意的职工在找（换）工作的时候可能遭遇生活困难，但又得不到失业保险金的支持。《广东省失业保险条例》规定的非因本人意愿中断就业包括下列情况：因为劳动合同期满，用人单位被依法宣告破产，用人单位被吊销营业执照、责令关闭、撤销或者用人单位决定提前解散导致的劳动合同终止，或者由于其他原因导致用人单位解除劳动合同的。但是现在有一些企业即便生产经营发生困难，需要裁减人员，也不愿意以解除劳动合同的方式进行，因为这会使得企业付补偿金。有一些企业会以减少劳动者的加班时间、增加劳动强度、减少工资的形式来让劳动者自己选择离开。在这样的情况下，劳动者既享受不到离职的补偿金，又享受不了失业保险金。在去产能、产业升级的背景下，避免劳动者被迫自动离开又拿不到失业保险金的情况，让自动离开的劳动者也能享受到一部分失业保险金待遇，可以更好地维护社会的稳定，并且提高劳动者缴纳失业保险金的积极性。在日本也有类似规定："工人主动辞职的，需3个月后才能申请失业救济，但是本人辞职而有正当理由的，可以不受3个月的限制。"

（三）制定多元的失业保险支付标准，提高劳动者缴纳失业保险金的积极性

现在广州市的失业保险待遇水平的确定与本地的最低工资水平相关，但是与劳动者失业前的工资水平没有关系，失业保险费的缴纳与劳动者的工资水平是直接相关的。工资水平越高，缴纳的失业保险费越多，但是当劳动者失业后，不管其缴纳的失业保险费有多少，他们享受到的待遇却是一样的。这样的设计可能会使高薪的劳动者认为权利和义务不对等，从而失去缴纳失业保险金的动力。另外，缴纳失业保险费的年限只与享受失业保险金的时间相关，而和享受的失业保险金水平无关，这也会削弱劳动者长期缴纳失业保

险金的积极性。在这方面，北京和上海都按照累计缴费时间的不同，制定了不同的失业保险支付标准（见表4）。

表4 2011~2016年北京市失业保险金水平

单位：元/月

累计缴费时间	2011年	2012年	2013年	2014年	2015年	2016年
1~5年	782	842	892	1012	1122	1212
5~10年	809	869	919	1039	1149	1239
10~15年	836	896	946	1066	1176	1266
15~20年	863	923	973	1093	1203	1293
20年以上	891	951	1001	1121	1231	1321

资料来源：整理自北京市人力资源和社会保障局网站。

上海市自2016年4月1日起，根据失业人员累计缴费年限和年龄确定了数个失业保险金的领取标准，并调整了失业保险待遇和期限，鼓励失业者尽快就业，具体情况见表5。

表5 上海市失业保险金领取标准

单位：元/月

累计缴费年限	失业人员年龄	第1~12个月支付标准	第13~24个月支付标准	延长领取支付标准
1~10年	小于35岁	1415	1132	—
	大于等于35岁	1470	1176	941
10~25年	小于45岁			
	大于等于45岁	1520	1216	973
25年以上	不论年龄			

这样的梯度安排有利于提升就业人员缴纳失业保险的积极性以及促进失业人员尽快就业，有利于失业保险基金的良性循环。因此，改变失业保险金的计算办法，建立待遇水平与缴费挂钩的机制是非常必要的。

（四）增强失业保险基金就业保障功能的建议

党的十八届三中全会提出了"增强失业保险制度预防失业、促进就业功能"的目标。这要求失业保险兼顾保生活、促就业这两方面的职能。因此，有学者建议建立省级范围内的失业保险基金支出与失业人员再就业联动机制，根据各省份自身情况划分失业保险基金支出中用于保生活、促就业的合理支出比例。[①]

在以失业保险促进就业的具体措施中，国际和国内都有一些有益经验值得借鉴。比如失业人员在从事临时性、非正规性的工作时继续领取一定时间的就业补助金来帮助他们积累工作经验，寻找更稳定的工作；对接受就业培训的人员发放生活费和交通补贴费来吸引他们参与培训，提升就业技能，尽快实现再就业；开发社区公益性岗位，既有助于解决失业问题，又有利于增加公共服务的供给等。

[①] 董芳、周江涛、赵俊康：《失业保险基金支出促进就业功能研究——基于线性协整与面板协整的实证检验》，《经济问题》2015年第2期。

B.13
广州失业保险基金测算：
基于收支平衡的视角

郑喜洋*

摘　要： 广州市失业保险基金经过多年的发展，总体上保持着良好的发展态势，覆盖面不断扩大，制度可持续性良好。本文通过构建广州市失业保险基金的精算模型，基于收支平衡的视角，对2017～2026年广州市失业保险基金的运行状况进行了测算，同时还对广州市失业保险的最低缴费率和最高失业保险金标准进行了测算和分析。结果显示，未来十年广州市失业保险基金一直保持着收大于支的状态，基金结余不断增长，到2026年新增结余相当于当年支出的4.1倍。并且在维持基金平衡的前提下，最低缴费率可降低约0.33个百分点，最高失业保险金能够增加近一半。本文建议广州市进一步提高失业保险金标准，将其与个人工资挂钩，并且建立待遇自动调整机制。

关键词： 广州失业保险　基金测算　收支平衡

一　引言

2017年2月16日，人社部、财政部联合颁布《关于阶段性降低失业保险费率有关问题的通知》（人社部发〔2017〕14号），对我国失业保险费率

---

* 郑喜洋，中山大学岭南学院博士生，研究方向为金融与保险、社会保障。

进行了调整，由现行规定的 1.5% 调整为 1%，而这距离上一次调整费率仅相隔了两年。近年来我国政府屡次对失业保险费率进行调整，不仅体现了政府为企业减负的决心，直接减轻了企业和职工的负担，而且优化了失业保险基金运行，实现收支平衡，缓解资金沉积浪费问题。

针对失业保险的基金平衡问题，国内已经有很多研究。郑秉文对我国失业保险金激增的原因进行分析，认为覆盖面不断扩大是失业保险基金不断增长的主要原因，并且对失业保险基金投资体制改革进行了设想，提出要尽快提高失业保险基金的投资收益率，缓解失业保险面临的巨大贬值压力。[1] 梁书毓和薛惠元[2]对我国失业保险保障水平的确定进行了测算，认为当前我国的失业保险保障水平过低，长期下去会导致失业保险基金结余过多。

相比之下，广州市的政策出台更早，早在 2016 年广州就将失业保险费率降到了 1%，并且对部分用人单位给予缴费的激励。这也是基于同样的目的，一方面减轻企业负担，另一方面缓解失业保险基金结余过多的问题。由于广州市同样面临着失业保险基金结余过多、基金收支不平衡等问题，笔者通过研究分析广州市在失业保险基金运行方面的经验，以及对其未来基金收支进行测算，能够为我国进一步加快失业保险制度改革提供一定的借鉴和参考。

本文将在梳理广州市失业保险制度建立和发展历程的基础上，通过剖析广州市失业保险基金的运行情况，测算未来十年基金的收支平衡状况，从而判断广州市未来调整失业保险制度的方向和力度。本文的框架为：第一部分分析广州市失业保险制度建设发展历程、工作开展现状以及失业保险基金运行情况；第二部分从覆盖面、保障程度、可持续三方面对广州市失业保险制度进行分析和评估；第三部分构建精算模型预测未来十年广州市失业保险基金收支平衡的变化；第四部分立足于基金平衡的角度对广州市失业保险的缴费水平和保障水平进行测算；第五部分则是提出相关政策建议。

---

① 郑秉文：《中国失业保险基金增长原因分析及其政策选择——从中外比较的角度兼论投资体制改革》，《经济社会体制比较》2010 年第 6 期，第 1～20 页。

② 梁书毓、薛惠元：《费率降低背景下失业保险保障水平的确定——基于基金平衡的视角》，《西北人口》2016 年第 1 期，第 63～69 页。

二 广州市失业保险制度发展历程

20世纪80年代中期，我国国企改革浪潮迭起，原先的用工制度逐步被合同制度取代，同时一批企业因经营不善而破产，导致企业职工失业人数不断增加。为了保障失业人员的基本生活，1986年国务院颁布《国营企业职工待业保险暂行规定》，失业保险制度正式在我国建立。随后该制度覆盖面不断扩大，到1999年《失业保险条例》颁布，失业保险成为我国社会保障体系的重要组成部分。近年来，全国失业保险基金收支状况较好，产生了大量的资金结余，到2015年，失业保险基金累计结存5083亿元。多年来，失业保险基金的支出不及收入的一半，2011年至2015年失业保险基金的当期支出分别占当期收入的49%、39.5%、41%、44.5%和53.8%。同时，基金收入的增幅远远大于支出的增幅，连年的收入、支出差距使得失业保险金结余快速增长。①

广州市的失业保险体系也经历了类似的发展历程。1994年7月广州市政府颁发《广州市失业职工失业保险规定》，从此广州市失业保险制度体系全面建立，失业保险覆盖全市各种所有制职工。2000年9月广州市规定失业保险金和医疗补助的发放标准分别按本市最低工资标准的80%和10%逐月计发，全市统一了失业保险金发放政策性调整尺度。2002年7月广州市将领取失业保险金期间的失业人员纳入基本医疗保险体系。2004年3月，将领取失业保险金期限内的失业人员统一纳入基本医疗保险的保障范围，原由企业缴纳的医疗保险费，由失业保险基金予以支付，进一步提高了失业人员的医疗保障水平。2007年10月，广州市开展扩大失业保险基金支出范围试点，失业保险基金项目新增加社会保险补贴、岗位补贴和小额担保贷款贴息支出。2010年，广州市进一步扩大失业保险基金支出范围试点，将失业保险基金用于高技能人才公共实训基地与人力资源和社会保障信息化建设，努力探索失业保险保生活、促就业和防失业"三位一体"的新机制。2010年

---

① http://news.china.com/domestic/945/20170321/30343002.html.

广州建立了失业保险金随最低工资标准增长而调整的正常机制。2013 年 7 月，广州市实行用人单位失业保险浮动费率制度。

表 1　广州市失业保险发展历程

年份	广州市失业保险大事记
1986	在全民所有制企业建立失业保险制度
1993	将失业保险范畴扩大到城镇集体企业和外商投资企业
1994	颁发《广州市失业职工失业保险规定》(穗府〔1994〕89 号)，失业保险制度体系全面建立
2000	全市统一了失业保险金发放政策性调整尺度
2002	将领取失业保险金期间的失业人员纳入医疗保险
2004	将领取失业保险金期限内的失业人员统一纳入基本医疗保险保障范围
2007	新增社会保险补贴、岗位补贴和小额担保贷款贴息项目
2010	重点扶持高技能人才公共实训基地与人力资源和社会保障信息化建设
2013	实行用人单位失业保险浮动费率制度

在实践中，我国失业保险金属于非家计调查式定额给付，水平通常为当地最低工资的 60% ~ 80%。广州市对失业保险金发放标准的规定是"按照失业保险关系所在地级以上市最低工资标准的 80%，按月计发，不得低于当地城市低保标准"。但近年来，广州市多次提高了最低工资标准，从 2011 年 1300 元提高到 2016 年的 1895 元，并且屡次调低了失业保险的费率，2013 年将失业保险费率从 2% 下调为 1.5%，2016 年进一步下调到 1%。

经过三十多年的发展，广州市的失业保险制度逐渐成熟，参保人数和基金结余不断增加，截止到"十二五"末，参保人数达 474.07 万，参保率达 68.3%。[①]

三　广州市失业保险基金运行评估

（一）覆盖面指标

评价失业保险覆盖面的主要指标是失业保险的覆盖率。失业保险的覆盖率 =（失业保险参保人数/城镇就业人数）×100%。2011 ~ 2015 年，广州

---

① 失业保险参保率 = 失业保险参保人数 ÷ 城镇就业人口。

市失业保险的参保人数稳步增长，失业保险的覆盖率有明显上升，由58%提高到68.3%（见表2）。按照国际劳工组织的规定，失业保险的覆盖率要达到85%以上的标准①，并且根据《广东省失业保险条例》中相关规定，失业保险的参保对象基本涵盖了除公务员外的所有企事业单位职工和个体劳动者。由此可见，广州市还有部分就业人员未被纳入失业保险覆盖范围。相比于医疗、养老保险的覆盖率，广州市当前的失业保险覆盖率还有提升的空间。

表2　2011～2015年广州市失业保险参保情况

单位：万人，%

年　份	2011	2012	2013	2014	2015
参保人数	362.48	391.66	413.23	441.73	474.07
参保率	58.0	61.3	63.8	65.9	68.3

资料来源：《广州统计年鉴》（2011～2015年）及相关数据。

（二）保障程度指标

失业保险制度的保障程度可以从失业保险替代率得到反映，该指标反映了失业保险制度对失业人员提供生活保障的程度，是指失业人员领取的失业保险金占社会平均工资的比重，即失业保险替代率＝（月领取失业保险金/城镇非私营单位在岗职工月平均工资）×100%。由表3可知，广州市2011～2015年平均失业保险替代率为20.02%。通常发达国家合理的失业保险替代率应为50%～60%，发展中国家应为40%～50%，由此看出，广州市的失业保险替代率偏低，对失业人员的生活保障程度较低。

如果用失业保险金和人均消费支出相比，2015年广州市失业保险金占城市居民人均消费支出的比例仅为50.9%，这说明，即使失业人员把领取到的所有失业金用于消费，也仅相当于当地人均消费水平的一半，扣除就业培训等费用之后的占比更加低。

---

① 朱莉莉、褚福灵：《我国失业保险制度运行状况评估研究——以北京市为例》，《现代管理科学》2016年第10期，第88～90页。

表3 2011～2015年广州市失业保险保障程度

年 份	2011	2012	2013	2014	2015
失业保险金(元/月)	1040	1040	1240	1240	1516
城镇非私营单位在岗职工月平均工资(元)	4789.42	5312.67	5807.67	6187.08	6764.25
失业保险替代率(%)	21.71	19.58	21.35	20.04	22.41

资料来源：笔者根据《广州统计年鉴》（2011～2015年）相关数据整理而成。

（三）可持续指标

评价失业保险制度可持续性的指标主要有失业保险负担系数。失业保险负担系数 =（享受失业保险待遇人数/失业保险参保人数）×100%，该系数越高，说明失业保险负担越重。从表4可以看出，2011～2015年广州市失业保险的负担系数逐渐提高，失业保险参保人数和享受待遇人数均在增长，且后者增长更快。但从绝对值来看，广州市失业保险负担系数较低，到2015年只有2.62%，失业保险参保人数远多于享受待遇人数，说明失业保险的可持续性较好。

表4 2011～2015年广州市失业保险负担系数

单位：万人，%

年 份	2011	2012	2013	2014	2015
参保人数	362.48	391.66	413.23	441.73	474.07
享受失业保险待遇人数	2.2	5.61	5.69	6.44	12.41
失业保险负担系数	0.61	1.43	1.38	1.46	2.62

资料来源：《广州统计年鉴》（2011～2015年）及相关数据。

四 模型构建与影响因素分析

本文在现有失业保险数据的基础上，综合考虑制度内外的影响因素，设定合理的参保人数增长率、工资增长率、失业保险金待遇调整指数等，进而对缴费人数、缴费费率、享受待遇人数和失业保险金等指标进行合理的预测，得到失业保险基金的收支情况和结余情况。

（一）基本假设与思路

在对失业保险基金收支结余进行预测前，本文先对一些涉及的项目做出假设。

第一，本文研究的失业保险收入项目包括单位和个人缴纳的失业保险费，不包括失业保险基金的利息、滞纳金、财政补贴以及其他资金；基金支出项目仅包括失业人员领取的失业保险金，不包括失业人员失业期间的职工基本医疗保险费、死亡丧葬补助金和抚恤金或求职补贴以及接受职业介绍、职业培训的补贴等。

第二，在城镇就业人口的预测中，笔者假设城镇就业人口占全体就业人口的比例，即为常住人口中城镇人口的比例，由此按比例推算出城镇就业人口数。

第三，在基金储备问题上，笔者假设现有基金累计结余能够满足未来10年对基金储备的需求，无须另外计提。

（二）失业保险基金平衡模型

当前关于失业保险基金收支平衡精算模型方面的研究，多数涉及基金收入和支出两方面，通过在模型中加入相关的参数，测算出基金在目标区间的平衡情况。目前关于失业保险基金平衡精算模型的研究虽然考虑了相关的模型参数，但尚缺乏较为全面的模型，且参数的假定缺乏实际数据的支持，与现实不符。本文在前人研究的基础上，进一步完善失业保险基金平衡精算模型。模型中涉及的参数定义如下：城镇在岗职工平均工资 W_t，工资增长率 g_t，城镇就业人口 N_t，失业保险参保率 q_t，缴费率 c_t，征缴率 d_t，失业保险金 Q_t，失业保险金年调整率 k_t，城镇登记失业率 l_t，失业保险基金收入 I_t，失业保险基金支出 E_t。

第 t 年基金收入 I_t 等于社会平均工资 W_t × 缴费人数 P_t × 缴费率 c_t × 征缴率 d_t。

社会平均工资 W_t 等于上一年的社会平均工资 W_{t-1} 乘以工资增长率 g_t。

缴费人数 P_t 等于城镇就业人口 N_t 乘以失业保险参保率 q_t。

$$I_t = W_t \cdot P_t \cdot c_t \cdot d_t = (W_{t-1} \cdot g_t) \cdot (N_t \cdot q_t) \cdot c_t \cdot d_t \tag{1}$$

基金支出 E_t 等于失业保险金 B_t 与失业人数 U_t 之乘积。

失业保险金 B_t 等于上一年的失业保险金 B_{t-1} 乘以保险金年调整率 k_t。

失业人数 U_t 等于城镇就业人口 N_t 乘以城镇登记失业率 l_t 与 $(1-l_t)$ 的商。

$$E_t = B_t \cdot U_t = (B_{t-1} \cdot k_t) \cdot N_t \cdot \frac{l_t}{1-l_t} \tag{2}$$

基金收支平衡可表示为：

$$S_t = I_t - E_t \tag{3}$$

（三）参数设定

本文研究的是未来十年广州市失业保险的基金收支平衡，因此 t 的取值范围为 2017～2026 年。

基金收支模型是由各因素分解形成的，各分解因素中的有关参数的设定对模型预测的准确性有着至关重要的作用，本文根据模型设定对以下参数进行设定。

1. 平均缴费基数

失业保险缴费基数与职工工资有关，通常工资增长率越高，缴费工资基数越大，失业保险缴费收入的增长就越快。失业保险的基数以上年度职工月平均工资的 60% 为下限，以 300% 为上限。本文假设失业保险平均缴费基数与城镇非私营单位在岗职工平均工资相同。根据《广州统计年鉴》，2006～2015 年广州市城镇非私营单位在岗职工年平均工资从 36321 元增长到 81171 元，年均增长率为 9.35%。本文假设这一趋势在 2017～2026 年保持不变，城镇非私营单位在岗职工年平均工资的测算结果见表 5。

表 5 2017～2026 年广州市城镇非私营单位在岗职工年平均工资

单位：元/人

年份	城镇非私营单位在岗职工年平均工资	年份	城镇非私营单位在岗职工年平均工资
2017	97059.59	2022	151751.30
2018	106134.67	2023	165940.04
2019	116058.26	2024	181455.44
2020	126909.70	2025	198421.52
2021	138775.76	2026	216973.93

2. 城镇就业人口

城镇就业人口等于社会从业人员乘以城镇人口占常住人口的比例。由于《广州统计年鉴》没有直接披露城镇就业人口数量，本文将常住人口中的城镇人口比例作为城镇就业人口占全体就业人口的比重，以此得到城镇就业人口的数量。

根据《广州统计年鉴》，2006～2015年社会从业人口①从599.50万增长到810.99万，年均增长率为3.41%。考虑到教育水平的提高、职工初次参加工作时间的推迟以及延迟退休等因素，未来社会从业人口的增长可能有所放缓。假定2017～2026年广州市社会就业人口的增长率保持为3%；加之广州市在大力推进城镇化，假定城镇人口占常住人口的比例维持在90%，根据城镇就业人口的计算公式和相关参数设定，笔者得到城镇就业人口测算结果，如表6所示。

表6　2017～2026年广州市城镇就业人口测算结果

单位：万人

年份	社会从业人口	城镇就业人口	年份	社会从业人口	城镇就业人口
2017	860.38	774.34	2022	997.41	897.67
2018	886.19	797.57	2023	1027.34	924.60
2019	912.77	821.50	2024	1058.16	952.34
2020	940.16	846.14	2025	1089.90	980.91
2021	968.36	871.53	2026	1122.60	1010.34

3. 参保率

由于人们的参保意识越来越强烈，未来十年，失业保险的参保率应该有不断上升的趋势，同时考虑到我国2020年将全面建成覆盖城乡的社会保障体系，这段时期内制度扩面力度将会有所强化，因此，本文假定：2017～2020年失业保险参保率年均增长2个百分点，2021～2026年失业保险参保率年均增长1个百分点。

---

① 社会从业人员包括城镇非私营单位从业人员以及私营、个体和其他从业人员。

4. 缴费率

根据 2016 年最新失业保险费率调整办法可知，广州市失业保险的总体缴费率为 1%，其中单位费率为 0.8%，个人费率为 0.2%，由于现有缴费率已经较低，未来可调整空间不大，因此本文假设测算期间失业保险的费率不做调整。

5. 征缴率

在现实中，由于参保单位和职工不是全部缴费，存在着企业和个人的逃费行为。但根据《广东统计年鉴》，广州市在 2011～2015 年的失业保险基金征缴率一直保持在 100%，这表明广州市的征缴力度较强，企业逃费行为较少。因此本文假设测算期间基金征缴率仍然保持在 100%。

6. 失业保险金年调整率

随着社会经济的不断发展，为使失业人员在失业期间能够维持基本生活并且提高再就业能力，必须考虑对其待遇进行调整。目前政策规定失业保险金为最低工资标准的 80%，失业保险金随最低工资标准的调整而变化。而最低工资标准与社会平均工资相关，并且随着今后失业保障日益受到重视，预计失业保险待遇会有较大的涨幅。因此以社会平均工资增长率为基础，2006～2015 年广州市社会平均工资平均增长率为 9.35%，再考虑通货膨胀的影响，设定 2017～2026 年广州市失业保险金年调整率为11.35%。据此可以得到未来十年广州市失业保险金的测算结果，如表 7 所示。

表 7　2017～2026 年广州市失业保险金测算结果

单位：元

年份	月失业保险金	年失业保险金	年份	月失业保险金	年失业保险金
2017	1688	20256.79	2022	2890	34675.42
2018	1880	22555.94	2023	3218	38611.08
2019	2093	25116.04	2024	3583	42993.44
2020	2331	27966.71	2025	3989	47873.20
2021	2595	31140.93	2026	4442	53306.81

7. 城镇登记失业率和城镇失业人口

鉴于过去五年广州市的城镇登记失业率的变化趋势较为平稳，本文采用过去五年城镇登记失业率平均值2.27%作为2017～2026年的城镇登记失业率，并以此结合城镇就业人口计算得到城镇失业人口。由城镇登记失业率＝城镇失业人口／（城镇就业人口＋城镇失业人口）×100%，可以推算出城镇失业人口＝城镇就业人口×城镇登记失业率／（1－城镇登记失业率）。根据上文城镇就业人口的测算结果以及本处的计算公式，可以得到城镇失业人口的测算结果，如表8所示。

表8　2017～2026年广州市城镇失业人口测算结果

单位：万人

年份	城镇失业人员	年份	城镇失业人员
2017	18.02	2022	20.89
2018	18.56	2023	21.51
2019	19.12	2024	22.16
2020	19.69	2025	22.82
2021	20.28	2026	23.51

五　测算结果

根据公式（1）、（2）和相关参数设定，本文对广州市失业保险基金收入、支出和结余进行测算，结果见表9。

从表9可以看出，2017～2026年广州市失业保险基金运行良好，依然保持着收大于支的状态，当年结余也呈现出逐年增加的趋势。在接下来十年内，笔者预计基金收入将由54.37亿元增长到184.90亿元，净增长130.53亿元，年均增长率为14.6%；基金支出由36.50亿元增长到125.32亿元，净增长88.82亿元，年均增长率为14.7%；基金当年结余由17.87亿元增长到59.58亿元，净增长41.71亿元，年均增长率为14.3%。由此可见，在失业保险政策未发生重大改变的情况下，广州市失业保险基金运行将会继续产生大量的结余资金。广州市失业保险基金虽然没有收不抵支的压力，却存在增值保值的压力。2017～2026 年这十年间新产生的累计结余高达 514.49 亿元，相当于 2026 年支出的 4.1 倍，超过了正常风险储备金的需求。巨额的沉积资金缺乏投资渠道，只能用于储蓄和购买国债，导致巨额的贬值损失。失业保险基金累计越多，面临的风险就越大。

表 9　2017～2026 年广州市失业保险基金收入、支出与结余测算结果

单位：亿元

年份	基金收入	基金支出	基金结余
2017	54. 37	36. 50	17. 87
2018	62. 93	41. 86	21. 07
2019	72. 79	48. 01	24. 78
2020	84. 13	55. 06	29. 07
2021	95. 97	63. 15	32. 81
2022	109. 45	72. 43	37. 02
2023	124. 81	83. 07	41. 74
2024	142. 30	95. 27	47. 02
2025	162. 22	109. 27	52. 95
2026	184. 90	125. 32	59. 58

六　敏感性分析

我国失业保险基金结余过多的问题普遍存在，广州市也不例外。在现有政策不做重大调整的前提下，失业保险基金仍将保持着收大于支的状况。造成失业保险基金结余过高的原因主要有两方面：一是单位和职工的缴费率较高，过去多年来缴费率维持在 3% 的水平，得益于社会平均工资的稳定增长，失业保险基金收入也在逐年增长。二是失业保险的保障水平有限，仅保障失业人员的基本生活，无法满足失业人员的需求[①]，并且由于手续复杂等

---

① 吕学静：《中国失业保险面临大考》，《中国社会保障》2009 年第 1 期，第 30～31 页。

原因导致能够享受待遇的人数偏少。

针对缴费率过高和保障水平偏低的问题，本文进一步测算在基金收支平衡的前提下广州市失业保险的缴费率下限以及失业保险金标准上限，了解广州市失业保险制度调整的边界，并与原方案进行比较，推算出广州市失业保险制度调整的方向和范畴。

实现基金收支平衡有两种途径，第一种是降低缴费率，控制基金收入的增长；第二种是提高失业保险待遇，增加基金支出。那么，这两种调整应该达到怎样的程度？本文以实现失业基金收支平衡作为目标，测算出最低缴费率和最高失业保险金标准。

（一）最低缴费率

缴费率的高低直接影响基金收入，笔者假设基金收支平衡时，基金收入等于基金支出，不考虑基金储备的影响。此时的基金收入是满足收支平衡的最低值，以此反推出最低缴费率，其计算公式为：缴费率 = 基金收入/缴费人数/社会平均工资/征缴率，基金收入以基金支出的数据代替，缴费人数、社会平均工资、征缴率的设定同上文。最低缴费率的测算结果见表10。

表10　2017～2026年广州市失业保险最低缴费率测算结果

单位：%，个百分点

年份	最低缴费率	与现方案相比	年份	最低缴费率	与现方案相比
2017	0.67	－0.33	2022	0.66	－0.34
2018	0.67	－0.33	2023	0.67	－0.33
2019	0.66	－0.34	2024	0.67	－0.33
2020	0.65	－0.35	2025	0.67	－0.33
2021	0.66	－0.34	2026	0.68	－0.32

说明：第二列的数值为最低缴费率与原方案设定的缴费率之差。

在保持其他参数设定不变的情况下，为了实现基金收支平衡，最低限度地满足基金支出需求，最低缴费率仅需维持在0.65%～0.68%的区间，仅相当于原有缴费率的近七成，意味着广州市失业保险仍有进一步下调缴费率的空间。广州市近年来多次调低缴费率，当前的缴费率已经降到1%，为企业减轻负担数十亿元。但相比于最低缴费率，广州市的费率水平仍有一定的调整空间，并且广州市失业保险基金当前留存有大量的结余资金，在不扩大保障范围、提高保障支出的前提下，广州市的缴费率尚可进一步下调。

（二）最高失业保险金

失业保险金是最主要的失业保险待遇，失业人员通过领取失业保险金维持基本生活支出。当前的失业保险金待遇标准过低已是不争的事实，有不少学者呼吁提高待遇水平和给付期限的弹性（李珍、王海东，2010）。那么失业保险金标准的最高值能达到多少？保持其他参数设定不变，以基金收支平衡为前提，通过基金收入推算出失业保险金的上限，这一待遇水平是失业保险所能支出的最高标准，超过则会导致基金收不抵支。

保障失业人员在失业期间的生活水平，不仅要考虑失业保险金的绝对值，还应考虑其相对值，即与社会平均工资的比重，也叫替代率。笔者对失业保险金的绝对值和相对值都进行了测算，并将其与现方案的结果进行比较，具体测算结果见表11。

表11　2017～2026年广州市失业保险金及替代率上限

单位：元，%

年份	最高月失业保险金	与现方案相比	最高替代率	与现方案相比
2017	2515	48.97	31.09	10.22
2018	2826	50.34	31.95	10.70
2019	3173	51.61	32.81	11.17
2020	3561	52.79	33.67	11.63
2021	3943	51.96	34.10	11.66
2022	4366	51.11	34.53	11.68
2023	4834	50.24	34.96	11.69
2024	5351	49.36	35.39	11.69
2025	5923	48.46	35.82	11.69
2026	6554	47.54	36.25	11.68

由表 11 可以看出，在保证失业保险收支平衡的前提下，广州市的失业保险金标准还有较大的上升空间，相比于现有方案的结果，能够提高近 50%。考虑到社会经济发展带来的生活水平提高等因素，失业保险金与社会平均工资的比率（替代率）在 31%～36% 之间，也能够在现有方案的结果上再提高近 12 个百分点。因此，笔者可以得出结论：在维持基金收支平衡的前提下，无论是最高失业保险金还是最高替代率，都要远高于现方案的结果。这也表明，如果维持当前的待遇标准或替代率，将会继续导致失业保险过多的结余。

七　主要结论与对策建议

（一）主要结论

本文首先梳理了广州市失业保险制度的变迁过程，然后分析了广州市 2012～2015 年失业保险基金的运行状况，并采用精算模型对 2017～2026 年失业保险基金的运行状况进行了测算，同时还对广州市失业保险的最低缴费率和最高失业保险金标准进行了测算和分析。通过以上研究，笔者发现了广州市现行失业保险基金运行中存在的问题和面临的挑战，同时也预见性地提出未来制度改革的可能方向。

广州市经过多年对失业保险的改革与发展，目前失业保险基金总体上保持着良好的发展状态，近年来参保率逐年上升，覆盖面不断扩大，负担系数较低，制度可持续性较好。但也存在保障程度偏低的问题，失业保险金标准偏低，占社会平均工资的比重较低，难以保障失业人员维持基本生活水平，并且政策两年一调，调整速度跟不上社会经济发展水平。

本文利用公开的广州市失业保险数据，以精算原理为基础，综合分析各影响因子，建立广州市失业保险基金平衡的精算模型，对广州市 2017～2026 年的基金收入、支出及结余进行了测算。结果显示，随着参保意识的增强、政府扩面的推进，参保人数总体呈现增长趋势；失业人数即享受待遇人数保持着缓慢增长的趋势。未来十年广州市失业保险基金一直保持着收大于支的状态，基金结余不断增长，到 2026 年新增结余相当于当年支出的 4.1 倍。这表明在不发生重大制度变革的情况下，广州市失业保险基金仍将延续收大于支的趋势，并且形成巨额的结余资金。

（二）对策建议

1. 提高失业保险金标准

广州市失业保险基金应当遵循"以收定支，收支平衡，略有结余"的原则，在保障基金安全的同时提高失业保险的保障水平。当前广州市的失业保险金标准为 1516 元/（人·月），仅相当于社会平均工资的 20% 左右，将导致失业人员在失业期间生活水平大幅度下降，某种程度上也会影响失业人员再就业的积极性。给付标准偏低不仅会降低从业人员的就业和再就业的积极性，还会造成失业保险基金收支失衡。此外，广州市失业保险基金现有大量的结余资金，由于缺乏有效的管理和投资渠道，实质上面临着巨额贬值风险，损害了参保人的利益。因此，广州市应当提高失业保险金给付标准，保持合理的替代率，保障失业人员在失业期间生活水平不会发生大幅度的下降，也可以减少基金结余，提高资金使用率。

2. 失业保险金的给付标准应同个人工资挂钩

广州市的失业保险给付标准以最低工资标准为参照，与个人失业前工资没有相关性。无论个人失业前工资是多少，失业后领取的失业保险金与其他失业者没有区别，容易导致劳动者积极性受挫。而失业保险保费则是与职工工资挂钩，这容易形成倒挂现象，导致基金收入远超过支出，现实中也确实出现了大量的基金结余。因此，应当将失业保险给付标准同失业前的个人工资挂钩，可以减少失业造成的生活和心理冲击，维持失业人员在失业期间的基本生活。

3. 建立失业保险基金平衡预警体系，主动进行风险防范

广州市失业保险基金一直保持着结余状态，基金运行总体呈现良好态势。但是，由于失业保险基金受人口老龄化、劳动力市场、政策调整等多种

因素的影响和制约，因此失业保险基金平衡预警体系需要尽早建立，主动进行风险防范，对失业保险基金运行状况进行监控，以避免基金失衡状况的出现。

4. 建立待遇自动调整机制

近年来广州市按照上级政府的政策要求多次提高失业保险金待遇，且失业保险金待遇调整标准总体呈现上涨趋势，因政策调整带来的基金支出比重逐年增大。然而，每年以颁布政策文件的形式进行保险金待遇调整的方式虽然是为了应对通货膨胀、工资增长等经济环境的变化，但是也存在着一定的问题，例如，缺乏理论支撑，对调整依据、调整方式、资金来源、特殊问题处理等缺乏系统的制度安排，政策随意性较大，常常是依据国家或地方政府的临时性决策进行调整，连贯性不强。失业保险金的政策调整需要坚持适度和公平原则，考虑经济发展水平、工资增长率、通货膨胀等因素，可以通过设定相关参数指标，建立一套科学的、合理的失业保险金待遇自动调整机制，使失业人员的待遇随着相关参数指标的变化而自动调整，避免目前失业保险金调整在时间、频率上的非制度性以及在调整政策上的随意性和不连续性。

B.14

智能制造对工人就业的影响：
以广州为例

丘海雄　赵 力*

摘　要：　2015 年 5 月国务院提出"中国制造2025"战略，广州也出台
　　　　　了大量与智能制造相关的政策。本文分析了广州智能制造给
　　　　　工人就业带来的主要影响：机器替代人、工人数量减少；工
　　　　　作环境改善；用工结构改变，劳动力市场出现两极化特征等。
　　　　　对企业方面的影响则包括：管理成本降低；管理方式变更为
　　　　　系统化管理；企业在员工培训上投入更多，内部劳动力市场
　　　　　发展。针对这些现状，本文提出了相应的政策建议：政府在
　　　　　制定智能制造的相关政策时，应当更多地考虑到智能制造的
　　　　　社会影响，解决工人的失业问题；加大技能培训的投入；加
　　　　　强对工人权益的保护；对智能制造所带来的新的企业管理方
　　　　　式进行规范。

关键词：　智能制造　工人就业　广州

　　2015 年 5 月 19 日，经李克强总理签批，国务院印发《中国制造 2025》，
部署全面推进实施制造强国战略。这是我国实施制造强国战略第一个十年的
行动纲领。该文件提出，加快推动新一代信息技术与制造技术融合发展，把

* 丘海雄，中山大学社会学与人类学学院教授、博士生导师；赵力，中山大学社会学与人类
学学院社会学系博士生，主要研究方向为经济社会学、农村社会学、法律社会学。

智能制造作为两化深度融合的主攻方向；着力发展智能装备和智能产品，推进生产过程智能化，培育新型生产方式，全面提升企业研发、生产、管理和服务的智能化水平。

紧密围绕重点制造领域关键环节，开展新一代信息技术与制造装备融合的集成创新和工程应用。支持政产学研用联合攻关，开发智能产品和自主可控的智能装置并实现产业化。依托优势企业，紧扣关键工序智能化、关键岗位机器人替代、生产过程智能优化控制、供应链优化，建设重点领域智能工厂·数字化车间。在基础条件好、需求迫切的重点地区、行业和企业中，分类实施流程制造、离散制造、智能装备和产品、新业态新模式、智能化管理、智能化服务等试点示范及应用推广。建立智能制造标准体系和信息安全保障系统，搭建智能制造网络系统平台。①

作为国家重点发展的战略，智能制造带来了经济的发展，成本的减少，收益的增加，产品质量的提升。但同时，智能制造给工人就业带来了诸多影响。本文将根据广州的案例分析智能制造对工人就业的影响。首先，本文将分析广州关于智能制造的政策；其次，本文将解析智能制造的含义；再次，本文将就广州的案例分析智能制造对工人就业的影响；最后，本文将提出一些政策建议，以更好地推行智能制造战略。

一 相关政策

广东省人民政府于 2015 年 7 月 23 日发布《智能制造发展规划（2015～2025 年）》，明确了 2025 年全省制造业综合实力、可持续发展能力显著增强，在全球产业链、价值链中的地位明显提升，全省建成全国智能制造发展示范引领区和具有国际竞争力的智能制造产业集聚区的总体目标；强调了构建智能制造自主创新体系、发展智能装备与系统、实施"互联网＋制造业"行动计划、推进制造业智能化改造、提升工业产品智能化水平、完善智能制

---

① 国务院：《中国制造 2025》，2015。

造服务支撑体系等 6 项主要任务，提出了加强统筹协调、深化体制机制改革、加强金融政策支持、推动智能制造集聚发展、完善人才引进培养政策、积极参与国际合作等 7 个方面的保障措施。①

2015 年 9 月 12 日广东省人民政府又出台了《关于贯彻落实中国制造2025 的实施意见》，明确了广东省新一代信息技术产业、先进装备制造业、新材料产业、生物医药产业等 4 个重点发展的产业，以及 18 个细分领域为重点发展领域，提出了建设全国智能制造发展示范引领区、推进信息化与工业化深度融合、推进制造业转型升级和结构调整、实施工业强基工程、全面推进绿色制造、提升质量品牌和知识产权运用保护能力、促进大中小企业协调发展、积极发展服务型制造和生产性服务业、提高制造业国际化发展水平等 9 项重点任务，并提出了加强组织领导、深化改革创新、加快人才队伍建设、发挥示范引领带动作用等 6 个方面的保障措施。②

广东省也就"互联网 + 先进制造"方面做出了政策上的推进。2015 年9 月 23 日广东省人民政府办公厅发布《广东省"互联网 + 先进制造"专项实施方案（2016～2020 年）》。从互联网与制造业加速融合、互联网制造模式快速发展、互联网与生产服务业广泛渗透等 3 个方面提出 2020 年发展目标，并从培育发展互联网制造新模式、做大做强智能制造产业、提高基于互联网的工业服务能力、提升互联网与先进制造融合创新能力、积极发展国防科技工业军民融合产业、全面推进两化融合管理体系目标、建设高速融合的工业互联网基础设施等 7 个方面提出 25 项工作举措，并细化工作分工，确保各项任务落实见效。③

广东省也出台了专门推动机器人产业发展的政策。2015 年 12 月 3 日广东省经济和信息化委发布《广东省机器人产业发展专项行动计划（2015～2017 年）》，明确了将广东省打造成为全国乃至全球机器人制造业重要基地

---

① 广东省人民政府：《广东省智能制造发展规划（2015～2025 年）》，2015。
② 广东省人民政府：《关于贯彻落实〈中国制造 2025〉的实施意见》，2015。
③ 广东省人民政府办公厅：《广东省"互联网 + 先进制造"专项实施方案（2016～2020年）》，2015。

和全国机器人示范应用先行省的总体目标，提出了创新驱动发展、产业集聚发展、骨干企业培育、机器人示范应用、重点项目建设、人才队伍建设等六大重点行动计划，提出了营造有利于产业发展的市场环境、完善金融扶持政策、加大财税政策支持力度、加强产业运行分析和跟踪检查、加强宣传引导等五项保障措施。该《行动计划》目标：到 2017 年底，建成3~5 个各具特色的机器人产业基地，3 个以上机器人产业技术（应用）研究院，培育 50 家以上机器人研发制造和系统集成服务骨干企业，10 个以上知名自主品牌。同时，机器人制造关键技术和核心部件自主化方面取得重大突破，具有自主知识产权的机器人产品销量占广东年度新增销量的 50% 以上，机器人全行业发展规模达到 600 亿元，年均增长 25%，带动智能装备产值达到 3000 亿元左右，总体发展水平进入全国前列。①

针对机器人产业和智能装备产业的发展，广州市人民政府办公厅于 2014 年 4 月 3 日出台了《关于推动工业机器人及智能装备产业发展的实施意见》。发展目标是到 2020 年，培育形成超千亿元的以工业机器人为核心的智能装备产业集群，其中包括形成年产 10 万台（套）工业机器人整机及智能装备的产能规模，培育 1~2 家拥有自主知识产权和自主品牌的百亿元级工业机器人龙头企业和 5~10 家相关配套骨干企业，打造 2~3 个工业机器人产业园，全市 80% 以上的制造业企业应用工业机器人及智能装备，使广州成为全省智能装备制造业发展的先行区，华南地区工业机器人生产、应用、服务的核心区，以及全国最具规模和最具竞争力的工业机器人和智能装备产业基地之一。

广州市人民政府于 2016 年 2 月 26 日印发《广州制造 2025 战略规划》，提出到 2025 年，广州制造业整体素质大幅提升，创新能力显著增强，两化融合迈上新台阶，质量效益名列国内前茅。该战略规划还提出，广州制造将紧紧围绕全国重要的高端装备制造业创新基地、国家智能制造和智能服务紧密结合的示范引领区、"一带一路"战略重要支点和开放高地三大发展定

---

① 广东省经济和信息化委：《广东省机器人产业发展专项行动计划（2015~2017 年)》，2015。

位。为此，广州将重点发展智能装备及机器人、新一代信息技术、节能与新能源汽车等十大重点领域。①

同时，广州市专门针对信息化发展提出了五年发展规划。广州市人民政府办公厅秘书处于2017年1月24日出台《关于印发广州市信息化发展第十三个五年发展规划（2016～2020年）的通知》。该文件提到，国家"一带一路"和自由贸易区战略的实施，"中国制造2025"、"互联网＋"行动计划、促进大数据发展行动纲要等政策文件的发布，为广州打造"一带一路"建设的战略节点城市、率先构建开放型经济新体制提供重大契机，也为广州信息化跨越发展带来难得的战略机遇。同时，泛珠三角地区合作、珠江—西江经济带上升为国家战略，广东省深入实施珠三角优化发展和粤东西北振兴发展战略，为广州市经济社会发展注入强劲动力，也为信息化开辟了广阔的应用空间。建立全球互联网"双创"优选地。基本建成综合实力雄厚、产业能级高、集聚辐射能力强的互联网创业创新中心。围绕琶洲互联网创新集聚区建设，构建开放有活力的互联网创新创业平台，推动国内外互联网创新人才、创投资本、互联网产业政策、云服务机构、"互联网＋"创新文化等各类互联网创新资源要素集聚，打造形成国家"一带一路"互联网产业战略高地、亚太地区电子商务总部示范基地、高品质互联网创新创业区。②

由此可见，广州有大量与智能制造有关的政策：有关于中国制造2025战略的实施，有关于智能制造的发展规划，有关于"互联网＋先进制造"战略，有关于推动机器人产业和智能装备产业发展的政策，有关于信息化的战略规划。智能制造战略在广州受到高度重视，处于大力发展的状态。关注广州市智能制造发展的现状有着十分重大的意义。但目前政策对智能制造的关注主要集中于经济发展方面，缺乏对智能制造的社会影响的关注，本文将以广州为案例，分析智能制造对工人就业的影响，以促进智能制造政策的发展完善。

---

① 广州市人民政府：《广州制造2025战略规划》，2016。
② 广州市人民政府办公厅秘书处：《关于印发广州市信息化发展第十三个五年发展规划（2016～2020年）的通知》，2017。

二 智能制造的概念

区别于以往的机器化大生产、自动化，智能制造不是用机器换人，它意味着制造技术与信息技术的深度融合与集成，意味着物理系统和信息系统的结合，意味着互联网和移动通信的广泛应用，意味着技术与交流的结合，工厂通过信息技术进行一体化管理，实现信息互联与自由交互。

基于工业4.0构思的智能工厂由物理系统和虚拟的信息系统组成，称之为信息物理生产系统。[1] "在智能工厂里，数字世界与物理世界无缝融合。在这些产品中包含有全部必需的生产信息。通过物理信息融合系统，企业不仅可以清晰地识别产品、定位产品，而且还可全面掌握产品的生产过程、实际状态以及至目标状态的可选路径。在工业4.0时代，机器、存储系统和生产手段构成了一个相互交织的网络，在这个网络中，可以进行信息的实时交互、调准。同时，物理信息系统还能给出各种可行方案，再根据预先设定的优化准则，将它们进行比对、评估，最终选出最佳方案。这就使生产更具效率、更环保，更加人性化"。"在许多人眼里制造工业是一种以机器、设备、油脂和钢屑为代表的陈旧事物，而现在突然变成了某种恰好符合这个以软件、互联网、机动性和云计算为代表的摩登时代的事物"。"软件不再是为了控制仪器或者执行某步具体的工作程序而编写，也不再仅仅被嵌入产品和生产系统里。产品和服务借助于互联网和其他网络服务，通过软件、电子及环境的结合，生产出全新的产品和服务。越来越多的产品功能无须操作人员介入，也就是说它们可能是自主的。传统产品被具备至今尚不明了的特性的技术系统所替代"[2]。如今是一个创新软件与高性能硬件、虚拟网络与现实生产环境交错的时代。

---

① 张曙：《工业4.0和智能制造》，《机械设计与制造工程》2014年第8期。

② 乌尔里希·森德勒：《工业4.0：即将来袭的第四次工业革命》，机械工业出版社，2015。

三　智能制造对工人就业的影响

笔者已经断断续续进行了为期一年的田野调查，参观访谈了大型品牌企业、中间服务商、工会等。笔者参观访谈了为工厂提供生产线改造、精益生产改造与咨询服务的位于广州番禺的 M 公司，M 公司智能工厂位于广州市南沙区。同时笔者参与了广州市南沙区总工会组织的座谈会，该座谈会邀请了 C 主席、L 主席、U 委员等人参加。在这个过程中，笔者收集了来自各方面的信息，了解到智能制造对工人就业主要带来了以下几个方面的影响。

（一）工人数量减少

据笔者调研发现，自实施自动化、智能化以后，M 公司智能工厂工人的数量减少，用工成本降低。

笔者在参观南沙 M 公司智能工厂的过程中，了解到这条生产线用了 46 个机器人和 110 台专机，减少了 41 名工人（访谈 M 公司智能工厂改造负责人 F 某，2016 年 5 月 19 日）。整个 M 公司有六个工厂，比三年前少使用了 30% 的人力（访谈 M 公司总部，2016 年 3 月 22 日）。座谈会上，U 某提到，M 公司的智能化项目实施已有七八个月了，解决机器换人的问题有以下几个方法。一是正常的人员流失；二是停止招聘工人；三是 M 公司在武汉、重庆、邯郸、顺德等都有工厂，在各个工厂之间进行人员调动，资源共享，白色家电行业兄弟企业比较多，有 1000～1700 人通过这种方式消化掉了。[①]

（二）工作环境得到改善

笔者在参观 M 公司智能工厂的过程中发现，机器人的旁边有防护栏与工人隔开，以免机器人失控伤害到工人；防护栏起作用的机制是，防护栏上有电流，机器人（手）一旦碰到防护栏就会受到电击，缩回去。经过空调智能

---

① 南沙区总工会座谈会记录，2016 年 6 月 6 日。

工厂大门，看到的是存放的零部件，存放的地方有如同行车位一样的明显的标识，同时还能看到自动运输车 AGV（Automated Guided Vehicle），这些 AGV 遇到人（人成为行走障碍物时）就会自动停下来。再往前走就到了装配线，也就是号称的智能生产线（参观 M 公司智能工厂，2016 年 5 月 19 日）。

由此可见，智能生产线更多地关注工人的安全健康，带来了工人工作环境的改善。

（三）劳动力市场表现出两极化的特征

智能制造使得工厂的用工结构发生改变，对高技能的工人需求越来越多，对低技能工人的需求有保留，但对中间技能的工人需求变少。

"在智能工厂中，员工已从服务者转换成了操纵者、协调者。未来的生产需要员工作为决策和优化过程中的执行者。因此，肯定不会有无人工厂的出现。员工将承担如设计、安装、改装、保养以及对物理信息融合系统和新型网络组件维护的工作，且进一步对生产设备、框架结构和规章条款进行优化。他们既能利用信息技术令仿真程序运转，又能对替代方案进行评估"。"随着对产品和生产方式要求越来越高，对员工的专业水平要求也就越来越高。未来的工作岗位将会更加注重技术专业性"。[1] 机器替代人催生了新的人才缺口，操作机器设备及管理自动化生产线的技术人员非常抢手。

从 2004 年开始，中国"技工荒"问题开始凸显：2009 年，中国劳动力市场信息网数据显示，高级工、技师和高级技师的求人倍率为 1.44、1.76 和 1.60。2015 年《中国劳动力市场展望》[2] 指出，在技能型人才需求方面，高级工、技师以及高级技师的缺口最大，岗位空缺与求职人数之比大于 1，存在着技工人才短缺问题。而普通工人即使经过培训，也难以学会编程。培

---

① Siegfried Russwurm：《软件：工业的未来》，乌尔里希·森德勒编《工业 4.0：即将来袭的第四次工业革命》，机械工业出版社，2015。
② 杨宜勇、黄燕东：《2015 年中国劳动力市场展望》，《中国经济报告》2015 年第 1 期，第 42~45 页。

训很艰难，工人的转型举步维艰。

与此同时，能动性的岗位会增多。智能制造与柔性生产需要更多的体力工人完成不同产品的配置工作。个性化、定制化生产要求低技能的工人从事安装、搬运等工作。

很多熟练工人将被替代。工人提到，"刚引进机器时，没什么感受。唯一让技术工人有点心理不平衡的是，他们的身份从'木工师傅'变为普通工人，工资也变得跟普工差不多"。"有机器后，人只要打点胶水，钉下钉子什么的，技术的用武之地很少了"。[1]

座谈会上 U 委员提到，"年纪大的，没有学习能力和动力的简单劳动工人成本低，会替代的是重体力活、易发生工伤的，还有高技能的工人会被替代。但设备始终需要人去管理，高技能工人会向设备维护的方向发展。由于对产品的合格率要求更高，精品要求更高，比如打螺钉等，更需要人的综合能力、个人素质。在 M 公司，机器人与简单工人交叉存在。他们属于两个世界。企业通过赋予低技能工人学习机会，培养多能工、全能工。一个人掌握多种技能，而不是只做一些简单操作。"[2]

（四）管理成本降低

"设备只需要保养，不像人，还需要买医保、社保等。工人经常忘记东西，会疲惫。虽然有规则，但工人会犯错。机器会遵守规则，运用机器后市场返修率降低"。[3]

南沙区总工会 L 主席提到，"以前工厂对工人的管理成本比较高。智能化成本不比用人工低，甚至比人工高，但可以节省管理成本。工人的民主意识增强，会去争取权益。管人麻烦，智能化方便管理，机器不会罢工"。[4]

---

[1] 蒋晨悦、周建平发自广州、东莞、惠州，实习生陈柯芯、黄芷欣《"机器换人"大潮下的工人：有人升级，有人称看不到希望》，澎湃新闻，http://m.thepaper.cn/newsDetail_forward_1533577，2016 年 9 月 24 日。
[2] 南沙区总工会座谈会记录，2016 年 6 月 6 日。
[3] 访谈 M 公司总部，2016 年 3 月 22 日。
[4] 南沙区总工会座谈会记录，2016 年 6 月 6 日。

（五）管理方式发生改变，实现系统化管理

智能制造使得工厂的管理方式发生改变，工厂实现系统化的管理。这种管理方式提高了效率，更加严格，减少了人为因素的不确定性。

M公司的工作人员提到，智能制造不仅是以机器换人，还包括组织形式，以及整个过程的改变，包括供应商、消费者的联结，还包括管理模式的改变。对于中小企业而言，他们更多地关注以机器换人本身，而对于大企业而言，是一个战略问题。智能制造通过数字化、信息化实现实时监控、统一管理，通过精益管理来安排生产。信息化包括设备互联、班组互联，制造的各个环节互联互通，管理互联。供方实现零库存，决策层对整个制造业实施监控，会监控70%的内容。① 笔者在参观M公司智能工厂的过程中，观察到智能工厂有一个工控中心。通过看板保证整个流程管理精益化。②

笔者参加M公司组织的益友会活动时了解到，他们正在工厂推行层级汇报系统，致力于建立多层级过程审核体系与现场监控。层级汇报系统讲究短、平、快，标准化运作。一条生产线，把所有的数据联通，通过软件平台去生产。传统的直线流程转化为平台化流程，实现指挥过程的信息统一化。

由此可见，在智能制造的过程中，实现了系统化、信息化的管理，实现了前瞻性规划。

（六）企业在员工培训上投入更多，内部劳动力市场发展

企业不仅进行了技术升级，还实现了培训升级。公司会给工人更多的培训。公司有一些对工人的激励措施，有一些高温补贴，多一年工龄就会涨一些工资，以鼓励员工长期工作。③ 座谈会上U委员提到，"M公司在企业内部营造了一个竞争的氛围。很多员工主动加班学习。企业内部开发了一个软件，对一些专业领域、技能进行培训。同时会有一些协会，进行技能比赛，

---

① 访谈M公司总部，2016年3月22日。
② 参观M公司智能工厂记录，2016年5月19日。
③ 访谈M公司总部，2016年3月22日。

奖金丰厚"。①

由此可见，随着智能制造的实施，对技能工人的需求越来越大，企业在培训方面的投入也会越来越多，内部劳动力市场不断发展。

四 智能制造政策完善的建议

综上所述，智能制造意味着制造技术与信息技术的深度融合与集成，意味着物理系统和信息系统的结合，意味着互联网和移动通信的广泛应用，意味着技术与交流的结合，工厂通过信息技术进行一体化管理，实现信息互联与自由交互。根据调研笔者发现，智能制造给工人就业带来的主要影响包括：机器换人、工人数量减少；工作环境改善；用工结构改变，劳动力市场出现两极化特征等。对企业方面的影响则包括：管理成本降低；管理方式变为系统化管理；企业在员工培训上投入更多，内部劳动力市场发展。

针对智能制造给工人就业带来的影响，政府在政策上应当有所发展与完善。在制定智能制造相关政策时，应当更多地考虑智能制造的社会影响，考虑工人的情况，以更好地维护社会稳定。

（一）解决工人的失业问题

智能制造带来了工人数量的减少。因此，政府应当更多地关注工人的失业问题。数字化生产促进了服务行业的工作需求，可以将工人转移到服务业，例如电子商务、快递行业等。

（二）加大技能培训的投入

智能制造需要更多的技能工人，政府应当加大工人技能培训方面的投入，解决技工荒的问题，增强对技能工人的培养力度。

---

① 南沙区总工会座谈会记录，2016 年 6 月 6 日。

（三）加强对工人权益的保护

智能制造、柔性生产的发展使得工厂需要更多的体力工人去完成不同产品的配置。以往的熟练工人也逐渐被机器所取代，而成为普通的体力工人。用工也会趋于灵活化。对于这些低技能的体力工人，政府也应当增强对其权益的保护，以维护社会的稳定。

（四）对企业管理进行规范

随着智能制造的推行，数字化、智能化的实施将重构日常工作的紧密分配和管理方式。政府也应当出台相应的政策，对企业的管理进行规范。

五　结语

2015 年 5 月国务院提出"中国制造 2025"战略，广州也出台了大量与智能制造相关的政策。智能制造战略在广州受到高度重视。关注广州市智能制造发展的现状有着十分重大的意义。但目前对智能制造的关注主要集中于经济发展方面，缺乏对智能制造的社会影响的关注。智能制造意味着制造技术与信息技术的深度融合与集成，意味着物理系统和信息系统的结合，意味着互联网和移动通信的广泛应用，意味着技术与交流的结合。本文以广州为例，分析了智能制造给工人就业带来的主要影响：以机器换人、工人数量减少；工作环境改善；用工结构改变，劳动力市场出现两极化特征等。对企业方面的影响则包括：管理成本降低；管理方式变为系统化管理；企业在员工培训上有更多投入，内部劳动力市场发展。针对这些现状，本文提出了相应的政策建议。政府在制定智能制造的相关政策时，应当更多地考虑智能制造的社会影响，解决工人的失业问题，加大技能培训的投入，加强对工人权益的保护，并对智能制造所带来的新的企业管理方式进行规范。这些研究将有利于智能制造政策在广州进一步推行，有利于中国制造 2025 战略的实施。

创业就业篇

Entrepreneurship and Employment

B.15
广州高校学生创业的现状、问题与对策探析

王卓琳*

摘　要： 创新创业是引领经济发展的动力，是提升国家综合实力的灵魂。高校学生思维方式活跃，知识储备丰富，是极具创业潜能、充满创业热情的青年群体。经过多年的探索与实践，广州市在推进高校学生自主创业的发展过程中积累了丰富的实践经验，构建起相对完善的创业保障体系。本文试图通过梳理广州市高校学生创业活动的政策环境和发展现状，发现当前创业保障机制存在的不足，并尝试从完善创业政策、提升创业服务成效、加强创业教育等方面提出对策与建议，以期为相关领域的实践提供可资借鉴的方向。

* 王卓琳，博士，广东第二师范学院讲师，研究方向为社会工作。

关键词： 高校学生 创业 优惠政策

一 研究背景

创新创业是引领经济发展的动力，是国家实施科教兴国、人才强国战略的关键。尤其是近两年在"大众创业、万众创新"的战略政策导向下，大学生创业活动受到党中央的高度重视，进入全面发展的新阶段。

高校学生创业会产生潜在的经济和社会效应，能够促进国家就业结构调整，推动产业经济的发展，加快社会转型的速度。从宏观层面来看，鼓励大学生创业能够发现创新型人才，促进高等教育产学研有效结合，推动国内风险投资体系完善。从微观层面来看，高校学生创业能够较大缓解日益严峻的就业压力。学生在创业的过程中，不仅能够学以致用，提升自身的实践能力，而且还能为他人提供工作机会，实现以创业带动就业的社会目标。

随着 1999 年高校扩招，大学毕业生开始快速增长，其就业压力也逐年增大。2017 届全国普通高校毕业生人数为 795 万，再创历史新高，比 2016 年增加了 30 万，比 2015 年增加了 46 万，是扩招后首届毕业生人数的七倍。在国内产能过剩与经济下行压力较大的形势下，持续增长的高校学生规模使大学生就业难问题变得更加严峻，引起了政府部门和社会各界人士的广泛关注。

在第五届"中国劳动力市场发展论坛"上发布的《2015 劳动力市场研究报告》指出，创业带动就业作用日趋明显。从高校毕业生创业来看，创业者在企业初创的第一年就可以带动 8 个人就业，而且随着企业规模的扩大还会提供更多的工作岗位，使创业带来的效果愈加显著。鼓励高校学生创业，可以帮助其实现个人价值和社会价值，是激发创新活力和扩大就业的重要途径，有助于缓解大学生结构性失业问题。

为了引导大学生多渠道就业，尤其是鼓励其自主创业和灵活就业，国务院在 2009 年《关于加强普通高等学校毕业生就业工作的通知》中就提出，要落实税收优惠政策等扶持政策以支持高校毕业生自主创业。2011 年，政府又出台了《关于进一步做好普通高等学校毕业生就业工作的实施意见》，进一步完善和落实行政事业性收费减免等优惠政策，按照法律法规的规定，适当放宽市场准入条件，改善创业环境，积极引导高校毕业生创业。

2014 年，李克强总理在夏季达沃斯论坛开幕式上指出，要让创新、创造的血液在全社会自由流动，让自主发展的精神在人民当中蔚然成风。2015 年总理又在两会上提出"大众创业、万众创新"，在全国掀起了"双创"的热潮，鼓励高校学生创业已经成为国家和社会重点关注的话题。

作为改革开放的前沿城市，广州在政治、经济、文化、科技和教育方面有充足的资源积累，具备明显的创业环境优势。广州市政府也一直积极落实国家政策高度重视创业工作，大力提倡高校学生创业。

经过多年的探索与实践，目前广州已经构建起全面的创业保障体系，积累了大量的实践经验，并于 2012 年被国务院评为"全国创业先进城市"，是广东省唯一的获评城市。本文通过梳理广州市推动大学生自主创业发展过程中的成功经验，发现当前创业保障机制面临的现实问题与挑战，并提出完善创业保障体系的措施与建议，对于大力推进我国其他省区市大学生自主创业活动具有一定的借鉴意义。

二 广州市大学生创业活动的发展历程

高校学生创业活动最先起源于美国，这与国外的大学教育更注重培养学生的创业意识和能力有关。哈佛大学早在 1947 年就开设了相关创业的课程，培育出大批具有创新精神的优秀人才，带动了美国经济和社会的快速发展。到了 20 世纪 80 年代，以创新理念为核心的创业型经济优势凸显。

1983 年美国麻省理工学院举办第一届创业计划竞赛之后，创业大赛在美国开始盛行，并逐渐成为风靡全球高校的重要赛事。通过比赛学生创业的成功案例涌现出来，为当地创造了大量的就业机会。鉴于创业对于经济发展的重要性，近几年我国也出台了一系列鼓励大学生创业的政策。本文根据国家的政策导向，将大学生创业的发展历程分为三个阶段。

第一阶段：初步探索时期（1998～2001年）。

1998年5月由清华大学举办的"创业设计竞赛"，拉开了我国大学生创业活动的序幕。1999年1月，教育部出台《面向21世纪教育振兴行动计划》，指出要加强对教师和学生的创业教育，鼓励自主创办高新技术企业。随后，首届"挑战杯"中国大学生创业计划竞赛进一步扩大了大学生创业活动在高校的影响。它是由共青团中央、中国科协、教育部、全国学联和地方政府共同主办，国内著名大学、新闻媒体联合发起的一项具有导向性和示范性的全国竞赛活动，在促进青年创新人才成长、深化高校素质教育、推动经济社会发展等方面发挥了积极作用，有助于培养学生的创业精神和实践能力。

2000年，由上海交通大学承办的第二届"挑战杯"大学生创业计划竞赛推动部分创业计划进入实际运行操作阶段，使大学生的创业想法在现实世界中生根发芽，真正落于实处，使学生创业的热情高涨，进一步促进高校创业活动蓬勃发展。

第二阶段：政府推动发展时期（2002～2011年）。

2002年，教育部将清华大学、北京大学、中国人民大学、北京航空航天大学、上海交通大学等九所高校作为我国创业教育的试点院校，从经费及政策上给予这些院校的大学生创业活动以支持。至此，大学生创业活动开始受到中央的重视，被纳入高等教育的范围。

2003年5月，国务院办公厅颁布了《关于做好2003年普通高等学校毕业生就业工作的通知》，明确提出，自主创业的高校毕业生可以享受1年内免交登记类和管理类行政事业性收费的政策优惠。一个月之后，国家工商总局又发布了具体通知，特别针对高校毕业生从事个体经营的收费减免政策做出规定。

2004年4月，全国高校正式启动创业教育，呈现了从中央到地方，从教育主管部门到高等院校都开始重视大学生创业的新局面。广州市部分高校积极响应政府政策号召，以实际行动支持学生创业。暨南大学已经在当时的珠海学院成立了创业经济研究与实验中心，下设创业实验室，并面向全校区招收创业实验室成员。创业实验室从 2004 年发起召开全国高校创业教育研讨会，在推广创业教育理念和创业实验教育体系方面获得了教育界的广泛关注。

2005 年，广州市被劳动保障部列为全国 100 个创业培训重点联系城市，要求每年至少对 1500 人开展创业能力培训，培训合格率 80% 以上，经创业服务后半年内开业成功率 50% 以上，一年以上稳定经营率达 80%。创业培训对象从下岗失业人员拓展到大学生，还专门安排出一部分就业再就业资金对创业培训进行补贴。

2006 年 12 月，广州市政府发布了《关于切实加强就业再就业工作的实施意见》以贯彻落实国家的创业扶持政策，鼓励高校毕业生自主创业。该文件提出，对于有创业愿望和具备创业条件的城乡创业培训结业者从事个体经营的，凭创业培训合格证可申请小额担保贷款；从事微利项目的，由财政给予 50% 的贴息。高校毕业生从事个体经营，且工商注册登记日期在其毕业后 2 年内的，自其在工商部门登记注册之日起 3 年内免交有关登记类、证照类和管理费类收费。持《广州生源高校毕业生公共就业服务卡》的高校毕业生，在其毕业后 2 年内，可申请小额担保贷款；从事微利项目的，由财政给予 50% 的贴息。这也是广州市首次将毕业 2 年以内的普通高校毕业生纳入政策优惠范围，大学生创业活动步入实质性的推动发展阶段。

2007 年，党的十七大报告提出"实施扩大就业的发展战略，促进以创业带动就业"的战略部署，鼓励高校毕业生选择自主创业，在税费征收、小额贷款、社会保险补贴、经营场地、工商管理等方面给创业者提供更多的方便，降低创业门槛，减少创业成本和风险，营造良好的创业环境。

2008 年 2 月，国务院《关于做好促进就业工作的通知》明确指出要加强创业意识教育，转变就业观念，营造鼓励自主创业的社会环境，引导高校毕业生面向基层就业和创业。随后，财政部、国家发改委又出台《关于对从事个体经营的有关人员实行收费优惠政策的通知》，进一步做出政策方面的支持，对于从事个体经营者免收管理类、登记类和证照类等有关行政事业性收费。同年,《就业促进法》作为我国就业领域第一部基本法律开始施行,制定和实施了积极的就业政策,通过小额担保贷款、财政贴息、减免税费等措施,积极扶持劳动者自主创业,使促进就业的工作机制和工作体系制度化,使促进就业的各项政策措施和资金投入法制化,有利于建立促进就业的长效机制。

2009年,广州市入选首批国家级创建创业型城市,开始制定促进创业带动就业的政策措施,真正落实创建统筹规划、指导创业培训和创业服务体系的工作。同年8月,广州市政府办公厅下发《关于进一步促进高校毕业生就业工作的通知》,指出广州市要充分利用"退二"厂房、楼宇、产业园区等载体,培育和建设一批中小企业创业基地,为高校毕业生创业提供服务。另外,广州市财政局转发中国人民银行、财政部、人力资源和社会保障部出台的《关于进一步改进小额担保贷款管理积极推动创业促就业的通知》,并提高了高校毕业生申请小额担保贷款的额度,明确了个人小额担保贷款的最高额度为5万元,合伙经营项目,每人贷款额度不超过5万元,贷款总额不超过25万元。从2009年1月1日起,个体经营和合伙经营属于微利项目的小额担保贷款,由财政部门全额贴息。虽然申请小额担保贷款并从事微利项目者由市财政全额贴息,但是高校毕业生并没有被纳入贴息对象范围。

2010年,广州市根据人力资源和社会保障部、教育部、财政部、中国人民银行、国家税务总局、国家工商行政管理总局《关于实施2010高校毕业生就业推进行动大力促进高校毕业生就业的通知》(人社部发〔2010〕25号)的要求,发布了《关于实施大学生创业引领计划的通知》,提出了未来三年的工作目标和主要任务,即引领45万名大学生实现创业,为具有创业愿望且具备创业条件的大学生提供创业指导和相关服务。同年12月,广州市财政局联合人力资源和社会保障局与广州市妇女联合委员会出台了《关于进一步完善小额担保贷款政策推进创业带动就业的通知》,明确提出持有《广州生源高校毕业生公共就业服务卡》的高校毕业生可以申请小额担保贷款,并提高了贷款额度,扩大了贴息范围,以鼓励高校毕业生创业。对于个体经营项目者可以享受 8 万元以内金额的小额担保贷款；对合伙经营组织起来的创业者，每人贷款额度也是最高 8 万元，贷款总额不超过 40 万元。同时，简化了高校毕业生的申办程序，持有《广州生源高校毕业生公共就业服务卡》的毕业生不仅可以到户籍所在的街道申请小额担保贷款，还可以到广州市高校毕业生就业指导中心申请。

针对高校学生创业资金困难的问题，广州市政府于 2011 年又出台《广州市小额担保贷款实施办法》，从具体的操作细则方面进一步落实贷款优惠的政策，以推动高校学生创业活动的发展。在广州市委、市政府高度重视学生创业活动的背景下，市人力资源和社会保障局积极协调各职能部门，从2009 年到 2011 年，共扶持 27785 人成功创业，带动就业 134092 人，创业带动就业比率为 1∶4.8。2011 年，全市新增就业 96.23 万，占广东省新增就业人数近 1/2、占全国新增就业人数的 7.88%，为全国全省扩大就业做出了积极贡献。

第三阶段：全面完善时期（2012 年至今）。

2012 年 11 月党的十八大召开，十八大报告提出要引导劳动者转变就业观念，鼓励多渠道多形式就业，促进创业带动就业。而且，教育部也出台文件实施国家级大学生创新创业训练计划，该计划设立了三类项目：创新训练项目、创业训练项目和创业实践项目。党的十八大报告还对参与高校、经费支持和组织实施办法做了具体规定，将我国大学生的创业活动又向前推进了一步，广州市委、市政府高度重视创业工作。同年 7 月，广州市被国务院评为"全国创业先进城市"，是广东省唯一获此殊荣的城市。

2015 年，广州市出台了 4 个有关创业方面的文件，主要从完善创业担保贷款政策、创业基地孵化器建设、创业项目征集推介对接、创业服务等方面做好服务创业者和初创企业工作。另外，广州市政府常务会提出，从2015 年到 2019 年，广州市政府在 5 年内新增投入 11 亿元扶持创业，加大扶持补贴力度。随即，广州市人社局、市财政局便联合印发《关于印发广州市创业带动就业补贴办法的通知》将个人创业担保贷款最高额度由原来的10 万元提高到 20 万元；由失业保险基金补充创业贷款担保基金 1.5 亿元，使担保基金总规模达到 2 亿元, 加大创业资金保障力度; 出台《广州市创业带动就业补贴办法》, 扩大了适用范围、帮扶项目, 提高了帮扶标准。

综上所述, 广州市政府不仅积极执行国家和省级的政策文件, 而且还出台了相关细则进一步落实文件精神, 以健全政策措施为导向, 大力优化创业环境, 全力推进大学生创业活动的发展, 具体情况见表 1。

表 1 近年来广州市高校学生创业的相关政策文件

序号	发布单位	文件名称	文号
1	广州市人事局	《关于对广州市为高校毕业生就业提供公共服务的机构给予专项补贴的通知》	穗人发〔2004〕78 号
2	广州市人民政府	《关于切实加强就业再就业工作的实施意见》	穗府〔2006〕61 号
3	广州市物价局	《关于明确广州市下岗失业人员和高校毕业生从事个体经营收费优惠政策的通知》	穗价〔2007〕6 号
4	广州市财政局、物价局	《转发关于〈对从事个体经营的有关人员实行收费优惠政策〉的通知》	穗财综〔2008〕119 号
5	广州市财政局、广州市人力资源和社会保障局	转发关于进一步改进小额担保贷款管理积极推动创业促就业的通知	穗财保〔2009〕7 号
6	广州市人民政府	《关于进一步促进高校毕业生就业工作的通知》	穗府办〔2009〕40 号
7	广州市财政局、广州市人力资源和社会保障局、中共广州市委组织部	《关于印发〈有关促进高校毕业生就业补贴项目资金审核发放程序〉的通知》	穗财行〔2009〕259 号
8	广州市地方税务局	《关于印发〈促进就业创业地方税（费）优惠政策指引〉的通知》	穗地税发〔2009〕135 号
9	广州市人力资源和社会保障局、广州市财政局	《关于印发〈广州市创业带动就业补贴办法〉的通知》	穗劳社就〔2009〕2 号
10	广州市财政局、广州市人力资源和社会保障局、广州市妇女联合委员会	《关于进一步完善小额担保贷款政策推进创业带动就业的通知》	穗财保〔2010〕320 号
11	广州市人力资源和社会保障局、广州市教育局、广州市财政局、广州市地税局、广州市工商局、广州市国税局	《关于明确高校毕业生就业扶持政策有关问题的通知》	穗人社发〔2011〕123 号

序号	发布单位	文件名称	文号
12	广州市财政局、广州市人力资源和社会保障局、广州市经济贸易委员会、广州市妇女联合委员会	《关于印发〈广州市小额担保贷款实施办法〉的通知》	穗财保〔2011〕322 号
13	广州市人力资源和社会保障局、广州市财政局	《关于印发〈广州市促进高校毕业生就业补贴标准〉和〈广州市促进高校毕业生就业补贴申领程序〉的通知》	穗人社发〔2012〕60 号
14	广州市人力资源和社会保障局、广州市财政局	《关于印发〈广州市创业（孵化）基地场租补贴办法〉的通知》	穗人社发〔2013〕77 号
15	广州市人力资源和社会保障局、广州市财政局	《关于进一步落实高校毕业生就业创业补贴政策的通知》	穗人社发〔2014〕29 号
16	广州市人力资源和社会保障局、广州市财政局	《关于对广州市为高校毕业生就业提供公共服务的机构给予专项补贴的通知》	穗人社发〔2015〕54 号
17	广州市人力资源和社会保障局、广州市财政局	《关于印发〈广州市创业带动就业补贴办法〉的通知》	穗人社发〔2015〕57 号
18	广州市财政局、广州市人力资源和社会保障局	《关于印发〈广州市创业担保贷款管理办法〉的通知》	穗财社〔2015〕76 号
19	广州市人力资源和社会保障局、广州市财政局	《关于印发〈广州市创新创业（孵化）示范基地认定管理办法〉的通知》	穗人社规字〔2016〕6 号

三　广州高校学生创业的现状与特点

广州市位于改革开放的前沿阵地，是广东省政治、经济、文化、科技和教育中心，在大学生创业的基础和环境方面具有突出优势。经济方面，广州市产业基础雄厚，市场经济活跃，尤其是服务业发达，产业配套能力强；政策方面，广州财政科技投入不断增加，并围绕创新创业出台一系列政策法规，为创新创业创造良好的制度环境；文化方面，广州早在隋唐之际就为中卫商贾聚居之地，是粤商兴起的发源地，造就了独有的粤商精神，形成了浓厚的商业氛围；人才方面，广州高校林立，人才供给充足，创业孵化器和新创企业数量均位于广东省前列。

随着"大众创业、万众创新"热潮的兴起,广州高校毕业生群体的创业比例逐年上升。2016年中国南方人才市场发布的报告显示,2015年有9%的大学生毕业即创业,而在2014年高校毕业生创业的比例仅为5%。根据广东省教育厅高校毕业生就业指导中心的数据,全省141所高校都设有创业基地。其中,84所高校配套了创业教育资金,合计约1.5亿元。2016年,广州市建设各级创业基地253个,创业带动就业17.3万人。同时,成功举办"众创杯"大学生启航赛暨"赢在广州"第五届大学生创业大赛,建成创业(孵化)基地277个,入驻企业2.45万家。

作为全国首批85个创建国家级创业型试点城市之一,广州市一直重视大学生创业活动,并大力推动相关政策的落实,致力于为高校毕业生营造优质的创业环境,构建起政府、高校和社会多主体、全方位支持大学生创业活动的保障机制,为学生提供"融资、孵化、项目、培训"四大创业服务平台,形成具有广州特色的创业服务体系。

(一)创业优惠政策多样化

为鼓励高校毕业生自主创业,广州市政府不仅积极贯彻国家和省级的相关文件,而且出台了许多地方性优惠政策,具体涉及小额创业贷款、各种创业补贴、税收优惠、其他服务优惠等诸多方面。

1. 贷款政策

根据广州市创业担保贷款管理办法,高校毕业生在自主创业时可以申请小额创业贷款。该文件规定,个人担保贷款最高额度为20万元,合伙经营可依据人数适当扩大贷款规模,按每人不超过20万元、贷款总额不超过200万元的额度实行"捆绑性"贷款。担保贷款期限一般不超过2年。借款人申请的担保贷款从事微利项目的,在贷款合同期内的利息由财政部门全额补贴,逾期利息不予补贴。

事实上,广州市政府早在2003年就为高校毕业生提供小额创业贷款和担保,帮助大学生筹集启动自主创业的"第一桶金",而且贷款额度逐年增大。从2003年每人申请小额担保贷款的最高额度2万元,上升至2009年的

5 万元，再到 2012 年每人 10 万元，广州市政府不断提升贷款额度以扶持大学生创业。2016 年 7 月，市人力资源和社会保障局再次出台了《广州市创业担保贷款管理办法》，明确个人创业担保贷款金额最高额度由原来的 10 万元提高到 20 万元；贷款对象也由就业困难人员和毕业年度高校毕业生扩大至本市户籍城乡劳动者及符合规定的高校毕业生；贷款范围由广州市中心的八区扩大到将花都、番禺、从化和增城一并纳入服务范围。截至 2016 年上半年，广州已累计发放创业担保贷款 2.47 亿元，贴息受惠 2 万多人次。同时，为方便创业者申请、提高审核办事效率，创业担保贷款人员认定网办信息管理系统也于 2015 年上线。

2. 补贴优惠

根据《关于印发广州市创业带动就业补贴办法的通知》，广州市的补贴和资助项目共计 10 项。其中针对创业者及创办企业的有 5 项，包括：创业培训补贴、一次性创业资助、租金补贴、创业带动就业补贴、创业企业社会保险补贴。该 5 项补贴若均按最高限额计算，在穗创业成功可获至少 4.8 万元补贴。另外，还有 2 项针对创业项目，对于在往届"赢在广州"创业大赛中荣获三等奖以上等级的项目，如果能够在两年内将项目计划转化成创业实体者即可领取优秀创业项目资助和创业项目征集补贴。剩余 3 项补贴则主要针对相关培训和公共服务机构，包括创业孵化补贴、示范性创业孵化基地补贴、创业项目对接及跟踪服务补贴。

表 2　近年来广州高校学生自主创业的补贴政策

补贴类型	补贴对象	补贴标准
创业培训补贴	有创业意愿的高校毕业生	参加过市人社部认定的 SIYB 创业培训和创业模拟实训者，若取得合格证书可领取 1000 元 SIYB 创业培训补贴和 800 元创业模拟实训补贴
一次性创业资助	毕业 5 年内自主创业的高校毕业生	如果毕业生已经办理企业注册登记手续或领取工商营业执照，且成功经营 6 个月以上，可申请 5000 元一次性创业资助

补贴类型	补贴对象	补贴标准
租金补贴	毕业5年内自主创业的高校毕业生	连续3年可以享受每年4000元的企业场地租金补贴
创业带动就业补贴	毕业5年内初次创办企业的高校毕业生	高校毕业生在广州市创办企业,且与员工签订1年以上劳动合同并连续缴纳3个月以上社会保险,就可以获得至少2000元创业带动就业补贴,补贴金额最高3万元,具体金额按照实际招工人数支付
创业企业社会保险补贴	毕业5年内自主创业的高校毕业生	按照五大类保险的缴费基数下限和缴费比例,高校学生创办的企业可以申请连续3年的社会保险补贴
优秀创业项目资助	曾获"赢在广州"创业比赛奖项的高校学生	高校毕业生若在获奖两年内将比赛项目计划转化成创业实体,可申领不同金额的次性创业资助:一等奖创业项目获20万元;二等奖创业项目获15万元;三等奖创业项目可获10万元;优胜奖可获5万元
创业项目征集补贴	有自主创业意愿的高校学生	通过专家评审团评估认定,将创业项目纳入资源库的项目申报者可以领取2000元的补贴

2016年的第一个季度内,广州市申领创业补贴的学生人数就达到1000人,从2016年3月到2017年1月,已经成功申领到自主创业相关补贴的高校毕业生为421人。而且,初创企业可以在不同年度申请不同的补贴优惠,如开业第一年可以享受一次性创业补贴,之后的两年内还能继续享受创业企业社会保险补贴。以大学生创业者工锐旭所创办的九尾科技来看,企业一年内享受了一次性创业扶持补贴、社会保险补贴、创业企业招用工补贴、一次性创业带动就业扶持补贴、场地租用补贴等多种补贴,其中社保补贴和一次性创业补贴两项,就已经达到12万元。此外,他们还获得了广州市科技创新委员会提供的上百万元的广州市科技与金融结合的专项资金。广州市人力资源和社会保障局就业促进处数据显示,从2011年至2015年,市就业专项资金共安排创业扶持资金近1.5亿元。2016年上半年发放一次性创业、创业带动就业和自主创业社保补贴等各类创业扶持补贴共计614.1万元,受惠4517人。

3. 税收优惠

如果高校毕业生创办的是小型微利企业，那么就可以享受广州市的一系列税收优惠政策。年所得额不超过 30 万元的初创企业可以将收入所得按 50%计入应纳税所得额，按 20%的税率缴纳企业所得税；月营业额不超过 3 万元的营业税纳税人，免交营业税和印花税，免征教育费附加、地方教育附加、水利建设基金、文化事业建设费。同时，对于从事个体经营的应届毕业生，从 2014 年到 2016 年可以连续享受按每户每年 9600 元为限额依次扣减其当年实际应缴纳的营业税、城市维护建设税、教育费附加、地方教育附加和个人所得税。对于招用失业人员并与其签订 1 年以上劳动合同的企业，按其实际招工人数享受定额依次扣减税费的优惠，定额标准为每人每年5200 元。

（二）补贴标准逐年增加

2015 年广州市人社局、市财政局联合印发《关于印发〈广州市创业带动就业补贴办法〉的通知》，扩大了补贴资助范围，政策优惠不仅覆盖了非本市户籍高校毕业生，多项补贴标准亦均有提高。以创业培训补贴来看，在广州市定点培训机构参加 SIYB 创业培训和创业模拟实训并取得合格证书的高校毕业生，2014 年可以领取创业培训补贴 600 元和创业模拟实训补贴 400元，2015 年这两项补贴就已经分别增加到 1000 元和 800 元。而且在 2014年，给予每户每年最多 3000 元场地租用补贴，补贴期限最长不超过 2 年；2015 年，租金补贴直接补助到所创办企业，每户每年 4000 元，累计不超过3 年。对于参加广州市人力资源和社会保障部门组织的创业大赛并获奖的优秀创业项目，在本市完成工商登记的企业，最高资助标准也从 20 万元提高至 50 万元。由此可见，广州市政府在支持和鼓励大学生创业方面的资金投入逐年加大。

（三）创业支持主体多元化

近年来广州出台的大学生创业优惠政策都是由市政府与其他相关部门联

合发布的，比如广州市人力资源和社会保障局、广州市科技创新委员会、广州市教育局、广州市财政局、广州市地税局、广州市工商局、广州市国税局等都在推动高校学生创业活动工作中给予大力的支持。在创业培训方面，广州市就业指导中心和就业训练中心早在 2010 年就为高校应届毕业生提供创业培训，学生可以参加由联合国国际劳工组织开发的 SYB 创业培训班，旨在评估高校学生的创业能力，减少其创业投资盲目性，并提供关于如何办理工商、税务、许可登记，以及最新的国家创业优惠政策等信息。目前，全市已有创业培训机构 29 家、持证 SYB 教师 210 名、创业模拟实训教师 36 名，并在社会上招募由 60 名各领域精英组成的创业指导专家志愿团，3 年来，开展创业培训 1.73 万人，培训合格率为 89.5%，参训人员创业成功率为 35.2%，组织"创业指导进校园进社区"活动 200 场，2 万多人次接受创业指导。

（四）受惠群体扩大化

从 2012 年开始，广州市将普通高校大专以上学历的本市户籍毕业生纳入享受该市小额担保贷款优惠政策人员的范围，非广州户籍的大学毕业生自谋职业、自主创业的，不需要提供"广州生源高校毕业生公共就业服务卡"，只要符合标准自主创业税收政策或持有附有高校毕业生自主创业证的"就业失业登记证"，或者持有本市工商行政部门核发的个体或合伙经营项目的营业执照即可，可见政策覆盖范围已经明显扩大到非本市户籍的高校毕业生。再以一次性创业扶持补贴和租金补贴为例，2014 年补贴对象限定于自毕业学年起 3 年内自主创业、在本市领取营业执照或在其他法定机构注册登记并正常经营的在穗高校毕业生，但是到了 2015 年已经扩大到毕业 5 年内的高校毕业生。

（五）创业服务系统化

广州市联合多部门为高校毕业生提供创业优惠政策宣讲会，创业精英高级培训班，创业沙龙，创客直播间，创业项目的征集、评审，推介对接，融资服务以及后续跟踪扶持等一系列创业服务项目，从而形成贯穿始终、完整周全的创业服务体系。各级公共就业创业服务机构向创业者推介"广州市创业项目资源库"项目，并提供包括创业培训、创业补贴申领、营业执照办理等"一站式"创业指导服务，直至开业成功。"创业项目入库"和后续服务，通过为成功进入"广州市创业项目资源库"的优质项目发放补贴，激励和帮助高校毕业生把优质项目做大做强。这些举措都提高了创业的成功率，使创业保障体系更加完善、系统化。值得提及的是，2016年上半年，全市征集并纳入"广州市创业项目资源库"向社会推介的创业项目累计达1111个，已成功推介对接创业项目232个。

为进一步推动大学生优秀创业计划向创业实践发展，为大学生初创企业或创业项目拓宽融资渠道、夯实创业基础，广州股权交易中心在交易平台上设立"青创板"，专门为大学生创业进行融资和挂牌培育服务。广州股权交易中心以"无门槛，有台阶"的挂牌培育模式，为被推荐项目开通"绿色通道"，提供孵化培育、规范辅导、挂牌展示、投融资对接等综合金融服务，帮助大学生解决缺资金、渠道窄等创业难题。对于符合条件的创业项目或企业，专门的基金管理公司将进行初步接洽，经行业专家分析后，深入开展商业洽谈，条件成熟的可以获得基金公司的立项，在进行尽职调查、风险评估和项目讨论后，基金管理公司出具投资建议书，由董事会或投资委员会进行投资决策，再给予相应额度的融资帮扶，助力大学生创业项目和企业的发展。这一做法在全国也尚属首例，第一次实现了社会资本和优秀大学生创业企业或项目间的无缝对接。

（六）创业教育专业化

2012年，教育部颁发《普通本科学校创业教育教学基本要求（试行）》，明确规定在普通高等学校开展创业教育。2014年，教育部正式公布《关于做好2015年全国普通高等学校毕业生就业创业工作的通知》，指出全面推进创新创业教育和自主创业工作。2015年5月，国务院办公厅印发的《关于深化高等学校创新创业教育改革的实施意见》明确提出，要深化高校创新创业教育改革，到 2017 年形成科学先进、广泛认同、具有中国特色的创新创业教育理念；到 2020 年建立健全高校创新创业教育体系，使投身创业实践的学生显著增加。2017 年 2 月，教育部颁布了新修订的《普通高等学校学生管理规定》，其中规定大学生可以申请休学创业，还能享受特定的最长学习年限待遇。该规定从制度层面为高校学生休学创业提供了保障，加快了推动大学生创业的发展进程。

2016 年 12 月教育部公布了全国首批深化创新创业教育改革的 99 所示范高校名单，暨南大学、华南理工大学、华南师范大学和广东工业大学等 4 所地处广州的高校入选，所占比例高于其他城市。由此可见，广州高校创业教育的成绩斐然，市政府对于高校学生创业工作的重视取得了明显的成效，体现在如下方面。

1. 健全孵化体系

到目前为止，广州市的 83 所高校中，大部分高校成立了创业学院，每所高校都有创业孵化基地。其中，广东工业大学入选首批"全国创新创业工作典型经验五十强高校"，学生创业基地和粤港创客空间被广东省人社厅作为省内唯一一个创业基地推荐申报并获批国家级创业孵化示范基地和国家级众创空间。现有入驻项目 200 多个，成功注册企业 63 家，学生创立的企业或团队近 400 个，带动了近 3000 名毕业生就业。同时，位于广州大学城的国家数字家庭应用示范产业基地和广州大学城健康产业产学研孵化基地入选 2016 年度广东省 10 家创业孵化示范基地。此外，广州市政府还在广州民营科技园建立了广州联炬大学生创业"苗圃"，在天河区建立了天河光谷大学生创业孵化基地。这些创业孵化基地和"苗圃"为创业大学生提供低成本的生产经营场所和创业指导服务。在校大学生如果有较为成熟、有市场前景的创业项目，都可以向所在院校申请入驻大学生创业孵化基地，一旦项目通过评估，即可签署协议，入驻大学生创业"苗圃"，享受 6 ~ 12 个月免费的办公场地、办公设施、创业实训和培训。

2. 优化教育教学

将创新创业教育融入人才培养各环节，设置创业教育的专业必修课程和公共选修课程，在专业教育课堂和通识教育课堂中设立创新创业显性课程模块，在校园文化第二课堂中构建隐性课程模块。采取一个专业多套培养方案，开办创业培训班，实施灵活学制。探索实施"柔性课程"、"校企联合班"、"联合创新班"和"项目培养组"等协同育人模式，着力培养产业领军人才。比如，广东财经大学设置财税、金融、法规、企业管理、风险控制、知识产权保护等创新创业实务课程，还允许创新创业学分转换为专业课程学分，学分修满后才允许正常毕业。不少高校都提出实行弹性学制、延长修业年限的要求，将高职高专放宽至 6 年，本科放宽至 8 年，更允许学生边工边读，休学创业，简化复学手续，为学生离校创业提供便利。

3. 参与创业大赛

为促进创业带动就业工作深入开展，进一步激励和引导大学生自主创业，广州市从 2012 年开始到 2016 年连续 5 年举办"赢在广州"大学生创业大赛，引发了大学生创业的热潮。首届大赛举行时收到的参赛项目不足 1000 个，2016 年大赛参赛项目已经超过 1 万个，四年之间吸引了 70 万大学生热情参与，涌现出众多创业先进典型案例，以及一批优秀创业项目和创业先进个人。目前，五届大赛获奖项目共 436 个，其中 235 个项目已注册创办公司，有 5 个项目的产值规模超过 1000 万元，最高的一个项目产值已达到 5 亿元，累计带动就业逾 5000 人，形成创新支持创业、创业带动就业的良性发展态势。入围决赛的创业团队将被优先入选广州市创业项目征集库，获得创业项目征集奖励。此外，在校学生组获三等奖及以上和社会组获奖创业团队都将获得进驻大学生创业基地的资格，享受园区提供的创业扶持措施。部分有投资潜力的项目还有机会获得风险投资公司的进一步风险评估和风险投资。

4. 投入专项资金

广州市部分高校设有创业专项资金，对于大学生创业者给予资金方面的有力支持。比如华南理工大学副校长邱学青表示，该校每年拿出 1000 万元资金，用于资助该校大学生创业。广东工业大学整合社会资源每年投入 1000 万元，构建"院—校—省—国"四级创新创业训练资助体系，鼓励学生积极参与各类创新创业大赛。华南师范大学每年接受广东省划拨的 200 万元专项经费用于建设创新创业教育体系。

总体看来,广州市已经构建相对完善的创业保障体系,对于促进高校学生创业就业有重要的现实意义。

四 当前高校学生自主创业保障体系存在不足

虽然中央和广州市政府都出台政策文件大力支持高校学生自主创业,而且有创业意愿的大学生高达 80% 以上,但是真正选择创业的学生却不多,2013 年、2014 年、2015 年、2016 年全国大学生自主创业的比例分别为 2.3%、2.9%、3%、2.93%。与欧美发达国家大学生自主创业比例 20% ~ 30% 的数据相比,我国大学生创业水平仍有较大差距,而广州市高校毕业生的创业比例则明显更低。以省属本科重点院校为例,华南师范大学全校登记创业的毕业生共 39 人,创业率仅为 0.57%,华南农业大学 2016 届毕业生的创业率为 0.94%。专科类院校毕业的大学生创业比例稍高,以广东省外语艺术职业学院为例,2015 届自主创业的毕业生占 1.05%,2016 届毕业生自主创业的比例略有上升,占 1.29%,却仍旧低于全国的平均水平。究其原因,广州市高校学生自主创业在新时期的快速发展过程中,也面临着一些问题和挑战,如政策优惠力度不大、创业教育亟待加强等。

(一)政策优惠力度仍需加大

广州市近年来出台的各项政策虽然一直以各种优惠和补贴鼓励高校毕业生自主创业,但是优惠力度还是不足。以小额贷款为例,自主创业的大学生可申领最高不超过 10 万元的小额担保贷款。但是笔者在访谈大学生创业者的时候发现,以规模为 5 人的微型企业来看,月均房租、水电、办公用品等运营成本就得一万元,加上人工成本,每个月支出不少于 3 万元。租用公司场地需要资金,企业日常运营也需要资金,10 万元的贷款对于维持创业企业的正常运营来说简直就是杯水车薪。

此外，与广东省内其他城市，如深圳相比，广州市的创业政策优惠还有提升的空间。深圳市高校学生自主创业之初可以享受"零首期"注册优惠政策：毕业两年内的大学毕业生申请设立注册资本 10 万元以下的有限责任公司，可"零首付"注册；投资人可以以其拥有的非专利技术出资设立企业；对暂时无法提供有效房产证明文件的房屋，可由相关部门和单位出具同意在该场所从事经营活动的场所使用证明，放宽企业住所或经营场所登记条件；企业可自主选择是否办理分支机构营业执照。在相关的补贴优惠方面，深圳市针对高校学生初创企业的补贴标准也远远高于广州，具体标准见表3。

表3 近年来广州和深圳市高校学生自主创业的租金补贴标准对比

城市	补贴标准
广州	创业孵化基地自主创业的在穗高校毕业生给予每年 1000～5000 元场地租用补贴，根据租赁合同的期限，补贴期限最长不超过 2 年：(1)实际租赁面积为 100 平方米及以下的给予每户 1000 元/年的场租补贴；(2)实际租赁面积为 101～500 平方米的给予每户 3000 元/年的场租补贴；(3)实际租赁面积为 501 平方米及以上的给予每户 5000 元/年的场租补贴。在校及毕业 5 年内的普通高等学校、职业学校、技工院校学生租用经营场地创业者(在各类创业孵化基地的除外)，每户每年补贴 4000 元的租金
深圳	自主创业的高校学生如果在深圳市直属部门及各区政府认定或备案的创业带动就业孵化基地、科技企业孵化载体、留学生创业园内创办初创企业，第一年、第二年、第三年可享受的月租金补贴标准分别是 1560 元、1300 元、910 元。 在上述认定载体以及市、区政府部门主办的孵化载体外租用经营场地创办初创企业，可享受的月租金最高补贴标准是 650 元，每年合计 7800 元

（二）创业扶持政策落实不到位

广州市高校学生创业保障体系目前存在一定的管理协调问题，政策"碎片化"问题比较明显，反馈机制不灵活，且缺乏省、市级政府层面的专门机构进行协调和监督执行，导致大学生创业扶持政策缺乏执行力。而且，相关的优惠政策比较零散，涉及落实细则的通知文件每年都会有所变动，尚未出台专门针对大学生创业的纲领性指导政策。同时，创业者申请扶持优惠的程序相对繁杂，使部分高校毕业生产生畏难情绪，干脆放弃了申请。受访的企业创办者坦言，虽然知道国家和学校为大学生提供创业贷款等优惠项目，但是咨询工作人员后发现，申请贷款的手续比较麻烦，还要提供一系列证明材料，贷款周期也比较长。高校学生的初创企业项目一来未必能申请到银行贷款，二来即便申请到了也解决不了当时资金周转的困难，相关的优惠政策也可能发挥不了效用。另外，具体落实创业优惠政策的机构较少，也是政策扶持力度较弱的原因。截止到2016年12月，为高校毕业生提供公共就业服务市属机构名单的只有广州市人力资源市场服务中心、广州市劳动就业服务管理中心、广州市职业能力培训指导中心等13家单位，在落实政策服务方面明显不足。

（三）创业教育缺乏系统化

以美国斯坦福大学为例，斯坦福大学共开设了17门有关创新创业的课程，且90%的学生至少修读过一门创新创业方面的课程。而我国高校的创业课程基本是公共选修课程，且开设的课程门数较少，课程内容也偏重于理论讲解，涉及创业实践的内容较少，学生缺乏足够的实践机会和发展空间。同时，创业课程也多是国外引进的"舶来品"，没有结合国内文化背景和学校教育体制进行本土化改革，创业教育的师资力量薄弱，创业教育的实施成效不足。

此外，从管理平台看，很多高校局限于某一个部门或者某一个学院负责，没有专门的管理运行机构，很难形成一套成熟的管理运行机制，这也是目前我国高校创业教育面临的问题。笔者在访谈高校老师时发现，某些学校的创业教育看上去是受到各个部门的推进，实际情况却是，不同部门以及不同校区之间尚未建立起有效的合作沟通渠道，无法充分发挥部门联动、齐抓共管的协同效应，导致大家都管就等于没人管。同时，在资金来源方面，创业教育学院的经费都是由各单位募集而来的，缺乏长期投入的资金保障，老师们的精力难免会分散，授课积极性也因此受挫。

五 完善大学生创业保障机制的措施与建议

近年来高校毕业生的规模一再刷新纪录，大学生就业形势日趋复杂严峻。人社部 2016 年的调查结果显示，高校毕业生自主创业的存活率明显提升。创业三年的存活率从 2009 年的不到三成，到 2013 年接近 50% 。其中近两年政府对于大学生创业的扶持和优惠政策起到重要的推动作用。但是，如何提高大学生创业优惠政策的实施成效，构建起高效、全面的创业保障系统，切实帮助大学生实现创业梦想，将是促进高校学生创业未来发展所亟待解决的问题。针对上述创业保障机制存在的不足，为了进一步完善广州市高校学生的创业保障机制，笔者提出如下三方面措施与建议。

（一）完善创业政策，拓宽资金筹集渠道

资金来源不足是制约高校学生自主创业的首要因素。政府应积极引导各类金融机构，加大对大学生创业的支持力度，简化小额贷款担保手续，实行劳动、担保、银行联合调查，在高校毕业生办理各项创业优惠申请的过程中为其提供便利。而且，目前大学生所申请的创业资金基本是依赖于地方政府的专项财政拨款，资金来源渠道单一化，对于市政府和初创企业来说都会产生不利的影响。国家应从顶层制度设计的层面出台和完善相关政策，吸引并鼓励公益组织、社会机构、行业协会等采取多样化的资金投入方式，共同参与到支持大学生创业的行动之中，避免初创企业因资金周转困难而陷入无法存活的境地。

（二）强化精准服务理念，提升创业服务成效

政府相关职能部门要充分利用大数据的技术，构建完善的信息服务系统，根据系统记录反馈创业者的基本信息，有针对性地为已创业的高校毕业生提供创业资讯和定制化帮扶活动，形成学生创业过程的动态监测、创业数据的即时反馈和精准帮扶即时送达的实时联动管理模式。

强化精准服务理念，就要依据企业的不同发展时期，以市场需求和大学生创业团队为主导，提供个性化的创业企业服务，有针对性地实施一对一的指导与帮扶，实现创业服务工作的精细化管理。比如，在萌芽期，提供"零成本、全要素、开放式"的孵化场地和办公设备以及科技成果转化等服务；在初创期，为企业提供政府政策法规、产业发展方向、科技项目申报、项目论证等政策咨询服务和手续代办、资金支持、投融资、天使基金等服务；在成长期，组建创业导师团，为创业团队提供企业规划、技术开发、财务管理等创业技能培训服务；在发展期，增加企业形象的推广、对外交流等持续性跟踪服务，从而实现对于高校学生创业企业的精准关照，推进创业精准发力，提高创业服务的成效。

（三）加强创业教育，提升创业能力

完善创新创业学分管理。高校教育要实施创新创业教育学分管理，鼓励学生通过学科竞赛、科学研究、发明创造、技术开发、发明专利、社会实践、发表论文等方式获取学分，引入第三方机构对学生创新创业成果进行评估，严格创新创业学分认定条件和标准。推动校际创新创业课程互选学分互认，完善创新创业学分积累转换制度，允许创新创业学分转换为专业课程学分，学分修满后允许正常毕业。

建立分类教育体系。高校的人才培养方案要根据学生创业意愿强弱，设置递进式、差异化的课程。比如针对全校所有学生，通过开设创业微课程、在线课程、创业体验班等形式培养创业意识；针对有创业意向的学生，开设辅修、双专、双学位班、创业实验班等小班课程培养创业技能；针对有创业经历的学生，为其提供政府政策法规、产业发展方向、科技项目申报、项目论证等政策咨询服务和手续代办、资金支持、投融资、天使基金等服务。

深化校企协同育人机制。高校在开展创业教育的工作中需要整合校外政府、企业、校友等多方资源，组织社会力量，进行创业优惠政策的宣讲，举办分享会和沙龙，邀请创业成功的毕业生与在校大学生分享其实践经验。高校和企业要加强协同，共建创业实验室、创新创业基地平台、开设创新创业

培训项目，以提高师生创新创业能力，培育出高水平的创业型人才。同时，各大高校之间需开展合作，建设创新创业教育联盟，实现资源互通共享、优势互补，构建多元、开放、融合的协同培育机制，促进大学生创业活动的发展。

参考文献

陈洪源：《大学生创业扶持体系的国外经验借鉴及国内现实构建：基于广州 6 所高校大学生自主创业的调查分析》，《广西社会科学》2014 年第 11 期。

侯永雄：《大学生创业存在问题及对策探讨》，《创新创业》2015 年第 13 期。

罗向晗：《广东大学生创业政策环境研究》，《创新与创业教育》2012 年第 2 期。

B.16
广州大学生创业意愿调查及
创业政策支持体系完善

付 舒*

摘　要：　在广州市高校毕业生就业总量压力巨大、就业结构性矛盾较
　　　　　为突出的背景下，大学生创业带动就业的方式成为解决大学
　　　　　生就业问题的途径之一。一方面从政策支持体系看，广州市
　　　　　的大学生创业政策可以分为普惠型鼓励政策和竞争型鼓励政
　　　　　策两类；另一方面调查数据反映出广州大学生创业意愿存在
　　　　　性别差异、主客观因素制约、未来创业预期乐观、创业政策
　　　　　认知不足的特点。由于当前大学生创业政策支持体系对大学
　　　　　生创业意愿因素考虑不足，创业政策执行中存在协调性不足、
　　　　　宣传力度不够、政策落地难度大以及对创业主体特殊性考虑
　　　　　不够等问题，迫切需要从加强政策宣传、加大扶持力度、简
　　　　　化行政审批程序、理顺政策体系等方面进一步完善。

关键词：　大学生创业意愿　创业政策　广州

一　广州市大学生创业问题的提出

　　国务院在近期印发的《"十三五"促进就业规划》中明确指出，就业是

---

* 付舒，中国社会科学院、广州市社会科学院博士后、博士，研究方向为社会保障理论、公共
政策。

最大的民生，也是经济发展最基本的支撑。李克强总理在 2017 年《政府工作报告》中提出持续推进大众创业、万众创新。"双创"是以创业创新带动就业的有效方式，是推动新旧动能转换和经济结构升级的重要力量，是促进机会公平和社会纵向流动的现实渠道，要不断引向深入。近十年我国高校招生规模不断扩大，越来越多的毕业生进入社会，就业压力不断增加，就业形势日益严峻。统计年鉴数据显示，2005 年全国高等学校毕业生人数为 306.8 万，2015 年全国高等学校毕业生人数增长到 749 万，10 年间我国高等学校毕业生人数增长了 1.45 倍。与此同时，广东省高校毕业生人数从 2005 年 15.7 万增至 51.9 万，增长了 2.3 倍。广州市高校毕业生人数则从 10.3 万增至 27.1 万，增长了 1.63 倍（见图 1）。就业形势的日趋严峻使鼓励和支持大学生自主创业，以创业带动就业成为增加大学生就业的重要渠道。

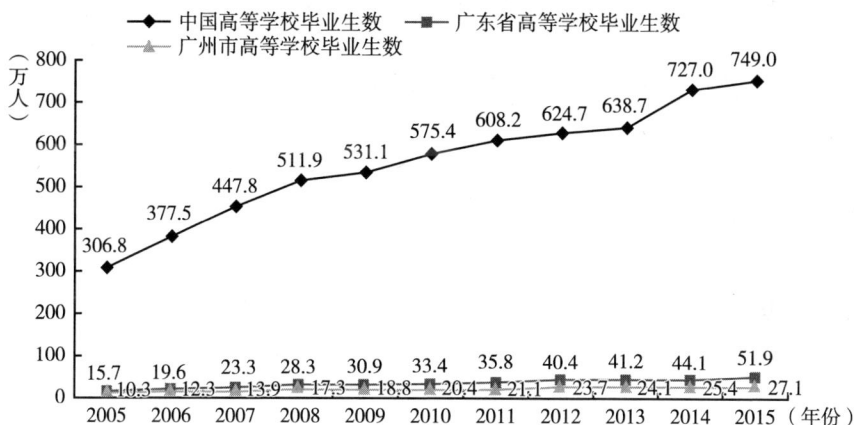

图 1　2005～2015 年全国、广东省、广州市高校毕业生人数

资料来源：《中国统计年鉴》、《广东统计年鉴》、广州统计信息网。

　　从 2016 年广州市大学毕业生情况来看，本地生源毕业生有 5 万余人，加上外地生源、来穗求职及往届未就业高校毕业生，2016 年广州市高校毕业生就业总量在 25 万～30 万，就业压力较大。从经济增长吸纳劳动力就业的能力来看，GDP 每增长一个百分点能带动 80 万人就业，但是在经济增速放缓、下行压力加大、产业结构调整的大背景下，高校毕业生就业总量压力巨大、结构性矛盾等问题的存在将使就业形势更加严峻。

在此背景下，大学生作为就业的新生主力军，通过自主创业解决就业问题成为国家大力倡导与鼓励的方向。调查显示，我国每增加一个机会型创业者，当年带动就业数量平均为 2.77 人，未来 5 年带动的就业数量平均为 5.99 人①。但是，目前我国大学毕业生自主创业的比例还很低，多数大学生不愿意把自主创业作为职业追求。那么，广州大学生创业意愿如何？哪些因素将影响大学生创业的意愿？广州市现有的创业政策是否能够引导大学生积极创业？这是一个值得充分关注的现实问题。

二 广州市大学生创业政策梳理

良好的创业政策对大学生创业意愿的培育必不可少。大量案例表明，创业政策对创业动机、创业技能、创业机会等核心要素具有催生作用，甚至决定着创业的成败。② 近年来，广州市积极响应国家、广东省促进大学生创业的指导意见，并结合本市自身条件相继出台了促进大学生创业的政策，多方面开展和推动大学生创业政策的实施。总体来讲，广州市大学生创业政策具有鼓励性的特点，笔者将大学生创业政策分为普惠型鼓励政策和竞争型鼓励政策两类。

（一）广州市大学生创业普惠型鼓励政策

所谓普惠型鼓励政策，是指对导致社会有更好发展前景的行为和现象的

---

① 高建、程源、李习保等：《全球创业观察中国报告（2007）———创业转型与就业效应》，清华大学出版社，2008。转引自徐建军、杨保华《大学生创业类型的就业效应比较分析》，《创业与创新教育》2011 年第 6 期。
② 刘军：《我国大学生创业政策：演进逻辑及其趋向》，《山东大学学报》（哲学社会科学版）2015 年第 3 期。

普遍扶持与鼓励，它是一种包含奖励因素和手段，目的在于引导公众朝着公共机构所倡导的方向努力的政策。广州市大学生创业鼓励型服务政策包括以下六个方面。

一是广州市大学生从事个体经营有关收费减免的具体优惠政策。广州市为鼓励大学生自主创业，对毕业2年以内的普通高校毕业生凡从事个体经营符合条件的给予减免税务登记证工本费。而且符合条件人员从事个体经营的，在年度减免税限额内，依次扣减营业税、城市维护建设税、教育费附加、地方教育附加和个人所得税。

二是广州市大学生创业带动就业的补贴配套政策。针对在穗普通高等学校、职业学校、技工院校学生（在校及毕业5年内）及出国（境）留学回国人员（领取学位证5年内）提供补贴。其中，成功创业正常经营6个月以上的，每户给予一次性创业资助5000元。对创办企业每户每年给予4000元租金补贴，累计不超过3年。初创企业按招用人数给予创业带动就业补贴，招用3人（含3人）以下的按每人2000元给予补贴；招用3人以上的每增加1人给予3000元补贴，每户企业补贴总额最高不超过3万元。

三是广州市打造全方位创业孵化基地，促进创业带动就业政策。广州市政府可为创业者提供生产经营（孵化）场地、物业及后勤保障等基本服务；减免场地租金、水电网络费、物业管理费；提供创业指导、项目开发、事务代理、投资融资、技术支持、法律援助、经营管理、人力资源等服务；协助相关部门落实创业优惠政策等综合创业服务。按初创企业招用人数给予创业带动就业补贴，招用3人（含3人）以下的按每人2000元给予补贴；招用3人以上的每增加1人给予3000元补贴，每户企业补贴总额最高不超过3万元。

四是广州市提供创业企业招用工补贴及岗位补贴政策。对依法参加社会保险的创业企业，按本市现行社会保险缴费基数下限和缴费比例，依实际招用人数和所签劳动合同期限，给予最长不超过3年的养老、失业、工伤、医疗和生育社会保险补贴（个人缴费部分由个人承担）。创业者及被招用人员给予每人每月 200 元的岗位补贴，根据劳动合同期限，补贴期限最长不超过 3 年。

五是广州市大学生小额担保贷款创业支持政策。广州市高校毕业生（不含番禺区、花都区、增城市、从化市）毕业后 2 年内，持有《广州市生源高校毕业生就业公共服务卡》可以提出申请。个人小额担保贷款的最高额度为 5 万元；合伙经营项目，每人贷款额度最高不超过 5 万元，贷款总额不超过 25 万元。贷款期限为两年。

六是广州市大学生创业培训补贴政策。为提升广州市大学生自主创业能力，广州市高校毕业生就业指导中心联合广州市就业训练中心开办专门针对高校毕业生群体的 SIYB 培训班，这是为有创业意识、创业愿望和创业基本条件的广州生源应届毕业生量身定制的培训项目。通过培训考试并取得合格证书的，给予 SIYB 创业培训补贴 1000 元和创业模拟实训补贴 800 元。

（二）广州市大学生创业竞争型鼓励政策

竞争型鼓励政策是为保护和促进市场竞争而采取的行动措施，其基础是资源的有效配置，即社会福利最大化。广州市大学生创业政策中的竞争型鼓励政策包括以下四个方面。

一是针对孵化成功企业的补贴。创业孵化补贴为创业者提供 1 年以上期限创业孵化服务（不含场租减免），并由广州市人力资源和社会保障行政部门认定的创业孵化基地，按实际孵化成功（在本市领取营业执照或其他法定注册登记手续）户数，按每户 3000 元标准给予创业孵化补贴。

二是针对市级示范性创业孵化基地的补贴。市级示范性创业孵化基地补贴对新认定的市级示范性创业孵化基地，认定后给予 10 万元补贴。认定后按规定参加评估并达标的，一次性给予 20 万元补贴。

三是针对优秀创业企业的资助。优秀创业项目资助对获得"赢在广州"创业大赛优胜奖（含）以上奖次，并于获奖时已在本市领取营业执照或办理其他法定注册登记手续的创业项目给予一等奖 20 万元、二等奖 15 万元、三等奖 10 万元、优胜奖 5 万元的一次性资助。

四是针对创业项目征集的补贴。创业项目征集补贴是指对完成创业项目征集的单位及个人面向全社会征集，经专家评审团评估认定后，纳入创业项目资源库的创业项目（连锁加盟类除外），按每个项目 2000 元标准给予申报者创业项目征集补贴。

表 1　近年来国家、广东省、广州市大学生创业政策一览

序号	年份	创业政策	文号
1	2015	《国务院关于进一步做好新形势下就业创业工作的意见》	国发〔2015〕23 号
2	2015	《国务院关于大力推进大众创业万众创新若干政策措施的意见》	国发〔2015〕32 号
3	2015	《广东省人民政府关于进一步促进创业带动就业的意见》	粤府〔2015〕28 号
4	2015	《广东省人力资源和社会保障厅　广东省财政厅关于进一步加强创业孵化基地建设的意见》	粤人社发〔2015〕166 号
5	2015	《关于印发广州市创业带动就业补贴办法的通知》	穗人社发〔2015〕57 号
6	2015	《广州市支持众创空间建设发展若干办法》	穗科创〔2015〕14 号
7	2015	《广州市人民政府关于进一步做好新形势下就业创业工作的实施意见》	穗府函〔2015〕144 号
8	2015	《关于印发广州市创业担保贷款管理办法的通知》	穗财社〔2015〕76 号
9	2014	《关于进一步落实高校毕业生就业创业补贴政策的通知》	穗人社发〔2014〕29 号
10	2013	《广东省人民政府办公厅转发国务院办公厅关于做好2013 年全国普通高等学校毕业生就业工作的通知》	粤府办〔2013〕22 号
11	2013	《关于进一步加强就业专项资金使用管理有关问题的通知》	粤财社〔2013〕4 号
12	2009	《关于鼓励创业带动就业工作的意见》	粤府办〔2009〕9 号
13	2010	《关于实施大学生创业引领计划的通知》	人社部发〔2010〕31 号
14	2009	《关于印发广州市创业带动就业补贴办法的通知》	穗劳社就〔2009〕2 号

资料来源：广州市人力资源和社会保障局网站，http：//www.hrssgz.gov.cn/。

三 广州市大学生创业意愿的调查数据分析及启示

所谓创业意愿，就是指潜在创业者在追求创业目标前的一种主观意愿和心理状态，这种意愿将有助于将创业意愿付诸计划、外化为行动，并最终发展为创业实践。由于大学生是一个特殊的潜在创业群体，其创业意向受诸多复杂因素影响，了解大学生创业意愿特征，有利于把创业主体、创业环境、创业过程结合起来，进一步完善创业政策支持体系。

（一）广州市大学生创业意愿调查的描述性分析

本次调查采用多阶段分层抽样法选取广州市 3 所高校在校生进行问卷调查，以探讨大学生创业意向的基本特征。本次调查发放问卷 1250 份，回收 1230 份，其中有效问卷 1210 份，有效率为 96.8%。问卷主要描述性变量如表 2 所示。

表 2 统计变量频数与频率的描述性统计分析

单位：人，%

类　别	分类指标	频数	频率
性　别	男性	413	36.1
	女性	731	63.9
户　籍	农业户口	791	65.6
	非农户口	414	34.4
政治面貌	党员	120	10
	非党员	1088	90
高校类型	广东外语艺术职业学院	391	32.3
	广东邮电职业技术学院	343	28.3
	广东技术师范学院	476	39.4
学历层次	专科	726	60.1
	本科	386	32
	硕士	88	7.3
	博士	2	0.6

（二）广州市大学生创业意愿调查的发现

1. 性别因素对大学生创业意愿产生显著影响，男大学生的创业意向要显著高于女大学生

调查的问卷设计中将大学生创业意愿分为未考虑过创业、偶尔想过但未认真准备、认真考虑过并做了准备、已经开始创业四种类型。其中未考虑创业者中，男生89人，女生211人，两者合计占总人数比例为26.52%；偶尔想过但未认真准备者中，男生261人，女生462人，两者合计占总人数比例为63.93%；认真考虑并做准备者中，男生35人，女生43人，两者合计占总人数比例为6.90%；已经开始创业者中，男生22人，女生8人，两者合计占总人数比例为2.65%。从统计数据看，能够将创业意愿转化为创业行动的大学生人数较少，多数大学生创业意愿仍停留在萌芽阶段。

表3　性别差异对创业意愿影响的交叉分析

类别	创业意愿				
	未考虑过创业	偶尔想过但未认真准备	认真考虑过并做了准备	已经开始创业	合计
男	89人（29.67%）	261人（36.10%）	35人（44.87%）	22人（73.33%）	407人（35.99%）
女	211人（70.33%）	462人（63.90%）	43人（55.13%）	8人（26.67%）	724人（64.01%）
合计	300人（100%）	723人（100%）	78人（100%）	30人（100%）	1131人（100%）

通常来讲，男性相较于女性在自我成就动机、冒险倾向、风险承担能力、创新倾向等方面具有天然优势，而这些优势将进一步转化为创业的潜质和倾向，男性更容易采取自主创业行动。[①] 本次调查结果同样表明，男女大学生的创业意愿存在显著的差异，男大学生的创业意向要显著高于女大学生。

2. 大学生对创业存在的主客观制约因素有较为理性的判断

为考察大学生不考虑创业的原因，问卷从主客观两个维度进行设计。客

---

① 刘敏、陆根书、彭正霞：《大学生创业意向的性别差异及影响因素分析》，《复旦教育论坛》2011年第9期。

观方面因素包括创业风险太大，没安全感、创业环境太差、工作更踏实；主观因素分为自己缺乏创业的条件、自己缺少创业的能力、其他原因等六个选项。从创业的客观环境来看，有223名同学选择觉得工作更踏实，占不考虑创业人数的20.07%；有219名同学选择创业风险大，缺乏安全感，占不考虑创业人数的19.71%；有118名同学选择创业环境差，占不考虑创业人数的10.62%。其次从创业的主观因素来看，认为自己缺少创业条件的有241人，占不考虑创业人数的21.69%；认为自己缺少创业能力的有216人，占不考虑创业人数的19.44%；选择其他原因的94人，占不考虑创业人数的8.46%。具体数据如图2所示。

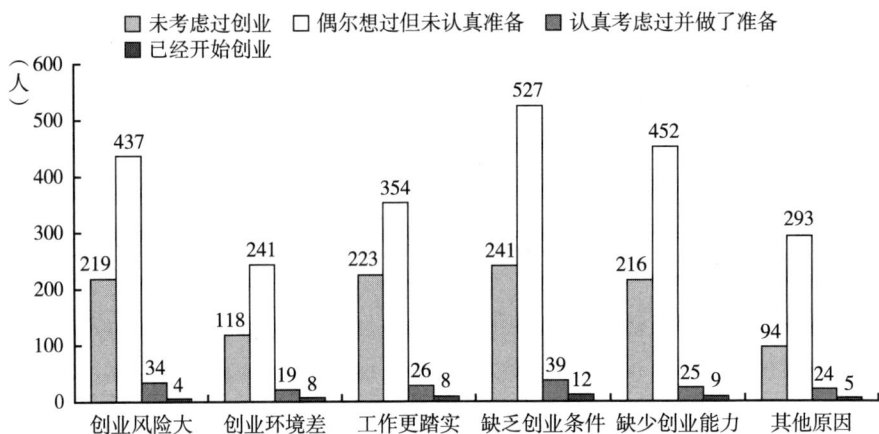

图2　创业意愿与主客观制约因素的频数统计分析

具体而言，从制约大学生创业的客观因素看，认为创业风险大以及工作更稳定，一方面与人们长期根深蒂固的追求稳定的观念有关，另一方面学生创业安全感缺失源自对创业项目选择的迷茫，如果创业者初期尚未做好市场调研，在不了解市场的情况下，创业的确将面临较大风险。尤其是创业者在创业初期阶段启动资金不多、人员不齐、装备不全的情况下，创业风险更大。从制约大学生创业的主观因素看，大学生对自身的创业能力也有担心。这种担心源自大学生社会经验少，兼职实习经历短等因素。大学生亟须在校期间接受大学创业资源辐射，积极参加创业培训，积累创业知识。此外，创业条件的缺乏也与大学生社会资源的贫乏有关。大学生创业不仅需要个人的创业激情，同时还需要人际交往能力与整合社会资源的能力，但由于长时期接受学校教育，参与社会活动较少，与社会上的成功人士相比，其人脉资源、行业经验、机遇捕捉能力、市场反应能力和融资能力等都处于弱势，这将是实现成功创业的主要障碍。

3. 大学生对未来创业可能性的预期高于当期创业意愿

调查问卷中对大学生未来创业的可能性进行调查，其中认为完全可能创业者158人，占比13.96%；有可能创业者719人，占比63.52%；基本不可能创业者157人，占比13.87%；说不清者98人，占比8.65%。该数据与当期创业意愿相比，未来创业可能性人数比例提高近一倍。这说明从长期来看，在创业条件准备得更充分的条件下，大学生创业意愿会发生较大变化。其中，在未来一年内选择完全可能创业的有32人，占比20.25%；未来两年内选择完全可能创业的有25人，占比15.82%；未来3年内选择完全可能创业的有30人，占比18.99%；未来5年内选择完全可能创业的有42人，占比26.58%；未来10年以内选择完全可能创业的有15人，占比9.49%。具体数据如表4所示。

表4 将来创业可能与创业时间的交叉

类别	将来是否有创业的可能				
	完全可能	有可能	基本不可能	说不清	合计
未来1年以内	32人(20.25%)	25人(3.48%)	1人(0.64%)	2人(2.04%)	60人(5.3%)
未来2年以内	25人(15.82%)	106人(14.74%)	2人(1.27%)	1人(1.02%)	134人(11.84%)
未来3年以内	30人(18.99%)	126人(17.52%)	5人(3.18%)	3人(3.06%)	164人(14.49%)
未来5年以内	42人(26.58%)	178人(24.76%)	4人(2.55%)	7人(7.14%)	231人(20.41)
未来10年以内	15人(9.49%)	75人(10.43%)	4人(2.55)	2人(2.04%)	96人(8.48%)
说不清楚	14人(8.86%)	209人(29.07%)	141人(89.81%)	83人(84.69%)	447人(39.49%)
合　计	158人(13.96%)	719人(63.52%)	157人(13.87%)	98人(8.65%)	1132人(100%)

由此可见，毕业后的 1～3 年内是实现大学生创业的关键期，通过毕业后 1～3 年的前期准备，大学生对行业的认识、市场动态的把握、人脉资源的丰富、团队组建的经验以及管理能力的提升均与刚毕业的大学生相比有较大进步，这也为其成功创业奠定了基础。

4. 创业政策对大学生创业意愿的引导作用不足

为进一步了解大学生对创业政策的认知程度，问卷中设置了大众创新创业指导意见、大学生创业引领计划、小微型企业健康发展意见、中小企业创新发展意见、农村科技创业行动五项政策，并以没听说过、听说过但不了解、了解内容、不清楚四项选择判断大学生对相关政策的了解程度。调查数据结果显示，对大众创新创业政策没听说过的有 325 人，有效占比 29.79%；听说过但不了解的有 499 人，有效占比 45.74%；了解内容的 60 人，有效占比 5.50%；不清楚的 207 人，有效占比 18.97%。对大学生创业引领计划没听说过的有 184 人，有效占比 16.94%；听说过但不了解的有 632 人，有效占比 58.28%；了解内容的 118 人，有效占比 10.86%；不清楚的 152 人，有效占比 14%。对小微型企业健康发展意见没听说过的有 248 人，有效占比 23.22%；听说过但不了解的有 529 人，有效占比 49.53%；了解内容的 112 人，有效占比 10.49%；不清楚的 179 人，有效占比 14.76%。对科技型中小企业创新发展意见没听说过的有 260 人，有效占比 24.14%；听说过但不了解的有 522 人，有效占比 48.47%；了解内容的 98 人，有效占比 9.10%；不清楚的 197 人，有效占比 18.29%。对农村科技创业行动没听说过的有 377 人，有效占比 34.88%；听说过但不了解的有 395 人，有效占比 36.54%；了解内容的有 77 人，有效占比 7.12%；不清楚的有 232 人，有效占比 21.56%。具体数据如图 3 所示。

上述数据表明，大学生对创业政策的认知程度较低。这一方面说明政府政策宣传的效果不理想，创业政策基本停留在文本上，有效宣传不到位，难以将政策实施细则从政策制定主体传递到目标利益群体中；另一方面，创业政策的传播渠道应进一步拓宽，并提供相关政策咨询服务平台，否则大学生将无法成为创业政策的真正受益者。

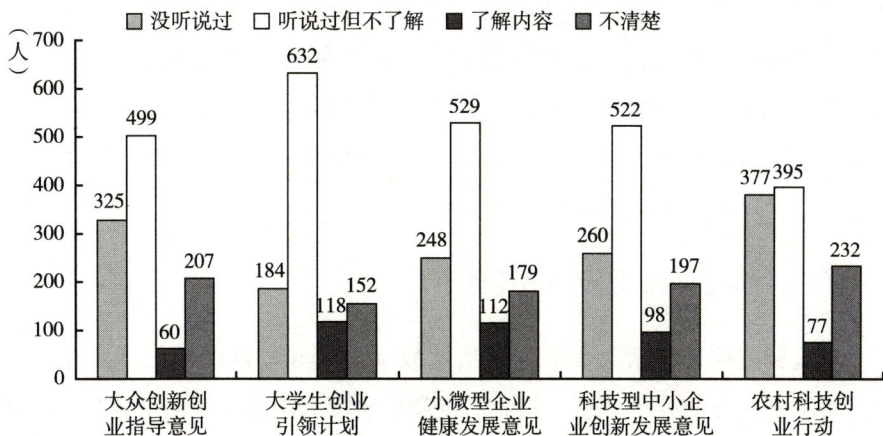

图 3 大学生创业政策认知程度的频数分析

四 广州市大学生创业政策存在的问题

广州市政府出台一系列鼓励和支持大学生创业的优惠政策，一方面响应了国家的"双创"号召，另一方面通过促进大学生选择自主创业，以创业带动就业，缓解了就业压力。但是，促进大学生创业的优惠政策在实施过程中是否符合大学生创业特点，是否有助于化解大学生创业中所遇困难，是判断创业政策实施有效性的重要标准。接下来，本文在广州市大学生创业意愿特点的基础上结合广州市大学生创业政策实施情况，对当前大学生创业政策存在的问题进行梳理并得出以下结论。

（一）创业政策制定的协调性不足

从现有的政策文件梳理看，从中央政策到省级政策再到地方政策并没有形成一个系统，地方政府主要依据中央和省级政策文件制定和发布通知与意见，这就导致一些政策在具体化的过程中落地难度仍然较大。此外，由于创业行为本身是一个复杂的系统，需要创业文化、创业教育、金融支持、商业支持等多种政策支持体系的相互配合与衔接。但由于不同的政策分属于不同部门，如涉及教育部门、人力资源和社会保障部门、财政部门等，政出多门、职能交叉、多头管理，致使口径不一、管理分散的现象存在，甚至有些政策相互矛盾，致使创业者无所适从。这些都亟须从纵向的政策体系上理顺以及横向管理部门职能上理顺。

（二）创业政策宣传力度不够

本次调查结果显示，大学生对当地鼓励创业和创新的政策了解相对较少，得不到充分的政策信息，创业动机和意愿没能够有效地得到激发和增强，这与政府、社会、学校等方面宣传工作不到位有关。从政府角度看，大学生创业优惠政策大多是在各级政府间逐层传达的，但政府的政策传递缺乏信息沟通平台，而且政府宣传多停留在被动宣传层面，主动宣传的措施不到位，缺乏对有意愿创业的大学生群体的针对性宣传。从高校角度看，高校对创业政策的解读和创业教育的实践还不到位。校园是大学生接受政策信息最主要的途径，这也是高校开展大学生创业政策宣传的明显优势，如果不能很好地利用优势，那么宣传优势就会变成劣势，反而会降低甚至影响创业政策宣传的效果。从社会角度看，创业政策社会整体认知度不高，一方面与新闻媒体如报纸、杂志和网络系统宣传不足有关；另一方面对于一些交通闭塞、信息传递不通畅的地区，优惠政策宣传更是明显缺乏。以上诸种原因形成合力导致大学生创业者对政府优惠政策知之不多，对政府优惠政策的精神解读不到位等现象十分普遍。

（三）创业政策落地难度较大

创业政策一般涉及部门众多、种类繁多，如创业补贴、税收减免、担保贷款、创业培训等。但有些政策在基层执行过程中条件限制苛刻，存在执行障碍，导致政策落地困难。例如，大学生创业企业申请小额贷款的条件比较苛刻，尤其是需要担保人提供可抵押的房产证等资料。但由于大学生刚毕业，朋友圈较小，具有经济实力的担保者更少之又少，而且即便符合贷款条件，接下来的审批程序也是异常繁杂，大大增加了创业成本，这也使大学生创业企业很难真正享受到小额贴息贷款的优惠政策。

（四）创业政策对创业主体的特殊性考虑不够

大学生作为创业主体有着与弱势群体创业、失业职工创业不同的特殊性，这种特殊性体现在大学生创业不仅有生存型创业还有机会型创业。[①] 生存型创业的动机在于就业和创造财富，创业者一般缺少知识和相关技能，资源动员能力较弱，风险承受能力也较弱。而机会型创业的动机在于追求商业机会、追求专业性和创造性以及非物质回报，需要创业者的知识技能较高，创业者一般具有较强的资源动员能力以及较强的风险承受能力。从当前的创业政策制定而言，针对生存型创业的普遍激励型政策较多，而对于能够满足机会型创业的激励政策力度不够，效果不明显。政府应在尽可能的情况下提供税费减免、信贷担保与贴息、融资渠道和产业准入等方面的政策支持。

五　大学生创业政策实施效果提升策略

（一）加强政策宣传，提高大学生对创业政策的整体认知水平

从高校层面看，高校应立足优势，积极采取有效措施为学生提供全方位的创业政策宣传、咨询与服务。从社会层面看，应该建立和疏通政策扩散渠道，通过各种活动、媒体、网络、机构以及典型示范来宣传相关支持政策，使创业者明确创业方向，激发创业动机，增强创业信心，提高创业成效。积极利用新型媒体工具，例如微信、微博等工具，此类宣传工具受众范围广、传播速度快、社会影响大，具有较好的传播扩散效用。从政府层面看，应不断完善各级公共创业服务机构政策咨询、创业指导、办事受理、补贴发放等

---

① 李剑力：《生存型创业和机会型创业的差异性分析及其分类促进政策》，《青岛行政学院学报》2012 年第 5 期。

"一站式"公共创业服务，将创业服务工作延伸到高校，与高校合作建立创业指导站，并给予一定的经费支持。同时，可适当考虑性别因素、创业主体特殊性因素对大学生创业意愿的影响，增强政策激励的针对性。

（二）加大重点领域创业政策引导和扶持力度

北京市海淀区创业政策主要聚焦创新创业服务载体、研发创新服务、知识产权服务、融资服务、信用服务五个板块。上海市结合城市产业发展规划，通过组织创业计划大赛、创业新秀评选等方式，在新能源、新材料、生物医药、电子信息、节能环保等战略性新兴产业以及文化产业、现代服务业、创新创意产业、互联网、物联网、现代农业等领域遴选一批优秀创业项目并给予重点扶持。此外，上海市对符合一定条件的创业人才及其核心团队，直接赋予其居住证积分标准分值，使创业人才与居住证积分政策相联系，明显增强了创业政策的吸引力。可见，北京市和上海市在创业领域方面特别针对新兴产业有特殊的政策引导，而在此方面广州市则缺乏对重点新兴行业的引导和扶持，此方面在今后的政策制定中可加强形成产业引导。

（三）简化审批程序，降低创业成本，形成风险共担机制，增强创业意愿

创办新企业程序繁杂，成本较高，缺乏创业失败救助，大大抑制了一些创业活动。因此，应该协调工商、税务以及劳动社保等部门为创业制定相应扶持政策，简化审批手续，缩短审批时间，降低创业成本。同时，尽可能为创业者提供一定的失败救助，提高其创业风险承受能力等。政府可以从风险评估、预防以及风险保险和失败救助等各个环节来降低创业风险，甚至可以在决定资助之前对大学生创业项目择优资助，并加大资助力度，最大限度地减少创业者失败的损失。

（四）理顺创业政策体系，厘清相关部门职责

政府需要从宏观政策的角度清除体制上不利于创业的管理体制，尤其是

要理顺各级政府与政府内部各职能部门之间的关系。因此，需要进一步对国家和各级政府制定的大学生创业相关政策以及现有的相关法律法规、地方规章等进行系统和全面的梳理，以更好地促进大学生自主创业的健康快速发展。

参考文献

李小玲、何桂美、叶平浩：《大学生创业意向影响因素研究评述》，《学习与实践》2015年第6期。

刘军：《我国大学生创业政策：演进逻辑及其趋向》，《山东大学学报》（哲学社会科学版）2015年第3期。

蔡颖、赵宁：《基于主成分回归方法的高校大学生创业意愿分析》，《高教探索》2014年第4期。

郭德侠、楚江亭：《我国大学生创业政策评析》，《教育发展研究》2013年第7期。

田喜洲、谢晋宇：《大学生创业过程中的激发与阻碍因素实证研究》，《东北大学学报》（社会科学版）2012年第1期。

秦琴、江志斌：《大学生创业政策：评析、借鉴与设计》，《重庆大学学报》（社会科学版）2012年第3期。

高日光、孙健敏、周备：《中国大学生创业动机的模型建构与测量研究》，《中国人口科学》2009年第1期。

大 事 记

Key Events

B.17
2016年广州社会保障大事记

1月

1日 《广东省人口与计划生育条例》发布，2015年12月30日修订通过，2016年1月1日起施行。

5日 广州青年就业创业协会正式成立。

14日 市委、市政府、广州警备区举行2016年春节烈军属、残疾军人和复退军人慰问大会。

20日 广州市人社局、财政局、发展和改革委员会、工业和信息化委员会印发《广州市失业保险支持企业稳定岗位实施办法》的通知，依法在本市参加失业保险，缴足保险费且上年度未裁员或裁员率低于本市城镇登记失业率的企业可以申请稳岗补贴。

22日 市人社局、市财政局、市地税局等三部门联合印发《关于阶段性调整广州市工伤保险缴费标准的通知》。

2月

15 日 为国际儿童癌症日，广州市从事癌症儿童救助的社会组织——广州金丝带举行专题活动。

22 日 广州义工联携手广州市点都德饮食有限公司组织 100 多名社区空巢长者、困难家庭和残疾人士喝早茶，吃点心，共度元宵。

3月

14 日 广州市人社局发布《关于进一步加强就业专项资金使用管理的通知》。

21 日 第三届广州市社会组织公益创投活动项目签约暨联合劝募平台上线仪式在穗举行。

22 日 2016 年广州市社工宣传周活动启动仪式在东方文德广场举行。

25 日 广州市人社局、地方税务局发布《关于处理离开机关事业单位人员一次性缴纳职工社会医疗保险费核定程序有关问题的通知》，自发布之日起执行。

27 日 信息时报社联合市慈善会、荔湾区逢源街道办事处举办的逢源街公益市集开锣。

28 日 广州市人社局印发《广州市职业技能鉴定所（站）年检办法》，自 4 月 1 日起实行，有效期 5 年。

4月

8 日 广州市人社局、财政局、地方税务局印发《关于解决离开机关事业单位人员医疗保险有关问题的通知》，自 7 月 1 日起实施，有效期 5 年。

18 日 广州市人社局、财政局、档案局印发《广州市人力资源和社会保障局、应市财政局、广州市档案局关于印发〈广州市失业人员人事档案管理办法〉的通知》（穗人社发〔2016〕21号），自印发之日起执行，有效期5年。

19日 中共广州市委组织部、广州市人社局发布《关于建立广州市高层次人才学术休假体检制度的通知》，学术休假采取选调的方式，体检侧重于健康检查，本通知自印发之日执行，有效期5年。

27日 广州市人社局印发《2016年广州市劳动关系工作要点》。

28日 市中院发布《广州中院劳动争议案件审判工作情况（2013—2015）》和"劳动争议十大典型案例"。报告显示，因诚信缺失所引发的恶意诉讼在劳动争议中所占的比重较大；劳动者恶意诉讼呈减少趋势。

5月

10日 广州市人社局发布《关于我市劳动保障监察综合行政执法管辖有关问题的通知》，本通知自7月1日起执行，同时废止《关于理顺我市劳动保障监察工作管辖问题的通知》（穗劳社办〔2006〕5号）。

15日 主题为"关爱孤残儿童，让爱洒满人间"的广州市第二十六次全国助残日活动在全国首个爱心公园——广州爱心公园（天河公园）举行。

16日 市人社局、财政局、档案局联合印发《广州市失业人员人事档案管理办法》。

6月

3日 广州市人社局发布《关于2016年重点项目单位和重点企业使用总量控制类计划引进急需人才有关事项的通知》。

13日 广州市人社局办公室印发《广州市人力资源和社会保障局关于加强引进人才入户相关工作的通知》（穗人社发〔2016〕33号）。

16 日 广州市人社局发布《关于2016 年广州市人力资源服务许可证年检情况的通告》。

16 日 "粤港澳高校创新创业联盟"在南沙香港科技大学霍英东研究院成立。同时，粤港澳大学生创新创业实习基地广东工业大学分基地揭牌仪式、粤港澳（国际）青年创新工场工业角及"红鸟创"校友俱乐部启动仪式、粤港澳（国际）青年创新工场第三方合作机构入驻仪式举行。

17 日 广州市人社局、中共广州市委组织部印发《关于全面深化事业单位人事制度改革的指导意见（2016～2020 年）》的通知。

20 日 广州市 2016 年广东扶贫济困日活动社会组织专场座谈会在市民政局召开。

21 日 团市委召开广州青年参与"扶贫济困日"活动座谈会。

29 日 广州市 2016 年扶贫济困日活动暨羊城慈善为民行动启动。

30 日 广东扶贫济困日。广州市举行 2016 年广东扶贫济困日活动暨"羊城慈善为民"行动系列启动仪式。

30 日 广州市人社局、财政局、地方税务局发布《关于调整广州市工伤保险费率及有关问题的通知》，根据不同行业的工伤风险程度，把工伤保险基准费率划分为八个档次：上年度用人单位职工工资总额的 0.2%、0.4%、0.7%、0.9%、1.1%、1.2%、1.3%、1.4%。浮动费率：在基准费率的基础上，一类行业分为三个档次向上浮动至 120%、150%，二类至八类行业分为五个档次，分别向上浮动至 120%、150% 或向下浮动至 80%、50%。奖励率：用人单位上年度工伤保险基金收支率低于或等于 30% 的，奖励 10%；高于 30% 低于或等于 60% 的，奖励 5%。本通知自 7 月 1 日起执行，有效期 3 年。

7月

19 日 中国南方人才市场发布《2016 年上半年人才市场分析》。来自广州市高校毕业生就业指导中心统计数据显示，2015 届本科毕业生平均起薪 4322.24 元/月，比上届上涨约 9%，博士毕业生平均起薪达到 11197.92 元/月，较上届上涨 22%。

20 日 广州市人社局、档案局发布《广州市档案系统事业单位 2016 年短缺专业目录》，确定短缺专业是文物古籍修复专业（修裱技术岗），本《目录》自发布之日起 2 年内有效。

22 日 广州市印发《关于提高我市最低生活保障标准的通知》和《关于提高我市 2016 年农村五保供养标准的通知》。

29 日 全国双拥工作领导小组、民政部、中央军委政治工作部在北京召开全国双拥模范城（县）命名暨双拥模范单位和个人表彰大会。会上，广州市获"全国双拥模范城"称号，这是广州自 1993 年以来连续第八次荣获该项殊荣。

29 日 市府办公厅印发《广州市公共租赁住房保障办法》。

8月

16 日 市民政局发布的《广州市社会福利机构成年孤儿安置试行办法》正式施行。

17 日 市人社局发布 2016 年广州职业（工种）培训市场需求目录（紧缺），共涉及焊工、冲压工、制图工等 96 个工种。

18 日 广州市 2016 年军转安置工作会议召开。

9月

1 日 《重大劳动保障违法行为社会公布办法》发布，将于 2017 年 1 月 1 日施行。

5 日 首个"中华慈善日"，市公益慈善联合会、慈善会联手打造的首届广州慈善榜发布。

8 日 市慈善服务中心、市慈善会组织编写的《广州市公益慈善事业发展报告（2016）》出版。

13日 善乐康乐社抗癌基金成立。基金由大佛寺募集善款和合理支配使用，募集善款主要用于生命教育和临终关怀、筹办癌症康复学校、开展抗癌调研与立项研究、举办癌症康复营等与抗癌相关活动。

14日 广州市人社局、卫生和计划生育委员会印发《关于〈广州市社会保险定点医疗机构协议管理办法〉的通知》，本办法自10月1日起实施，有效期5年。

14日 广州市人社局、食品药品监督管理局印发《关于〈广州市社会医疗保险定点零售药店协议管理办法〉的通知》，自10月1日起实施，有效期5年。同时废止广州市人社局、食品药品监督管理局《关于印发〈广州市医疗保险定点零售药店管理办法〉的通知》（穗人社发〔2013〕69号）及《关于核准经营民族药品零售药店广州市医疗保险定点资格有关问题的通知》（穗人社发〔2015〕44号）。

23日 广州市人社局、财政局发布《关于解决2013至2014社保年度广州市企业部分退休人员基本养老保险待遇问题的通知》及《关于解决2015社保年度广州市企业部分退休人员基本养老保险待遇问题的通知》，2013年7月1日至2014年6月30日申领养老金的人员定额金额＝770元×系数，2014年7月1日至2015年6月30日申领的人员定额金额＝905×系数，2015年7月1日至2016年6月30日申领养老金的企业退休人员加发金额＝1070元×系数，系数是根据累计缴费年限及申领时间确定的。本《通知》自印发之日起实施，有效期5年。

27日 广州市人社局、财政局发布《关于阶段性降低职工社会医疗保险缴费率的通知》，用人单位的职工社会医疗保险缴费率从8%降低为7%，灵活就业人员、退休延缴人员、失业人员的职工社会医疗保险缴费率从10%降低为9%。本通知自10月1日起执行，有效期1年。

29日 广东省人民代表大会常务委员会发布《关于修改〈广东省工资支付条例〉的决定》，自发布之日起施行。

10月

11日 广州市人社局转发《关于做好化解过剩产能企业职工特别职业培训计划实施工作的通知》。

11日 市府办公厅印发《广州市网上办事管理办法》。

12日 全国双创周广州会场开幕。同时,第五届中国创新创业大赛广州赛区暨首届羊城科创杯大赛颁奖典礼举行。同日,团市委主办、市青年就业创业服务中心承办的2016年广州市大众创业万众创新活动周之"青创汇"广州青年创新创业系列活动启动。

13日 市人社局召开新闻发布会,正式启动2016年广州市事业单位校园招聘"优才计划"。同时,广州市事业单位校园招聘"优才计划"APP系统在全国率先推出。

17日 广州社工宣讲团巡回宣讲活动暨广州社工代言人、形象大使聘任仪式在市民政局举行。同日,市盲人协会举办第33届国际盲人节活动。同日,公交导盲系统投入使用。

21日 广州市人社局转发《人社部办公厅关于加快推进公共就业服务信息化建设和应用工作的指导意见》。

26日 广州人社局转发《人社部、教育部〈关于实施高校毕业生就业创业促进计划〉的通知》。

29日 "小心愿,大梦想"活动在逢源街文昌花苑举行。活动当日筹集善款用于帮助社区患有先天性心脏病和发育迟缓的特殊儿童。

11月

1日 广州市人力资源和社会保障局发布《关于公开征求〈广州市人力资源和社会保障局关于印发《广州市职业技能鉴定所管理办法》的通知(征求意见稿)〉意见的通告》(穗人社公告〔2016〕12号)。

8日　广州市人社局办公室印发《关于广州市人力资源和社会保障局2016年度重大行政决策事项目录的通知》。主要是建立长期护理保险制度（试点）。

14日　广州市人社局、财政局印发《广州市创新创业（孵化）示范基地认定管理办法》的通知。

15日　广州市人社局、发展和改革委员会、市财政局印发《关于〈广州市加快发展人力资源服务业的意见〉的通知》，本通知自印发之日起执行。

22日　市民政局、市财政局公布《关于规范广州市长者长寿保健金发放管理工作的通知》。

25日　广州市人社局发布《关于公开征求〈广州市人力资源和社会保障事业发展第十三个五年规划（征求意见稿）〉意见的通告》。

12月

12日　市残疾人工作委员会主办的2016年广州市"爱心满花城"助残服务周启动仪式在团一大纪念广场举行。

13日　广州市人社局、财政局印发《关于2016年度调整广州市农转居人员基本养老金的通知》，每人每月定额增加35元，且按调整前基本养老金的3%增加金额，本通知自印发之日施行，有效期5年。

16日　广州市人社局发布《关于职称评审评后材料审核及评后公示有关事项的通知》。

26日　中国慈善联合会在北京发布第四届"中国城市公益慈善指数"。在256个样本城市中，广州位列第四，排名比上一届前移两位，全省排名升至第一。

Abstract

Annual Report on Social Security of Guangzhou: Employment Security (2017) is one of the Blue Book of Guangzhou Series edited by Guangzhou Academy of Social Sciences. Employment security is a fundamental institutional arrangement of social security system and vital to people's livelihood and country stabilization. This book pays attention to the development of employment security system in Guangzhou.

This book analyzes the current situation of employment security system in Guangzhou from the aspects of employment service, employment protection and entrepreneurship and proposes the pertinence suggestions. Six parts are included in this book.

The first part is the general report. This report illustrates the development of Guangzhou's employment security system and comprehensively analyzes the situation of employment service, employment protection and entrepreneurship in Guangzhou. Based on the review of the problems and challenges, this report proposes the advice to further improve Guangzhou's employment security system.

The second part is about the employment situation. According to the human resources market supply and demand data in Guangzhou, the data of 2016 Guangzhou Social Survey and the Ministry of Human Resources and Social Security data, papers in this part research the basic employment situation of Guangzhou in 2016 from the human resources market supply and demand situation, employment status in different industries, employment security, and the skill development. Based on the review of the problems and challenges, papers in this part proposes the pertinence suggestions. Papers in this part pay close attention to the employment situation of students in higher vocational school and secondary vocational school, and put forward the countermeasure and advice on improving the employment quality.

The third part is constituted by papers discussing employment service. It is the responsibility of government to promote fair employment and full employment through public employment service. Reviewing the policy and related literature about employment support, vocational training and human resources market service, papers in this part summarize the situation and characteristics of employment service in Guangzhou and point out the problems existing in employment service in Guangzhou. Special topics such as female employment, employment of the disabled and employment support of urban vagrants and beggars are studied in this part. Based on these researches, these papers propose the direction of adjustment and improvement.

The fourth part is about employment protection. This part introduces the development history of Guangzhou unemployment insurance and its effects on employment promotion. Learning from international and domestic experience, one paper in the part proposes the advice on enhancing the employment promotion functions of unemployment insurance fund. One paper in this part builds an actuarial model to predict and estimate the income and expenditure of unemployment insurance fund of Guangzhou between 2017 and 2026 from the perspective of fund balance and concludes that in next 10 years, Guangzhou's employment insurance fund will maintain at a situation that the income is more than expenditure. Another paper in this part analyzes the influence of intelligent manufacturing on the employment of workers and make suggestions to avoid negative impacts, including providing workers with more skill training, improving the protection for workers' rights and standardizing new ways of enterprise management.

The fifth part is partconcerning the topic of entrepreneurship. The contents of this part include the situation of college student entrepreneurship and entrepreneurial intention as well as the entrepreneurship advantages in Guangzhou like diversified preferential policies, pluralistic subjects of entrepreneurship support, systematizing entrepreneurship service. Based on the research, this part puts forward the countermeasure and advice to improve the entrepreneurial impact, including improving the entrepreneurship policy, enhancing the effect of entrepreneurship service, strengthening entrepreneurship education and policy advocacy, reinforcing support, simplifying the administrative procedures, straightening out the policy system.

The last part is the chronicle of events. It records the main policies and events of Guangzhou's social security in 2016.

Keywords: Guangzhou; Employment Security; Employment Situation; Employment Service; Employment Protection; Entrepreneurship

Contents

I General Report

Abstract: This report makes an all-round analysis on the status and development trend of employment situation, employment service, unemployment insurance and entrepreneurship in Guangzhou. Based on the analysis, this paper researches the problem and challenges encountered by Guangzhou employment security development and proposes the advices on promoting Guangzhou employment security system.

Keywords: Guangzhou, Employment Situation; Employment Service; Employment Security

II Employment Situation

Abstract: This paper analyzed the basic employment situation in 2016 in Guangzhou form three dimensions in respective. This paper analyzes the supply and demand of human resources market, employment in industry and labor employment in Guangzhou. Based on the above analysis, it points out two problems in the employment. One is that the economic downturn becomes more and more severe, which will influence the employment situation dramatically. Another one is the structural contradiction of employment is still serious. To solve these two problems, the writer puts forward five suggestions according to the practical experience, including implementing the policy of employment and entrepreneurship, promoting the Internet plus mode, optimizing employment assistance, enhancing the utilization efficiency of employment expenditure, and establishing data sharing linkage mechanism.

Keywords: Guangzhou; Employment Situation

Abstract: Based on the survey data of Guangzhou Social Survey in 2016, this paper analyzes the employment of Guangzhou residents according to the European foundation quality evaluation standard system. This paper analyzes the employment security, skill development, the harmony of work and non-work life, health and welfare of Guangzhou residents. At last, it draws five conclusions.

Keywords: Guangzhou; Employment Situation Guangzhou Social Survey; Employment Quality Evaluation System

Abstract: This investigation aims to understand the basic information of urban and rural residents in Guangzhou on employment, professional and vocational skill, as well as participation of social insurance, labor relation and labor income. This report basically researches the rights and interests' maintenance and personal labor disputes for migrant workers. The result assists the government to further fathom the basic information about human resource and social security of urban and rural residents in Guangzhou and migrant workers, providing basic data for scientific decision-making and policy-making of human resource and social security.

Keywords: Urban and Rural Residents; Migrant Workers; Employment Status

B. 5   Analysis on the Ways to Improve the Quality of Talents'
    Employment in Higher Vocational Colleges in the Context
    of Logistics Industry Upgrading in Guangzhou   *Sheng Xin* / 082

Abstract: Based on the analysis of international shipping logistics center and the current situation that the demand of logistics talents changes, this article analyzes the influence factors of quality of employment. The result shows that with the change of the logistics business model and business services, the great changes of the demand of logistics talent have taken place. At the same time, the talent demand of Guangzhou (cross-border) electricity logistics service chain and shipping logistics service in the future will be huge. However, the existing talent training of logistics professional is not able to match the demand in the future. In order to improve the quality of graduation employment, higher vocational colleges in Guangzhou should cooperate with the enterprise through differentiation cultivation model.

Keywords: Higher Vocational Colleges in Guangzhou; Talent of Logistics Major; Quality of Employment

B. 6   The Primary Exploration Research on the Employment
    Situation of Guangzhou Secondary Vocational
    School Students   *Liang Zicun* / 097

Abstract: To test the proposition "secondary vocational education promotes employment situation", this paper briefly reviews the employment situation of Guangzhou secondary vocational school students and the problem emerging during teaching and practice. The major findings include that Guangzhou secondary vocational school has earned considerable development regarding the function of improving the employment rate. There are still many shortages in view of curriculum provision, employment consciousness and internship. Only when these shortages are resolved, the secondary vocational education can virtually promote the employment quality.

Keywords: Secondary Vocational Education; Human Resource; Quality of Employment

Ⅲ Employment Service

B. 7 The Development of Guangzhou Employment Service Policy:

Status Quo, Challenge and Development   *Chen Jie* / 109

Abstract: At present, Guangzhou is in an important period of economic transformation. Economic growth slows down. Industrial restructuring led to the employment pressures and intensified the contradiction of employment structure. Thus, it is particularly important to alleviate the employment problem with the government's employment policy. This paper analyzes the employment literature, employment support, employment training and human resources market services of Guangzhou employment service policy. It finds out that the contradictions still exist. Policy propaganda and human resources market services should be improved. The management of employment is facing difficulties. The report concludes that the orientation of the development of Guangzhou employment services is to build up lifelong vocational training system and accelerate the improvement of employment service system and information technology. Besides, it is also crucial to improve the flexibility of human resources market, encourage governments to buy services and utilize the influence of social organization.

Keywords: Public Employment Services; Employment Services; Employment Training; Labor Market.

B. 8 The Evaluation and Outlook of Employment Policy in Guangzhou *Tian Xiangdong, Yin Zhiheng* / 135

Abstract: Based on the current situation and policy of employment in Guangzhou, in this paper, we summarize the experience of unemployment insurance, employment services system, vocational skills training, graduates' employment and entrepreneurship which can boost employment opportunities. We also reflect on the functions of unemployment insurance, employment security, the quality of supply and demand of employment service, the role of government and so on. At last, it proposes some advice. Government should institutionalize the employment improvement policy, utilize the functions of unemployment security, perfect employment service system, build up vocational skill training system and promote graduates' employment.

Keywords: Employment Security; Employment Promotion; Evaluation; Guangzhou

B. 9 A Gender Perspective Analysis of Guangzhou Women's Employment Security *Ding Yu, Xiao Reng* / 161

Abstract: The protection of women's employment security right is a common responsibility of the whole society. Taking gender perspective, the present study tends to analyze the present mode of Guangzhou women's employment security with comparison of Hong Kong and Taiwan's case studies, and propose suggestions for further improvement.

Keywords: Guangzhou; Employment Security; Gender Perspective; Women

B. 10　Current Situation and Challenge of Employment

　　　　Service for Disabled People in Guangzhou

Liao Huiqing , Ye Susu and Wang Qiuli / 178

Abstract：Based on the situation of disabled people in Guangzhou and the status of employment services for the disabled, this paper analyzes the service policy of disabled people in Guangzhou and the delivery efficiency of service. We finds out that there are some problems like narrow employment service coverage, lack of investment and professional service personnel and workplace. At last, this paper proposes solutions such as improving the employment of disabled people preferential policies, guiding employment service organization to standardize construction, improving the employment service network and providing various forms of employment information and jobs and focusing on universal employment training and employment rehabilitation services.

Keywords：Guangzhou；People with Disabilities；Employment Service

B. 11　Assisting Homeless and Begging People in Employment：

　　　　the Practice of Social Work Intervention in Guangzhou

Peng Jie , Wang Lianquan / 201

Abstract：There are many homeless and begging people in Guangzhou, coming from different provinces of China because of diverse reasons. As the number of this group grows, mere material assistances cannot let them give up the homeless-and-begging life. Because a certain proportion of homeless and begging people are young and middle-aged people, employment assistance to them, as a kind of social work interventions, can support them earn their own and integrate into society again. Based on the practice of Guangzhou, this paper analyzes the status quo of the employment assistance to street begging people and tries to explore the mode of employment assistance to homeless beggars.

Ⅳ Employment Protection

Abstract: This paper introduces the development history of Guangzhou unemployment insurance and its effects on employment promotion. Learning from international and domestic experience, this paper proposes the advice on enhancing the employment promotion functions of unemployment insurance fund.

Keywords: Unemployment Insurance; Employment Security; Guangzhou; Development

Abstract: After years of development, the unemployment insurance fund of Guangzhou has maintained a good state with increasing coverage rate and sustainability in finance. This paper builds an actuarial model to predict and estimate the income and expenditure of unemployment insurance fund of Guangzhou between 2017 and 2026 from the perspective of fund balance. What's more, we calculate the minimum contribution rate and maximum unemployment insurance. The results show that in next 10 years, Guangzhou's employment insurance fund will maintain a situation that the income is more than expenditure.

By 2026 the new accumulated surplus will be equivalent to 4. 1 times of the current expense. If the government can keep the balance of fund, minimum contribution rate can be reduced 0. 33 percents and maximum unemployment insurance can be increased about 50% . We suggest that Guangzhou increase the unemployment insurance payment, link it to the personal salary and establish automatic adjustment mechanism.

Keywords: Unemployment Insurance; Measure; Fund Balance

B. 14 The Influence of Intelligent Manufacturing on the
Employment of Workers: Use Guangzhou as a Case

Qiu Haixiong , Zhao Li / 245

Abstract: The state council puts forward the strategy of Made in China 2025, Guangzhou also puts forward many policies about the intelligent manufacturing. This paper will use Guangzhou as a case to analyze the main influence of intelligent manufacturing on the employment of workers. Firstly, the number of workers decreases because intelligent manufacturing replaces workers with robots. Secondly, it improves the condition of work. Thirdly, it changes the labor market' structure and the labor market becomes polarization. It brings changes to the enterprise too. The cost of management decreases. The mode of management also becomes digitalized and intelligent. At last, the internal labor market develops when companies spend more money on the training system. This paper gives some policy advice according to the investigation. When the government makes relevant policies, it should take the social influence into account. Firstly, it should solve the unemployment problem of workers. Secondly, it should provide workers with more skill training. Thirdly, it should improve the protection for workers' rights. At last, it should standardize new ways of enterprise management.

V Entrepreneurship and Employment

Abstract: The power of economic development is innovation and entrepreneurship. College students, who are active in mind and have a wide range of knowledge, have great potential and enthusiasm in entrepreneurship. After years of exploration and practices, Guangzhou has built up a relatively perfect entrepreneurial security system and accumulated rich practical experience in promoting the development of college students' entrepreneurship. This article tries to analyze the present situation of Guangzhou college students' entrepreneurship policies and find the deficiency of the current security mechanism. At last, in order to provide reference for relevant policies in the field of practice, this article puts forward some countermeasures and suggestion.

Keywords: Guangzhou; College Students; Entrepreneurship; Preferential Policies

Abstract: Under the background of vast pressure in total employments of college students and salient structural contradictions in employment, the method of college students' innovative undertaking to promote the employment has been one way to solve the employment problem of college students. On the one hand, from the aspect of policy support system, the entrepreneurial policies of college students in Guangzhou can be divided into two types: general encouragement policy and competitive encouragement policy. On the other hand, the entrepreneurial intention of college students have some characteristics including gender differences, restrictions by subjective and objective factors, optimistic expectation of future entrepreneurship, and insufficient cognition of the entrepreneurial policy. Since the present college student's entrepreneurship policy support system takes insufficient consideration of factors that may influence the entrepreneurial intention of college students, and there are many problems in the implementation of the entrepreneurial policy, such as the lack of systematicness, lack of propaganda, the difficulty of policy implementation and the insufficient consideration of the particularity of entrepreneurship principals, relevant departments urgently need to enhance the policy propaganda, strengthen the supporting force, simplify the administrative examination and approval procedures, rationalize the policy system and make further improvements in other respects.

Keywords: University Students; Entrepreneurship Intention; Policy Support System

Ⅵ   Key Events

社会科学文献出版社

❖ 皮书起源 ❖

"皮书"起源于十七、十八世纪的英国,主要指官方或社会组织正式发表的重要文件或报告,多以"白皮书"命名。在中国,"皮书"这一概念被社会广泛接受,并被成功运作、发展成为一种全新的出版形态,则源于中国社会科学院社会科学文献出版社。

❖ 皮书定义 ❖

皮书是对中国与世界发展状况和热点问题进行年度监测,以专业的角度、专家的视野和实证研究方法,针对某一领域或区域现状与发展态势展开分析和预测,具备原创性、实证性、专业性、连续性、前沿性、时效性等特点的公开出版物,由一系列权威研究报告组成。

❖ 皮书作者 ❖

皮书系列的作者以中国社会科学院、著名高校、地方社会科学院的研究人员为主,多为国内一流研究机构的权威专家学者,他们的看法和观点代表了学界对中国与世界的现实和未来最高水平的解读与分析。

❖ 皮书荣誉 ❖

皮书系列已成为社会科学文献出版社的著名图书品牌和中国社会科学院的知名学术品牌。2016年,皮书系列正式列入"十三五"国家重点出版规划项目;2012~2016年,重点皮书列入中国社会科学院承担的国家哲学社会科学创新工程项目;2017年,55种院外皮书使用"中国社会科学院创新工程学术出版项目"标识。

中国皮书网

发布皮书研创资讯，传播皮书精彩内容
引领皮书出版潮流，打造皮书服务平台

栏目设置

关于皮书：何谓皮书、皮书分类、皮书大事记、皮书荣誉、
　　　　　皮书出版第一人、皮书编辑部

最新资讯：通知公告、新闻动态、媒体聚焦、网站专题、视频直播、下载专区

皮书研创：皮书规范、皮书选题、皮书出版、皮书研究、研创团队

皮书评奖评价：指标体系、皮书评价、皮书评奖

互动专区：皮书说、皮书智库、皮书微博、数据库微博

所获荣誉

2008 年、2011 年，中国皮书网均在全国新闻出版业网站荣誉评选中获得"最具商业价值网站"称号；

2012 年，获得"出版业网站百强"称号。

网库合一

2014 年，中国皮书网与皮书数据库端口合一，实现资源共享。更多详情请登录 www.pishu.cn。

权威报告·热点资讯·特色资源

皮书数据库
ANNUAL REPORT(YEARBOOK) DATABASE

当代中国与世界发展高端智库平台

所获荣誉

- 2016年，入选"国家'十三五'电子出版物出版规划骨干工程"
- 2015年，荣获"搜索中国正能量 点赞2015""创新中国科技创新奖"
- 2013年，荣获"中国出版政府奖·网络出版物奖"提名奖
- 连续多年荣获中国数字出版博览会"数字出版·优秀品牌"奖

成为会员

通过网址www.pishu.com.cn或使用手机扫描二维码进入皮书数据库网站，进行手机号码验证或邮箱验证即可成为皮书数据库会员（建议通过手机号码快速验证注册）。

会员福利

- 使用手机号码首次注册会员可直接获得100元体验金，不需充值即可购买和查看数据库内容（仅限使用手机号码快速注册）。
- 已注册用户购书后可免费获赠100元皮书数据库充值卡。刮开充值卡涂层获取充值密码，登录并进入"会员中心"—"在线充值"—"充值卡充值"，充值成功后即可购买和查看数据库内容。

数据库服务热线：400-008-6695
数据库服务QQ：2475522410
数据库服务邮箱：database@ssap.cn
图书销售热线：010-59367070/7028
图书服务QQ：1265056568
图书服务邮箱：duzhe@ssap.cn

社会科学文献出版社 皮书系列
SOCIAL SCIENCES ACADEMIC PRESS (CHINA)
卡号：245869562366
密码：

S子库介绍
ub-Database Introduction

中国经济发展数据库

涵盖宏观经济、农业经济、工业经济、产业经济、财政金融、交通旅游、商业贸易、劳动经济、企业经济、房地产经济、城市经济、区域经济等领域，为用户实时了解经济运行态势、把握经济发展规律、洞察经济形势、做出经济决策提供参考和依据。

中国社会发展数据库

全面整合国内外有关中国社会发展的统计数据、深度分析报告、专家解读和热点资讯构建而成的专业学术数据库。涉及宗教、社会、人口、政治、外交、法律、文化、教育、体育、文学艺术、医药卫生、资源环境等多个领域。

中国行业发展数据库

以中国国民经济行业分类为依据，跟踪分析国民经济各行业市场运行状况和政策导向，提供行业发展最前沿的资讯，为用户投资、从业及各种经济决策提供理论基础和实践指导。内容涵盖农业，能源与矿产业，交通运输业，制造业，金融业，房地产业，租赁和商务服务业，科学研究，环境和公共设施管理，居民服务业，教育，卫生和社会保障，文化、体育和娱乐业等100余个行业。

中国区域发展数据库

对特定区域内的经济、社会、文化、法治、资源环境等领域的现状与发展情况进行分析和预测。涵盖中部、西部、东北、西北等地区，长三角、珠三角、黄三角、京津冀、环渤海、合肥经济圈、长株潭城市群、关中—天水经济区、海峡经济区等区域经济体和城市圈，北京、上海、浙江、河南、陕西等34个省份及中国台湾地区。

中国文化传媒数据库

包括文化事业、文化产业、宗教、群众文化、图书馆事业、博物馆事业、档案事业、语言文字、文学、历史地理、新闻传播、广播电视、出版事业、艺术、电影、娱乐等多个子库。

世界经济与国际关系数据库

以皮书系列中涉及世界经济与国际关系的研究成果为基础，全面整合国内外有关世界经济与国际关系的统计数据、深度分析报告、专家解读和热点资讯构建而成的专业学术数据库。包括世界经济、国际政治、世界文化与科技、全球性问题、国际组织与国际法、区域研究等多个子库。

法 律 声 明

"皮书系列"（含蓝皮书、绿皮书、黄皮书）之品牌由社会科学文献出版社最早使用并持续至今，现已被中国图书市场所熟知。"皮书系列"的LOGO（）与"经济蓝皮书""社会蓝皮书"均已在中华人民共和国国家工商行政管理总局商标局登记注册。"皮书系列"图书的注册商标专用权及封面设计、版式设计的著作权均为社会科学文献出版社所有。未经社会科学文献出版社书面授权许可，任何使用与"皮书系列"图书注册商标、封面设计、版式设计相同或者近似的文字、图形或其组合的行为均系侵权行为。

经作者授权，本书的专有出版权及信息网络传播权为社会科学文献出版社享有。未经社会科学文献出版社书面授权许可，任何就本书内容的复制、发行或以数字形式进行网络传播的行为均系侵权行为。

社会科学文献出版社将通过法律途径追究上述侵权行为的法律责任，维护自身合法权益。

欢迎社会各界人士对侵犯社会科学文献出版社上述权利的侵权行为进行举报。电话：010－59367121，电子邮箱：fawubu@ ssap. cn。

社会科学文献出版社